"Chip será seu guia para aprender como cultivar a mentalidade de um iniciante com a habilidade de aprender e crescer e ser um conselheiro sábio que se baseia na experiência de toda uma vida."

— **Brian Chesky,** cofundador e diretor executivo da **Airbnb**

S@BEDORIA NO_TRABALHO

[A ERA DOS MENTORES MODERNOS]

CHIP CONLEY

ALTA BOOKS
EDITORA
Rio de Janeiro, 2022

Sabedoria no Trabalho

Copyright © 2022 da Starlin Alta Editora e Consultoria Eireli.
ISBN: 978-85-5081-552-7

Translated from original Wisdom@work. Copyright © 2018 by Chip Conley. ISBN 978-0-525-57290-9. This translation is published and sold by permission of Currency a division of Penguin Random House LLC, an imprint of Crown Publishing Group, the owner of all rights to publish and sell the same. PORTUGUESE language edition published by Starlin Alta Editora e Consultoria Eireli, Copyright © 2022 by Starlin Alta Editora e Consultoria Eireli.

Impresso no Brasil – 1ª Edição, 2022 – Edição revisada conforme o Acordo Ortográfico da Língua Portuguesa de 2009.

Todos os direitos estão reservados e protegidos por Lei. Nenhuma parte deste livro, sem autorização prévia por escrito da editora, poderá ser reproduzida ou transmitida. A violação dos Direitos Autorais é crime estabelecido na Lei nº 9.610/98 e com punição de acordo com o artigo 184 do Código Penal.

A editora não se responsabiliza pelo conteúdo da obra, formulada exclusivamente pelo(s) autor(es).

Marcas Registradas: Todos os termos mencionados e reconhecidos como Marca Registrada e/ou Comercial são de responsabilidade de seus proprietários. A editora informa não estar associada a nenhum produto e/ou fornecedor apresentado no livro.

Erratas e arquivos de apoio: No site da editora relatamos, com a devida correção, qualquer erro encontrado em nossos livros, bem como disponibilizamos arquivos de apoio se aplicáveis à obra em questão.

Acesse o site www.altabooks.com.br e procure pelo título do livro desejado para ter acesso às erratas, aos arquivos de apoio e/ou a outros conteúdos aplicáveis à obra.

Suporte Técnico: A obra é comercializada na forma em que está, sem direito a suporte técnico ou orientação pessoal/exclusiva ao leitor.

A editora não se responsabiliza pela manutenção, atualização e idioma dos sites referidos pelos autores nesta obra.

Dados Internacionais de Catalogação na Publicação (CIP) de acordo com ISBD

C752s   Conley, Chip
         Sabedoria no trabalho: a era dos mentores modernos / Chip Conley ; traduzido por Renan Santos. – Rio de Janeiro : Alta Books, 2022.
         256 p. ; 16cm x 23cm.

         Tradução de: Wisdom@work
         Inclui índice e apêndice.
         ISBN: 978-85-508-1552-7

         1. Mentoria. 2. Aprendizagem organizacional. 3. Desenvolvimento de carreira. I. Santos, Renan. II. Título.

2022-975   CDD 650.14
                                   CDU 658.011.4

Elaborado por Odilio Hilario Moreira Junior – CRB-8/9949

Índice para catálogo sistemático:
1. Administração : carreira 650.14
2. Administração : carreira 658.011.4

Produção Editorial
Editora Alta Books

Diretor Editorial
Anderson Vieira
anderson.vieira@altabooks.com.br

Editor
José Ruggeri
j.ruggeri@altabooks.com.br

Gerência Comercial
Claudio Lima
claudio@altabooks.com.br

Gerência Marketing
Andrea Guatiello
marketing@altabooks.com.br

Coordenação Comercial
Thiago Biaggi

Coordenação de Eventos
Viviane Paiva
comercial@altabooks.com.br

Coordenação ADM/Finc.
Solange Souza

Direitos Autorais
Raquel Porto
rights@altabooks.com.br

Produtores Editoriais
Illysabelle Trajano
Maria de Lourdes Borges
Paulo Gomes
Thales Silva
Thiê Alves

Equipe Comercial
Adriana Baricelli
Daiana Costa
Fillipe Amorim
Heber Garcia
Kaique Luiz
Maira Conceição
Victor Hugo Morais

Equipe Editorial
Beatriz de Assis
Brenda Rodrigues
Caroline David
Gabriela Paiva
Henrique Waldez
Marcelli Ferreira
Mariana Portugal

Marketing Editorial
Jessica Nogueira
Livia Carvalho
Marcelo Santos
Pedro Guimarães
Thiago Brito

Atuaram na edição desta obra:

Tradução
Renan Santos

Diagramação
Joyce Matos

Copidesque
Tamires Von Atzingen

Capa
Larissa Lima

Revisão Gramatical
Samuri Prezzi
Alessandro Thomé

Editora afiliada à: **abdr** ASSOCIAÇÃO BRASILEIRA DE DIREITOS REPROGRÁFICOS

ASSOCIADO **CBL** Câmara Brasileira do Livro

ALTA BOOKS EDITORA

Rua Viúva Cláudio, 291 – Bairro Industrial do Jacaré
CEP: 20.970-031 – Rio de Janeiro (RJ)
Tels.: (21) 3278-8069 / 3278-8419
www.altabooks.com.br – altabooks@altabooks.com.br
Ouvidoria: ouvidoria@altabooks.com.br

Para os fundadores da Airbnb — Brian, Joe e Nate. Sem seu convite de confiança, eu nunca teria descoberto essas verdades.

*E agradeço aos meus colegas da Airbnb —
grandes parceiros de dança no tango entre as minhas identidades
como mentor e estagiário.*

Sobre o Autor

O autor de bestsellers, empreendedor no ramo da hospitalidade, rebelde empresarial, divisor de água e agente de mudanças sociais, Chip Conley, é um líder no fronte da economia compartilhada. À idade de 26 anos, o fundador da Joie de Vivre Hospitality pegou um motel de uma região pobre do centro de uma cidade e o transformou na segunda maior marca de hotéis boutiques do mundo.

Em 2013, depois de ter sido o diretor executivo da sua inovadora empresa por 24 anos, ele aceitou um convite dos fundadores da Airbnb para ajudá-los a transformar uma promissora *start-up* de compartilhamento de casas no que hoje é a maior marca de hospitalidade do mundo. Como chefe da Hospitalidade e Estratégia Mundiais, Chip ensinou seus métodos ganhadores de prêmios a centenas de milhares de anfitriões da Airbnb em cerca de 200 países, e criou o Airbnb Open, que reúne milhares de pessoas em um festival mundial de pertencimento (ele passou a exercer um papel de meio período como assessor estratégico de hospitalidade e liderança em janeiro de 2017).

Chip fundou a Fest300 em 2013 para compartilhar sua paixão por viagens e pelos melhores festivais do mundo (a empresa se fundiu com a Everfest em 2016, onde ele se tornou diretor de Estratégias por meio período). Ele trabalha na diretoria do Burning Man Project e do Esalen Institute, e recebeu a maior honra do campo das hospedarias, o Pioneer Award. É o fundador do Celebrity Pool Toss, que arrecadou milhões para o bairro Tenderloin, onde ele abriu seu primeiro hotel e o San Francisco's Hotel Hero Award, que celebra os heróis anônimos que servem os hóspedes de hotéis todos os dias.

Inspirado pelos psicólogos Maslow e Frankl, os livros do Chip, *Peak* e o bestseller do New York Times, *Equações Emocionais*, compartilham suas próprias teorias sobre transformação e significado nos negócios e na vida. Chip é bacharel em Artes e mestre em administração pela Universidade Stanford e doutor honorário em Psicologia pela Universidade Saybrook.

Agradecimentos

Todos nós merecemos ter algumas pessoas sábias em nossa vida. No meu caso, Steven Forrest, meu amigo de longa data e astrólogo evolucionário, é uma dessas pessoas, visto que ele sempre parece saber para onde vou muito antes de mim. Em 2012, Steven me disse para "aceitar o tecnólogo dentro de mim", o que foi chocante de ouvir quando não tinha nem 50 anos. Mas, para minha surpresa, um ano mais tarde, eu estava envolvido no mundo da alta tecnologia dos jovens. E em 2015, antes de definir meu papel na Airbnb como o de um Idoso Moderno ou antes de sequer imaginar este livro, ele plantou outra sementinha no meu coração, sugerindo que eu fosse oferecer minha sabedoria como idoso a um público muito maior.

O processo de escrever um livro já foi muitas vezes comparado com a gravidez, embora eu, por ser um homem, não tenha muita autoridade para sugerir essa metáfora. No meu caso, comecei a me sentir diferente, quase como se algo estivesse se formando na minha cabeça, no meu coração e nos meus intestinos. Então, a oportunidade bate à porta e todos os tipos de líderes de pensamentos surgem na minha vida para me guiar. Nesse caso, a Dra. Katy Fike e Stephen Johnston me convidaram para dar uma palestra na sua conferência Aging 2.0 — alguns anos antes de eu ter alguma conexão real com o mundo do envelhecimento/longevidade. E Soren Gordhamer me pediu para dar uma palestra na sua conferência Wisdom 2.0 antes mesmo de eu haver escrito uma proposta para um livro. Às vezes, outros veem em nós o que nós mesmos não conseguimos. O mundo vem me orientando.

No mundo literário, tenho uma fonte primária que vive em Manhattan: meu agente, Richard Pine. Embora ele não estivesse convencido sobre essa ideia quando a propus pela primeira vez, como qualquer bom mentor, ele me desafiou para um combate intelectual e me sugeriu alguma lição de casa. Minha confidente, "jardineira de histórias" e parceira de ideias por mais de doze anos, Debra Amador DeLaRosa, trouxe sua parteira editorial e criativa para me ajudar a dar à luz o livro e todas as coisas do Idoso Moderno. (Muito obrigado a Deb e Jennifer Raiser por me ajudar a criar o título S@bedoria_no_Trabalho depois de ter me fixado cegamente em outro título.)

Com nossa proposta mais atraente em mãos, Richard me conectou à incrível equipe da Crown/Currency. O universo me deu mais uma piscadinha com Talia Krohn (que se pronuncia "crône", o modelo de mulher sábia), que se tornou minha editora e colega perfeita para testar a premissa boomer/geração do milênio do livro. São as "Talias" do mundo que continuam a manter a indústria editorial relevante. O S@bedoria_no_Trabalho não teria nem metade da sua qualidade sem ela. A equipe da Crown/Currency, incluindo sua vice-presidente e editora, Tina Constable, seu editor associado, Campbell Wharton, Nicole McArdle no marketing, e Owen Haney na publicidade, vem se mostrando campeã de muitas maneiras e parceiros muito agradáveis.

Depois de receber a aprovação, me sentei aos pés de uma comunidade de iluminadores sobre o envelhecimento/longevidade, incluindo Marc Freedman, o Dr. Ken Dychtwald, a Dra. Laura Carstensen, Paul Irving, Ashton Applewhite, Keith Yamashita, o Dr. Bill Thomas e a diretora executiva da AARP, Jo Ann Jenkins, e sua colega, Karen Chong. E vários acadêmicos, desde Bob Sutton a Adam Grant, me ajudaram a passar pelos corredores da pesquisa sobre sabedoria no mercado de trabalho e sobre colaboração entre gerações.

Um marco da sabedoria é a habilidade de prever alguns dos custos e benefícios das decisões que tomamos. Demorou um pouco para entrevistar quase 150 pessoas para este livro (algumas delas até quatro vezes), mas os benefícios foram a inspiração e a educação que recebi. Muitas dessas pessoas estão nestas páginas. Eu gostaria de agradecer a todos, então incluí uma lista exaustiva na seção de Agradecimentos no site do livro: www.WisdomAtWorkBook.com. Gostaria de agradecer também às seguintes pessoas que são mencionadas no livro: John Q. Smith, Michael e Debbie Campbell, Luther Kitahata, Joanna Riley e Peter Kent, Andrew Scott, Elizabeth White, Diane Flynn, Liz Wiseman, Fred Reid, Paul Critchlow, Jack Kenny, Bert Jacobs, Randy Komisar, Marianna Leuschel e Karen Wickre.

Mais de 200 homens e mulheres sábios leram versões iniciais e posteriores do manuscrito, e os seguintes me deram um *feedback* de grande valor: a Dra. Carla O'Dell, Andrew Greenberg, Leslie Copeland e Mark Cooper, o Dr. Prasad Kaipa, Evan Frank, Drew Banks, Craig Jacobs, Jeff Davis, Kiran Mani, Alpa Agarwal, Katherine Makinney, Neel Sharma, Lex Bayer, Alan Webber, Ruth Stergiou, Mattias Knaur, Fred MacDonald, Radha Agarwal, Pat Whitty, Amy Curtis McIntyre, Jonathan Mildenhall, Mark Levy, Tom Kelley, Kyrié Carpenter, Fred MacDonald, Jan Black e Jeff Hamaoui.

Muito obrigado a Nicki Dugan Pogue e a sua equipe da OutCast por liderar o trabalho da estratégia de marketing da marca, do site e da publicidade. Meus agradecimentos eternos a Peter Jacobs e a sua equipe da CAA, que deram suporte aos meus esforços para palestrar. E as minhas apresentações não seriam tão convincentes sem Alison Macondray e Matt Clark, da Alimat.

Nem preciso, mas escreverei assim mesmo: não haveria nenhum livro se eu não tivesse sido apresentado à Airbnb. Natalie Tucci, você teve uma ótima intuição. Como o "guru da hospitalidade", eu pude testemunhar em primeira-mão a hospitalidade da nova onda de colegas, como Dave O'Neill, Jenna Cushner, Markus Vitulli, Laura Hughes, Clement Marcelet, Jessica Semaan, Lisa Dubost, Sarah Goodnow, e da minha assistente executiva mais do que especial, Sarah Yockey. Os fundadores e a equipe criaram o ambiente perfeito para meu teste beta na criação de um Idoso Moderno. E muito obrigado a Beth Axelrod, Dessirree Madison-Biggs, Elizabeth Bohannon e James Lynch por terem me ajudado a criar uma pista para a minha decolagem e aterrissagem.

Ninguém cresce sozinho. Esse ápice do trabalho da minha vida (até agora) só foi possível graças ao épico suporte de uma rede que incluiu Peggy Arent, Zain Elmarouk, MeiMei Fox, Ping Fu, Ben Davis, Wanda Whitaker, Lisa Keating, Frank Ostaseski, Gabriel Galluccio e Mike Rielly. Minha vida emocional, espiritual e de Idoso Moderno não estaria completa sem a fenomenal assessoria e o suporte que recebi de Vanessa Inn, cujo talento me ajudou a fazer Ben Davis, mencionado no Capítulo 8, além de milhares de outros clientes ao longo de três décadas, crescerem. E a Academia do Idoso Moderno que cresceu a partir deste livro não teria existido sem Oren Bronstein (o melhor amigo que alguém poderia ter), Saul Kuperstein, Karla Caro, Tony Peralta, Barak Gaon, Lynda Malone e nossa incrível diretora, Christine Sperber.

Minha musa, treinadora e irmã espiritual, Vanda Marlow, vem sendo minha "Encantadora de Chip" por cerca de duas décadas. E não sou apenas um escritor e instrutor melhor graças ao seu apoio; sou um ser humano melhor também. Embora meu suor e minhas lágrimas tenham ajudado, este livro não teria surgido sem meu sangue. Meus pais, Fran e Steve, são meus Idosos Modernos. Minhas irmãs, Cathy e Anne, e seus amados Bill, Nathalie e seus filhos, me ajudam a continuar humilde por me lembrarem de quantas vezes na vida eu estive longe de ser um Idoso Moderno. Uma menção especial à Anne, que trabalhou comigo por mais de 25 anos e que agora é minha gerente empresarial. Eu não poderia fazer tanto quanto venho fazendo ultimamente sem seu apoio constante e confiável. E, finalmente, a família que escolhi, Laura e Susan, e nossos dois filhos, Eli e Ethan. Todos nós queremos deixar um legado, quer seja por meio de nossos filhos, por livros escritos ou por servir ao mundo como um Idoso Moderno. Espero que este livro faça meu legado viver para Eli e para Ethan — que não terão nem a minha idade atual daqui a meio século — com a mensagem de que o futuro será brilhante para todos, em qualquer idade, em nossa sociedade cada vez mais diversificada.

Por último, e de forma um pouco estranha, gostaria de agradecer aos desafios e a tudo que se opôs à escrita deste livro. Thoreau foi sábio quando escreveu: "O valor de algo é medido por quanto da sua vida foi necessário sacrificar." É necessário muito sacrifício para escrever um livro. E quando alguém já escreveu, sempre há uma voz amedrontada na sua cabeça que questiona se o seu melhor trabalho já foi feito. Este é o quinto livro que publico (meu oitavo, se incluir os dois que escrevi em Stanford, para meus amigos, e o que publiquei sozinho quando tinha 50 anos). Ainda assim, sinto — da cabeça aos pés — que este pode ser o melhor de todos. E ele talvez seja o que venha a exercer o maior impacto. Se eu estiver certo, essa é mais uma prova de que seus melhores anos, caro leitor, talvez ainda estejam à frente. Espero que sim.

E procure se lembrar das sábias palavras de Mark Twain: "A idade é uma questão de ligação e certeza. Se não ligar para ela, tudo certo."

Sumário

Prefácio XIII

[1] Sua Safra Está Valorizando 1

[2] Eu Sou um "Mentário"? 23

[3] Cru, Cozido, Torrado, Repetir 41

[4] Lição 1: EVOLUA 61

[5] Lição 2: APRENDA 83

[6] Lição 3: COLABORE 107

[7] Lição 4: DÊ CONSELHOS 127

[8] Aprimore-se, Não Se Aposente 147

[9] Dividendos da Experiência: Incluindo Idosos Modernos nas Organizações 181

[10] A Era do Sábio 205

Apêndice 221

Índice 235

Prefácio

por

Brian Chesky, cofundador e diretor executivo da Airbnb

Para entender Chip Conley e seu papel como um Idoso Moderno na Airbnb, antes de mais nada, preciso compartilhar com você o começo humilde da história de nossa empresa.

Em outubro de 2007, Joe Gebbia e eu éramos companheiros de quarto em nosso apartamento da Rausch Street, em São Francisco. Nosso aluguel havia aumentado e estávamos quase perdendo o lugar. Foi por volta dessa época que foi realizada uma conferência de design em São Francisco, e percebemos que todos os hotéis estavam lotados. Então pensamos: "Por que não criar um *bed-and-breakfast* para a conferência usando o espaço vago do nosso apartamento?"

Com três colchões de ar do nosso *closet*, decidimos oferecer aos participantes da conferência um lugar para ficar e café da manhã. Junto de Nathan Blecharczyk, nosso terceiro cofundador, criamos o site Airbedandbreakfast.com — e o que o mundo agora conhece como Airbnb. Com toda certeza, nunca imaginamos o que essa ideia se tornaria.

Até a época da publicação deste livro, a Airbnb tinha mais de 250 milhões de hóspedes em mais de 191 países. Nossa comunidade agora oferece mais de 4 milhões de lares — o que é mais espaço do que o das cinco maiores redes de hotel combinadas. E em cada um deles, viajantes dos quatro cantos do planeta podem sentir que pertencem a qualquer lugar.

"Pertencer a qualquer lugar" é um paradoxo elaborado de forma poderosa — e é a missão que motiva a Airbnb. Pertencer é uma necessidade universal, e a forma mais simples de entender o pertencer é pensar no sentimento de ser aceito. "Qualquer lugar", na verdade, significa duas coisas. O significado óbvio é que o pertencimento pode ser oferecido em qualquer lugar — como nas mais de 65 mil cidades, vilas e tribos ao redor do mundo onde é possível encontrar um anfitrião da Airbnb. Mas "qualquer lugar" também tem um significado mais profundo. A melhor maneira de pensar em qualquer lugar é onde você está "fora do seu ambiente" — um lugar onde você nunca esteve antes. E acreditamos que, quando alguém pertence a algum lugar fora do seu ambiente, essa pessoa se torna o melhor de si mesmo.

Esse é o poder transformador das viagens, e é por isso que a Airbnb existe.

Mas, voltando para 2013, quando conheci Chip, a Airbnb estava apenas começando. Embora tivéssemos cerca de 4 milhões de hóspedes em casas ao redor do mundo, a maioria das pessoas nos viam apenas como uma empresa tecnológica. Mas Joe, Nate e eu sabíamos que tínhamos mais a oferecer. Sabíamos que não estávamos apenas no negócio de compartilhamento de lares. Havíamos tido uma visão de uma comunidade que ajudava as pessoas não apenas por lhes dar um lugar para ficar, mas também com o que fazer — e com quem fazer — enquanto estivessem ali. Em outras palavras, uma viagem completa de ponta a ponta. O que realmente estávamos vendendo era hospitalidade. O único problema era que ainda não entendíamos bem como a hospitalidade funcionava.

Então, fiz o que sempre faço quando quero aprender: tentei encontrar o maior *expert* do campo e perguntar se ele estaria disposto a me dar assessoria. Quando começamos a aumentar a presença internacional da Airbnb, recorri à diretora de operações do Facebook, Sheryl Sandberg, por sua sabedoria. Para o design de produção, o vice-presidente sênior da Apple, Jony Ive, forneceu ideias inestimáveis. Quando pensei na cultura corporativa, o diretor da CIA, George Tenet, atendeu minha ligação e me deu conselhos.

E quando chegou a hora de pensar na autoridade mundial em hospitalidade e atendimento de coração, me disseram vez após vez que a pessoa para quem eu deveria ligar era Chip Conley.

Ouvi dizer que Chip era um divisor de águas no campo dos hotéis boutiques e que havia supervisionado a criação e administração de mais de 50 desses estabelecimentos durante seus 24 anos como diretor executivo da Joie de Vivre Hospitality, uma empresa que ele fundou quando tinha mais ou menos a mesma idade que tínhamos quando fundamos a Airbnb. Chip e eu nos encontramos pela primeira vez quando ele veio ter um bate-papo com os funcionários na nossa sede no início de 2013. Pelo modo como ele traduziu as necessidades hierárquicas de Maslow para uma hierarquia da hospitalidade e pelo seu profundo conhecimento do método revolucionário de Joseph Campbell de contar histórias, eu soube que seu conhecimento seria inestimável. Então, depois de jantarmos na sua casa, eu consegui persuadir Chip a se tornar um assessor de meio período da Airbnb. Não demorou muito para que eu lhe oferecesse o papel de chefe da Hospitalidade e Estratégia Mundiais. Eu sabia que ele poderia nos ajudar a transformar nossa empresa na marca internacional de hospitalidade com a qual eu havia sonhado. Mas, além disso, compartilhávamos a ideia de que poderíamos coletar o poder de milhões de microempreendedores para aprender a como ser anfitriões e estabelecer novos padrões de hospitalidade.

Para dizer a verdade, de início, considerávamos a palavra hospitalidade como um "palavrão" na Airbnb. A hospitalidade era a realidade da indústria hoteleira, onde os hóspedes eram chamados de "senhor" e "senhora" e onde tudo era uma transação, em vez de uma interação.

Chip nos ajudou a entender que a Airbnb poderia mostrar hospitalidade de modo diferente. Nossos anfitriões chamam seus hóspedes pelo nome. As casas e os espaços vagos em que os hóspedes ficam não geram o pertencimento, as pessoas é que fazem isso. Ao convidar hóspedes aos seus lares, os anfitriões da Airbnb personificam a verdadeira hospitalidade, por procurar conhecer seus hóspedes e suas histórias e, talvez, por chegar a se tornar seus amigos pelo resto da vida.

Chip também apresentou Joe, Nate e eu ao poder do que a Dra. Carol Dweck, de Stanford, chama de "mentalidade de crescimento". Essa é uma maneira de ver o mundo através das lentes da curiosidade — onde o risco e a imaginação se juntam para gerar novas possibilidades. Não é nenhuma coincidência que um dos principais valores da Airbnb seja "aproveitar a aventura". Em contraste com isso, muitos de nós estamos apenas seguindo a vida com uma mentalidade fixa que limita nossa habilidade de mudar e de entender como resolver problemas. Mas Chip nos convidou a perceber que experimentar um sentimento de encanto e surpresa sempre será uma parte fundamental do que os viajantes procuram — e nos ensinou como oferecer a hospitalidade com uma curiosidade expansiva e atemporal.

Mas o que talvez seja o mais importante, Chip demonstrou de modo consistente o poder recíproco de um Idoso Moderno. Ele afirmou que todos têm uma história para contar e que podemos aprender alguma coisa uns com os outros. Que se tirarmos um tempo para nos conectar, podemos aprender com qualquer lugar e com qualquer um. E, para mim, não há nada mais importante ou que se identifique de modo mais claro com a missão da Airbnb do que a lição de que todos nós podemos pertencer a qualquer lugar também.

Sua decisão de ler este livro não é diferente de pegar o telefone e ligar para um colega ou um conselheiro de confiança, como fiz muitas vezes no passado. Chip será seu guia para aprender como cultivar a mentalidade de um iniciante com a habilidade de aprender e crescer e ser um conselheiro sábio que se baseia na experiência de toda uma vida.

Ele te mostrará que a sabedoria tem muito pouco a ver com a idade e tudo a ver com a abordagem, e te ensinará que, quando abrir seus olhos, seus ouvidos e seu coração, você descobrirá que todos têm uma história que vale a pena ouvir.

E que, se você estiver prestando bastante atenção, sua história poderá ajudar outros a escrever as deles algum dia.

[1]

Sua Safra Está Valorizando

"Não é por meio de força, velocidade ou destreza física que grandes coisas são obtidas, mas por reflexão, força de caráter e juízo; nessas qualidades, a idade avançada geralmente não apenas não é mais pobre como é ainda mais rica delas."

— Cícero (106–43 a.C.)

"O que é que você está fazendo?!"

Foi isso o que Bert Jacobs, com seu 1,95m de altura, me disse, gritando, quando eu estava prestes a entrar no palco em Tulum, México, em maio de 2016. Meu amigo Bert, com quem eu costumava me encontrar em palestras empresariais, cofundou a empresa de roupas e estilo de vida Life is Good. Nós éramos dois dos palestrantes mais velhos no evento mundial, idealístico e empresarial chamado Summit. Com 55 anos, eu provavelmente era uns 24 anos mais velho do que os participantes em geral, e Bert tinha apenas 4 anos a menos que eu. Depois de mais de 3 anos nas trincheiras com os fundadores *millennials* da Airbnb, ajudando-os a pilotar seu foguete, essa era minha primeira palestra para "sair do armário" quanto ao que significa ser um "Idoso Moderno" neste mundo obcecado pela juventude.

A pergunta direta de Bert — em parte ofendido e em parte perplexo — era um teste decisivo para nossa grande ambivalência com a idade. Em uma época em que o botox está se tornando popular tanto no Vale do Silício quanto em Hollywood, por que eu estaria disposto a me expor em um palco, chamando a atenção para mim mesmo como a pessoa mais velha naquela multidão? E tive a sensação de que, por trás da pergunta semirretórica de Bert, havia outra mais importante: o que está acontecendo com nossa relação com a idade?

Logo antes do meu aniversário de 50 anos, vendi o meu bebê. Bem, não exatamente. Mas foi mais ou menos isso o que senti quando tive de me despedir da empresa de hotéis boutique que eu havia fundado e gerenciado durante 24 anos. A Grande Recessão havia afetado meu bem-estar financeiro e emocional, e era claro que eu estava pronto para uma mudança. Quando tinha 50 e poucos anos, e estava longe de me aposentar, descobri que eu estava à deriva no tempo. Isso até que Brian Chesky, o jovem diretor-executivo da Airbnb, me ligou, e assim começou minha odisseia em um novo mundo, a qual me reconectou com a sabedoria que havia acumulado em meus anos neste planeta. Mas isso também me lembrou do quão inexperiente e curioso eu também poderia ser.

Contarei mais sobre essa história depois, com as histórias de várias pessoas inspiradoras que não estão apenas sobrevivendo, mas prosperando nos anos mais tardios de sua vida profissional. Como um professor que se reinventou como empreendedor e fundou uma agência de viagens de sucesso aos 40 e tantos anos. Ou um engenheiro de software com seus 50 e poucos anos que deixou de escrever códigos de computador para aconselhar colegas ao se tornar *coach* de liderança no Vale do Silício. Ou um ex-executivo da Merrill Lynch que, aos 70 anos de idade, encontrou inspiração para escrever suas memórias, algo com que estava lutando, ao tornar-se um estagiário cercado por alunos de faculdade em uma gigante farmacêutica.

Você não precisa ter mais ou menos de 50 anos para achar este livro relevante. A idade em que estamos começando a nos achar "velhos" está diminuindo até os 30 anos, no caso de algumas pessoas, fazendo com que o poder seja transferido aos jovens em muitas empresas. Em uma época em que o "software está devorando o mundo", a tecnologia está afetando não apenas os táxis e os hotéis, mas praticamente todas as indústrias, sendo que o resultado é que cada vez mais empresas estão incansavelmente procurando contratar jovens e colocando a alta ID (inteligência digital) acima de todas as outras habilidades. O problema é que muitos desses jovens líderes digitais estão sendo colocados em posições de poder — em geral, gerenciando empresas ou departamentos que estão crescendo rapidamente — com pouca experiência ou orientação.

Ainda assim, exatamente ao mesmo tempo, existe uma geração de trabalhadores mais velhos com habilidades inestimáveis — alta IE (inteligência emocional), com um bom senso de julgamento desenvolvido em décadas de experiência, conhecimento especializado e uma vasta rede de contatos — que poderia se juntar aos ambiciosos membros da geração do milênio para criar negócios que sejam feitos para durar. De maneira irônica, quanto mais a tecnologia se espalha, *menos* a ID faz realmente a diferença. Embora a habilidade de escrever códigos talvez venha a se tornar um produto comum, uma coisa que nunca poderá ser automatizada ou controlada por uma inteligência artificial é o elemento humano do negócio. Talvez você não seja um desenvolvedor de software, mas é um desenvolvedor de habilidades interpessoais — e essas habilidades são as que serão as mais importantes nas organizações do futuro.

Quer essa seja a segunda, terceira ou quarta etapa de sua vida profissional, os princípios e as práticas deste livro mostrarão a você como fazer bom uso de suas habilidades e de sua experiência não apenas para permanecer relevante, mas para ser indispensável no ambiente de trabalho moderno. O mundo precisa da sua sabedoria agora mais do que nunca.

QUAL É A SUA SAFRA?

Ontem, acordei com um homem de 57 anos na minha cama, e, o que é ainda mais doloroso, ele me encarou no espelho do banheiro (*à la* Gloria Steinem). Posso me sentir com 17 anos, mas, olhar para minha imagem desgastada de 57 anos, quer no espelho ou na foto de algum amigo no Facebook, é um soro da verdade difícil de engolir. Ainda assim, o estranho é que minha década favorita foi a dos meus 50 anos. Estou gostando do "verão indiano" da minha vida: jovem o suficiente para surfar e velho o suficiente para saber o que é importante na vida.

A Dra. Laura Carstensen, diretora-fundadora do Stanford Center on Longevity, mostrou que as pessoas priorizam o presente quando seus horizontes de tempo se restringem. Assim, ela ficou surpresa ao descobrir que as pessoas são mais felizes e satisfeitas com a vida quando já têm seus 70 anos do que aqueles nos seus 50, 40 ou até 30 anos. Na meia-idade, talvez já tenhamos matado alguns de nossos fantasmas internos e curado muitas de nossas feridas da juventude. Todos os tipos de pesquisas sobre a juventude apresentam um retorno da satisfação adulta com jovens adultos que começaram a vida bem animados. Então, a felicidade começa a diminuir no fim de seus 20 anos e no início dos 30, quando o conjunto de responsabilidades associadas a amigos, família, filhos, finanças e encontrar tempo para si mesmo começa a afetar a vida. Isso pode atingir seu ponto mais baixo aos 40 anos, quando as decepções da meia-idade talvez culminem, em alguns casos, em novos carros esportivos e casamentos falidos.

E, então, a pessoa chega aos seus 50 anos, e, como por um milagre, o grande *reset* das expectativas que você teve durante a década anterior, uma reavaliação do que é mais importante, faz com que se sinta um pouco melhor em relação a sua vida. Você finalmente está aproveitando toda a confiança, a coragem e o senso de humor maluco que acumulou no meio do caminho. Uma calma interior começou a surgir depois de décadas de malabarismos desenfreados. Você sente uma capacidade crescente de ser verdadeiro consigo mesmo. Então é ótimo ter essa idade! Mas, assim como esse retorno nos coloca de volta na direção correta, temos de enfrentar uma vozinha em nossa cabeça (que imita o financista Barnard Baruch) que diz: "A idade avançada sempre será 15 anos a mais do que a que tenho." Esse foi o motivo da reação do Bert. Nunca fomos tão jovens *e* tão velhos ao mesmo tempo.

Podemos não nos olhar no espelho e nos desmarcar das fotos no Facebook, mas a sociedade tem uma maneira impressionante de nos fazer lembrar de nossa idade. Um número cada vez maior de pessoas tem medo de se tornar cada vez mais invisível. Outros se sentem como uma caixa de leite velha, com uma data de validade carimbada por engano em sua testa enrugada. Um paradoxo do nosso tempo é que os *baby boomers* têm uma saúde melhor do que nunca tivemos, permanecem ativos e continuam no ambiente de trabalho por mais tempo, mas se sentem cada vez menos relevantes. Eles se preocupam, e com razão, com que seus chefes ou empregadores em potencial vejam sua experiência (e os anos que vêm com ela) mais como uma carga do que como um recurso. Isso acontece especialmente na indústria da tecnologia, onde, por um acaso, acabei iniciando a segunda etapa de minha própria carreira.

Mas nós, os trabalhadores "de uma certa idade", somos, na verdade, menos como uma caixa de leite estragado e mais como uma boa garrafa de vinho de uma safra valiosa. Em especial na era digital, ainda mais no setor tecnológico, que se tornou famoso pela sua juventude e inovação e notório por culturas empresariais tóxicas, dores de cabeças com recursos humanos e diretores-executivos irresponsáveis de 20 e poucos anos — e onde as empresas e os investidores estão finalmente acordando e percebendo que poderiam lançar mão de um pouco mais da humildade, da inteligência emocional e da sabedoria que vêm com a idade. Neste livro, mostrarei que nós, os que temos algumas rugas que vêm com a idade, temos, *sim*, algo a oferecer. Em especial agora.

Talvez vivamos dez anos a mais que nossos pais e trabalhemos vinte anos a mais que eles, no entanto, o poder está sendo transferido àqueles que são dez anos mais jovens. Isso pode resultar em um "período de irrelevância" de décadas para aqueles que estão na minha faixa etária se não repensarmos nosso papel. Para evitar o destino da "angústia dos *boomers*", seria sábio de nossa parte aprender como estocar o vinho para que ele não estrague. O que faz com que um vinho seja bom não é apenas a idade, mas como o estocamos, como o servimos e a razão por que erguemos as taças.

PESSOAS MAIS VELHAS SÃO NECESSÁRIAS NA ERA DIGITAL?

Recentemente, meu iPhone ficou maluco. Ele voltou uma hora. Assim, durante alguns dias, meu telefone foi uma hora mais jovem do que meu MacBook Air. Essa falha técnica não afetou apenas a mim — milhares de usuários do iPhone perderam voos e compromissos por causa desse erro de software. Eu mencionei isso como uma evidência adicional de que os produtos digitais da Apple, cujos funcionários têm em média 31 anos de idade, estão dirigindo nossa vida cada vez mais. Procurei uma resposta no lugar de costume, o Google (cujos empregados têm em média 30 anos de idade), para ver como poderia resolver a situação e adiantar a idade do meu telefone em uma hora, mas desligar e ligar aquela porcaria não resolveu nada. Então, recorri a outro lugar familiar, o Facebook (cujos empregados têm em média 28 anos de idade), para pedir ajuda à minha galera.

Embora a idade média dos empregados nos Estados Unidos seja de 42 anos, esse número é mais de 10 anos menor entre os titãs da tecnologia. Um estudo da *Harvard Business Review* mostrou que a idade média dos fundadores de unicórnios (empresas jovens e privadas avaliadas em mais de $1 bilhão) é de 31 anos, e a idade média de seus diretores-executivos é de 41 anos, ao passo que a idade média de um diretor-executivo de uma empresa do S&P 500 é de 52 anos. Então, o poder nos negócios não voltou apenas uma hora, mas 10 ou 20 anos. Fisicamente, os 60 podem ser os novos 40 anos, mas, quando o assunto é poder, os 30 são os novos 50 anos!

Em muitas culturas, a transmissão de sabedoria já foi uma tradição tribal valorizada, mas, hoje em dia, muitos de nós temem que ela possa ser tão popular quanto a transmissão de gás pela tubulação. No mundo pré-Gutenberg, os idosos eram os guardiões de sua cultura e agentes de sua sobrevivência e comunicação através de mitos, histórias e canções transmitidas de uma geração para a outra. Em uma economia de mudanças lentas, a experiência prática e o conhecimento institucional das coisas antigas continuaram a ser relevantes para os jovens.

A aceleração da inovação tornou os idosos menos relevantes. A alfabetização fez com que a sociedade passasse a não depender apenas da memória e das tradições orais dos idosos para a transmissão da sabedoria. A mudança da economia agrícola para a industrial fez com que as antigas tradições de plantio fossem substituídas pela eficiência tecnológica da era das máquinas. Ademais, os jovens começaram a se mudar para a cidade, longe de seus pais, e na segunda metade do século XIX, um enxame de jovens europeus imigrou para os Estados Unidos, vivendo por conta própria, sem a sabedoria de seus pais para guiá-los.

A ligeira marcha do progresso da era industrial para a tecnológica gerou uma forte inclinação para os nativos digitais, que entendiam sobre aparelhos e *gigabytes* melhor do que aqueles de nós que não cresceram "mordendo" a maçã da Apple durante a infância. E havia uma ansiedade crescente na sala de reuniões quanto a manter o passo, visto que as mudanças no mundo digital estavam acontecendo tão rápido, que a maioria das empresas relatou que sua ID estava, na verdade, diminuindo. Os diretores-executivos das empresas ficavam acordados de noite, preocupando-se com o fato de que seus concorrentes eram mais jovens e mais inteligentes no campo digital. De acordo com a PricewaterhouseCoopers (PwC), a grama do vizinho era mais verde quando a porcentagem de empresas que achavam que estavam fazendo um bom trabalho por usar e aproveitar-se da tecnologia caiu de 67% para 52% entre 2016 e 2017, criando um frenesi ainda maior para contratar jovens talentos, favorecendo a geração que parecia que tinha nascido com um iPad na mão e com uma conta no Snapchat.

Ainda assim, muitos de nós sentimos que estamos crescendo, em vez de envelhecer. Existe um modo de nos integrarmos ao cultivo de jovens cérebros, como os fazendeiros idosos do passado conseguiam cultivar jovens grãos? E se houvesse um novo modelo moderno da idade avançada, um que fosse usado como um distintivo de honra e não escondido por vergonha? E se nosso conhecimento prático e nosso network fossem usados como um recurso no ambiente de trabalho e não encarados como um fardo? Com mais gerações no ambiente de trabalho do que nunca, os mais velhos têm muito a oferecer aos que são mais jovens que eles, incluindo apresentá-los àqueles que poderão cultivar e colher suas habilidades.

Talvez a idade avançada ofereça uma forma mais elevada de liderança. As pessoas de cabelos brancos costumam ser mais sábias que as mais jovens. E se os Idosos Modernos fossem o ingrediente secreto para os negócios visionários de amanhã?

A SABEDORIA DA ERA MODERNA

Nem todo vinho antigo vem de uma safra espetacular. De modo similar, ser mais velho não necessariamente significa que você seja mais sábio. Paul Baltes e Ursula Staudinger, do Max Planck Institute for Human Development, fizeram um estudo abrangente e descobriram que, em geral, a correlação entre a idade e a sabedoria é quase zero na faixa de idade entre 25 e 75 anos. Embora, de início, isso possa parecer decepcionante, os pesquisadores descobriram que muitas pessoas vêm cultivando uma coisa que é ainda mais valiosa: a habilidade de *adquirir sabedoria* à medida que envelhecem.

O Dr. Darrell Worthy, que liderou um grupo de psicólogos da Universidade de Texas em uma série de experimentos sobre sabedoria, descobriu que pessoas mais velhas eram muito melhores em tomar decisões que resultavam em benefícios no longo prazo. Os adultos mais jovens tomavam decisões mais rápido que resultavam em recompensas mais imediatas, ao passo que os adultos mais velhos eram mais adeptos da tomada de decisões estratégica, que leva o futuro em consideração. Gandhi escreveu certa vez: "Há mais na vida do que simplesmente ir mais rápido." Talvez o Idoso Moderno possa ser o motorista designado em um mundo onde não seja possível pisar ainda mais no acelerador.

O professor Robert Sutton sugere que o marco da sabedoria é uma mistura de confiança e dúvida e de saber quando se deve aumentar a aposta. O acadêmico Copthorne Macdonald listou 48 características da sabedoria que podem nos ajudar a criar uma estrutura para tomar as melhores decisões. As pessoas sábias tendem a reconhecer que podem errar, são reflexivas, empáticas e têm bom julgamento, mas apenas essas características não definem a sabedoria.

Se existe uma qualidade que acredito que define a sabedoria no ambiente de trabalho mais do que qualquer outra é a capacidade holística ou de pensar de modo sistemático, a qual permite que uma pessoa "tenha uma ideia" de algo ao resumir uma grande variedade de informações rapidamente. Parte disso é auxiliada pela habilidade de reconhecimento de padrões, que nos ajuda a ter intuições mais rápido e que se relacionam com o todo. E é aqui que a idade nos dá a indiscutível vantagem: quanto maior for o período que uma pessoa viveu neste planeta, mais padrões ela verá e reconhecerá.

E essa capacidade de ver o todo pode nutrir novos pensamentos. Em seu livro *The Mature Mind: The Positive Power of the Aging Brain*, o psiquiatra Gene D. Cohen explica que pessoas mais velhas, com a vantagem de anos de experiência, têm um vasto conteúdo de soluções entremeadas em seu cérebro maduro que as ajuda a sintetizar mais informações e, potencialmente, oferecer mais soluções. Pense no Dr. John Goodenough (cujo sobrenome em inglês quer dizer "Bom o bastante"), por exemplo, que, aos 57 anos, ajudou a inventar a bateria de lítio-íon, a qual reduziu a energia ao seu menor tamanho possível. E, então, 37 anos mais tarde, ele se tornou, na terceira idade, uma celebridade quando registrou um formulário de patente de um novo tipo de bateria que poderia acabar com os veículos movidos a petróleo. Pense nisso: 94 anos, e suas sinapses ainda estão ativas!

Não existe dúvida de que a mídia criou um ideal mítico de jovens gênios encapuzados e que lideram a marcha do progresso em direção a um glorioso futuro utópico e digital. Mas esses renegados deveriam estar fazendo isso sozinhos? Eles podem fazer isso? Se pudermos tirar uma lição do destino de Travis Kalanick, ex-diretor-executivo da Uber, que foi deposto pela sua própria diretoria depois de uma série de vários erros ingênuos de liderança, é a de que talvez possa existir uma relação simbiótica entre os nativos digitais e seus idosos.

Celebramos esses jovens líderes — aqueles que mudam indústrias e mostram que são muito promissores graças às suas proezas tecnológicas, energia, velocidade e resistência. O que falta a esses jovens empreendedores tecnológicos em experiência, nós reconhecemos, eles compensam em conhecimento e ousadia digitais. Mas ao resumir o que enxergou nos desafios de liderança de muitos "unicórnios", a estrategista Nancy Giordano sugere que uma pegada mais rápida e intuitiva da tecnologia não garante a maturidade. "Com pouco treinamento, esperamos que os jovens líderes digitais incorporem de modo milagroso a sabedoria de relacionamentos que nós, mais velhos, demoramos duas vezes mais para aprender, com bastante orientação e treinamento formal", explica.

Talvez o papel dos idosos seja o de acelerar esse processo de autoconsciência nas gerações mais jovens, ao passo que o poder está sendo confiado a eles de modo muito rápido antes de estarem realmente prontos. Em vez de as gerações mais velhas serem menos valiosas por causa da falta de conhecimento especializado com a velocidade cada vez mais crescente da obsolescência, as gerações mais velhas talvez sejam mais valiosas porque podem ajudar a equilibrar esse pensamento limitado da especialização com a habilidade de ver o todo.

Esse conceito de reciprocidade entre gerações surgiu em um momento perfeito da nossa história. Pela primeira vez, temos cinco gerações ao mesmo tempo no ambiente de trabalho: a geração silenciosa (da meia-idade aos 70 e tantos anos), os *baby boomers*, a geração X, os *millennials* e a geração Z. A ordem natural no trabalho costumava ser ditada pela hierarquia, ou pela cadeia alimentar, que coloca as pessoas mais velhas e experientes acima dos mais jovens recém-chegados. Mas houve uma mudança gradual no poder dos idosos para os jovens que não começou com idosos às portas de seu supermercado local para recebê-lo enquanto gerentes de 30 anos administravam a loja.

Falando de modo geral, pessoas com 65 anos ou mais gastaram da metade até a última década do século XX relaxando por causa da redução da idade para a aposentadoria. Mas, durante 30 anos, vi o aumento da porcentagem de pessoas mais velhas participando no ambiente de trabalho. Como relatado pelo *New York Times*, mais da metade dos *baby boomers* norte-americanos está pensando em trabalhar além dos 65 anos ou nem se aposentar, e espera-se que o número de trabalhadores com 65 anos e grupos demográficos mais velhos aumentem em um ritmo mais rápido que os de grupos de qualquer outra faixa etária. Em 2025, provavelmente teremos três vezes mais a quantidade de pessoas de 65 anos trabalhando nos Estados Unidos do que há 30 anos, e espera-se que o número de trabalhadores com 75 anos ou mais aumente com o percentual jamais visto de 6,4% ao ano até 2024. Anote isso, admirável mundo novo: a sabedoria das pessoas mais velhas é um dos poucos recursos naturais mundiais que está aumentando, e não diminuindo!

Essa diversidade de idades sem precedentes no ambiente de trabalho pode gerar confusão, visto que talvez atuemos com sistemas de valores e estilos de trabalho drasticamente diferentes. Mas isso também pode ser uma fonte de oportunidades que o mundo nunca experimentou. Quando as gerações eram isoladas, tanto os trabalhadores mais velhos quanto os mais jovens eram como recipientes hermeticamente fechados, com sua sabedoria presa lá dentro. Contudo, se quebrássemos essas paredes, haveria muito para aprendermos uns com os outros. A sabedoria não é rara, mas pode ser tão difícil de alcançar quanto diamantes, isso a menos que tenhamos desenvolvido as ferramentas necessárias para cavarmos em busca dela.

Isso está acontecendo em uma era na qual a automação está mudando todo o cenário. A inovação tecnológica do passado eliminou bastante os trabalhos repetitivos das fábricas e, teoricamente, resultou em trabalhos melhores (só que o segredinho era que esses novos serviços exigiam um treinamento especial que a sociedade não oferecia de modo adequado aos seus empregados deslocados, o que resultou no nosso recente levante político). Mas, na era da inteligência artificial, os serviços serão assumidos por máquinas mais rápidas, visto que o aprendizado das máquinas permite que os computadores ensinem a si mesmos como atender às nossas necessidades de uma maneira cada vez melhor. Se os *millennials* não nos tornarem redundantes, os robôs e a inteligência artificial farão isso. Então, as pessoas estão vivendo mais e precisando trabalhar por mais tempo. A automação está assumindo mais vagas de emprego. E existem mais gerações no ambiente de trabalho ao mesmo tempo. Ai! Parece que a coisa vai ficar pior, sem contar as acusações entre as gerações.

No entanto, esta é a época perfeita para os idosos retornarem, graças a sua habilidade de criar soluções sábias e empáticas que nenhum robô poderia jamais conceber. Na era da inteligência das máquinas, a inteligência emocional e a empatia — coisas que os idosos têm aos montes — são mais valiosas do que nunca. Quanto maior nossa tecnologia, mais desejamos um toque pessoal. Há dez anos, o pessoal do ramo da hotelaria previu que o simpático *concierge* desapareceria do saguão do hotel devido ao acesso à informação pela internet. De modo similar, os agentes de viagem foram considerados extintos na era da Expedia, mas os clientes passaram a ir aos montes até os agentes mais recentemente porque apreciam os conselhos detalhados e pessoais de profissionais sábios e que os conhecem. Assim sendo, não apenas o suprimento de sabedoria dos idosos está aumentando no mundo, como o valor dessa sabedoria está aumentando também.

REIVINDICANDO O "IDOSO"

No passado, quando as pessoas mentiam sobre sua idade, elas costumavam passar a ideia de que eram mais velhas do que diziam ser. Ser idoso lhe conferia influência, dignidade, poder. Hoje, as pessoas mentem na direção oposta porque têm medo do preconceito de idade. E por um bom motivo. Chamar alguém de idoso atualmente é o mesmo que sugerir que essa pessoa foi amiga pessoal de Moisés ou Abraham Lincoln.

É hora de separar o termo "idoso" da palavra "antigo". "Antigo" se refere apenas aos anos em que alguém viveu no planeta. "Idoso" se refere ao que alguém fez com esses anos. Muitas pessoas envelhecem sem desenvolver sabedoria com sua experiência. No entanto, os idosos pensam no que aprenderam e incorporam isso ao legado que oferecem às gerações mais jovens. Os idosos são mais velhos e costumam ser dependentes da sociedade, porém, separados dos jovens. Por outro lado, no decorrer da história, a sociedade sempre foi dependente dos idosos, os quais estiveram a serviço dos jovens. Além disso, hoje, a idade média para que alguém se mude para um asilo é de 81 anos (em comparação com os 65 anos na década de 1950), de modo que muitas pessoas que se qualificam como idosas ainda não são antigas. O que foi isso? Estou ouvindo alguma coisa? "Eu não quero ser um 'idoso'", você talvez esteja murmurando com ressentimento. "Eu não sou velho, rabugento ou enrugado o bastante." Pare de julgar (uma habilidade que os idosos desenvolveram) por um momento e continue a leitura.

Essa não é a primeira vez que um grupo demográfico voltou a assumir um termo, fazendo com que uma expressão pejorativa se tornasse um símbolo de orgulho. "Yankee" era um termo depreciativo que os britânicos usavam para descrever o Novo Mundo mais além, contudo não demorou muito para que ele fosse adotado pelos próprios Novos Ingleses (e por muitos fãs de beisebol, séculos mais tarde). De modo similar, Malcolm X e outros líderes ajudaram a população afro-americana de nosso país a aceitar a palavra "Black" na década de 1960, embora essa fosse uma palavra que muitos racistas usavam para descrevê-los. Comediantes do sul, como Jeff Foxworthy, voltaram a usar o termo "Redneck" como uma palavra de orgulho que define sua identidade "caipira". E quando era uma criança no parquinho, há uma geração, nós não queríamos ser chamados de "Queer", mas o pessoal do grupo LGBTQI+ reivindicou esse jargão e fez com que ele se tornasse legal. Aproprie-se da palavra. Ela lhe dá poder.

Então, como podemos reivindicar o termo idoso e criar uma definição moderna de alguém que tem muita sabedoria para oferecer, em especial durante uma época em que a sabedoria é mais valiosa do que nunca? Como o Dr. Bill Thomas, geriatra e autor, me disse: "Vemos uma criança e sabemos que essa pessoa está vivendo sua infância. Vemos adultos e sabemos que eles estão vivendo sua fase adulta. O que está faltando é a experiência de ver um idoso e saber que essa pessoa passou pela fase adulta e está vivendo a terceira idade." Vamos deixar isso menos assustador. Assim como uma criança vê a fase adulta com curiosidade, não seria um milagre se um adulto visse a terceira idade com animação?

É triste dizer, mas a verdade é que uma coisa que podemos apostar que acontecerá — e que define essa era sem nome que está se expandindo — é recebermos um cartão de uma organização de empoderamento de idosos pelo correio antes do nosso aniversário de 50 anos. Todos os cinquentões também devem receber uma carta com duas frases para ajudá-los a preparar o palco para o próximo capítulo de sua vida. Essa carta deveria dizer: "Você pode viver mais 50 anos. Se soubesse que viveria até os 100 anos, a que novo talento, habilidade ou interesse você gostaria de se dedicar hoje para se tornar um mestre nele?"

Como descreverei no Capítulo 2, sem planejar nada, acabei arrumando um trabalho aos 50 anos na Airbnb, onde me encontrava cercado de pessoas que tinham a metade de minha idade e que, talvez, tivessem o dobro de minha inteligência. Eu estava perdido, visto que não existe um manual da vida moderna para o entardecer e a noitinha da vida de uma pessoa. Despreparados, muitos encaram seus anos de Idosos Modernos com um sentimento de ansiedade. Temem que suas habilidades tenham entrado em extinção, que se tornaram relíquias de uma era passada. Mas o que muitos não percebem é que o Idoso Moderno não apenas adquiriu mais habilidades em virtude de ser mais velho, mas que atingiu a habilidade de *maestria*, o que pode ser aplicado a aprender coisas novas. Os Idosos Modernos podem deixar de ser os guardiões da sabedoria do passado para serem os buscadores de sabedoria do futuro. Envelhecer com vitalidade é uma realidade quando criamos o equilíbrio perfeito entre a sabedoria e a inocência.

Do que eu realmente estava precisando quando me juntei à Airbnb era de um manifesto de "aumento de consciência" para me ajudar a entender as novas leis da estrada, bem como de algumas dicas para multiplicar o que talvez eu pudesse oferecer a esse novo ambiente de trabalho mais jovem.

Assim, em vez de enfiar minha cabeça na areia e fazer jorrar xingamentos estereotipados sobre os *millennials* (eu ouvi alguns de meus amigos *boomers* quando me juntei à Airbnb), agora estou oferecendo um manifesto que gostaria de ter tido. E, no caminho, apresentarei uma nova estrutura de sabedoria no trabalho e na vida, uma que é particularmente relevante para aqueles que estão na segunda metade da vida. Mas este livro não é apenas para aqueles que estão nos seus 50 anos ou mais; ele é valioso também para aqueles que têm seus 20, 30 e 40 anos e que querem tanto um mapa para o seu futuro como uma ideia melhor de como poderão fazer bom uso da sabedoria daqueles que são uma ou duas gerações mais velhos.

Tendo em vista quão política e culturalmente divididos estamos hoje em dia, a eventual chegada da terceira idade é uma condição que une a todos nós. Se você tem 30 anos e está lendo este livro, isso se aplica a você também, visto que a terceira idade é apenas um grupo demográfico do qual todos nós — se tivermos sorte — faremos parte um dia. Meu amigo Ken Dychtwald, fundador e diretor executivo da Age Wave, e um dos maiores especialistas da nação em revolução da longevidade, escreveu um livro em 1989 no qual ele sugeriu o futuro ambiente de trabalho: "homens e mulheres maduros que serão mantidos e cujo pagamento será baseado não na quantidade de horas que trabalharem, mas na sua experiência, contatos e sabedoria." Ele chamou essas pessoas de "trabalhadores da sabedoria". E continua: "... estou convencido de que muitos erros corporativos e erros de direção bem intencionados poderiam ter sido evitados se houvesse uma melhor mistura da energia e ambição dos jovens com a visão e experiência da idade."

Trinta anos mais tarde, talvez finalmente esteja na hora de sermos mais intencionais no que se refere a nossa condição de "trabalhador da sabedoria". Talvez esteja na hora de diferenciar e definir a época entre a "meia-idade" e o "antigo" como uma de idealismo maduro. Para muitos de nós, o jogo de beisebol da nossa carreira provavelmente resultará em ingressos a mais. Então, talvez esteja na hora de ficar animado com o fato de que a maioria das partidas esportivas fica mais interessante quando passaram da metade ou estão quase no final. Da mesma forma, as pessoas que vão ao teatro se sentam na beirada da cadeira durante o último ato da peça, quando tudo finalmente começa a fazer sentido. E os corredores de maratonas geram mais endorfina quando chegam os quilômetros finais do evento. Será que a vida fica mais interessante (e não menos) perto do fim?

Como Ken me sugeriu recentemente: "Se conseguir fazer com que a maturidade seja um alvo novamente, você terá mudado o mundo."

QUEM É UM IDOSO MODERNO?

Pensando na versão moderna de um conselho tribal de idosos dos Estados Unidos, me vêm à mente imagens da Suprema Corte. No entanto, existem muito mais do que apenas 9 idosos sábios em um país de 325 milhões de pessoas. Em âmbito internacional, quando se fala em idosos, as pessoas talvez pensem nos "The Elders", um grupo de prestígio estabelecido pelo empreendedor Richard Branson e pelo músico Peter Gabriel com base na ideia de que, no mundo cada vez mais interdependente de hoje — uma vila global —, muitas comunidades recorrem a seus idosos em busca de orientação. O grupo foi lançado em 2007 com Nelson Mandela, Graça Machel, Jimmy Carter e outros líderes mundiais humanitários empenhados em usar sua experiência e influência coletivas para ajudar a lidar com alguns dos maiores problemas que o mundo vem enfrentando atualmente.

Mas você não precisa ser um ganhador do Prêmio Nobel da Paz ou fazer parte do maior tribunal dos Estados Unidos para ser um Idoso Moderno. E, diferentemente de algumas tradições tribais, não precisa ser um homem para ser um idoso. Uma das idosas mais valiosas da Airbnb é a incrivelmente leal, infinitamente sábia e brilhantemente intuitiva Belinda Johnson, diretora de operações da Airbnb (a sênior de Brian por quinze anos), que se juntou à empresa alguns anos antes de mim e que vem aconselhando Brian há mais tempo e de modo mais abrangente do que eu. Quer seja a Sheryl Sandberg, diretora de operações, que atua como a idosa de Mark Zuckerberg no Facebook, ou Ruth Porat, a diretora financeira da Google/Alphabet (e que exerce o mesmo papel que Morgan Stanley), que tem quinze anos a mais do que o diretor-executivo e cofundador Larry Page (dois exemplos de muitos), quando revisamos as cinco qualidades a seguir, que definem um Idoso Moderno, percebemos que o gênero não importa.

Um Idoso Moderno não precisa estar acima de uma idade específica ou estar em uma posição sênior em uma empresa. Mas essa pessoa precisa ser mais velha e mais sábia do que aquelas ao seu redor. Isso pode significar que um idoso pode ter 40 anos e estar rodeado de pessoas com 25 anos, ou que ele pode ter 60 anos e estar rodeado de pessoas de 40 anos. E, independentemente de sua idade biológica, os Idosos Modernos conseguem, de alguma forma, combinar um ar de dignidade com um espírito de humildade.

A maioria dos Idosos Modernos que conheço têm mais de 50 anos e reflete sua sabedoria das seguintes maneiras:

1. **Bom julgamento.** Quanto mais vimos e experimentamos, melhor podemos lidar com problemas conforme eles surgem. Quanto mais velhos somos, mais peritos talvez sejamos na "maestria ambiental" ou na habilidade de criar ou escolher ambientes nos quais prosperar. Will Rogers escreveu: "O bom julgamento vem com a experiência, e muito disso vem de decisões erradas." Meu joelho ralado do passado pode me ajudar a evitar que você venha a cair e ralar o seu hoje. Os Idosos Modernos têm uma perspectiva de longo prazo baseada na sabedoria que adquiriram ao longo dos anos. Para os jovens, é inestimável ter um guia experiente para alertá-los sobre as rochas invisíveis da corredeira conforme remam pelas águas rasas.

2. **Opinião direta.** Um dos principais recursos obtidos pela experiência é uma visão clara, uma perspicácia intuitiva. Um Idoso Moderno pode passar pelo emaranhado rapidamente para identificar a questão fundamental que precisa de atenção, quer em uma entrevista de emprego, quer em uma discussão estratégica. Essa fenomenal habilidade de edição dá ao idoso uma certa dignidade, de tal modo que todos na sala esperam pela próxima frase dessa pessoa. E como muitos idosos desistiram de tentar deixar sua marca ou de se provar, existe uma certa autenticidade direta, porém educada, nas observações de um idoso sábio. A juventude é a época de colher e acumular matéria-prima, ao

passo que a terceira idade é o processo de destilar esses ingredientes, destacar os melhores sabores deles e combiná-los para que resultem em uma refeição perfeitamente elaborada.

3. **Inteligência emocional.** A sabedoria não se limita ao que sai da sua boca. Ela também inclui o que você entende com base no que escuta com seus ouvidos e seu coração. O Irmão de 92 anos David Steindl-Rast, que fez o legendário vídeo do TED sobre como a felicidade é um sinônimo de gratidão, me disse: "Sim, eu concordaria que a primeira tarefa de um idoso é ouvir os jovens com interesse genuíno: o quanto poderemos lhes dar depende de quão bem estamos escutando." É como diz o velho ditado: "O conhecimento fala, mas a sabedoria escuta." Os Idosos Modernos são empáticos, paciente e conscientes de que são bons tanto em entender e em administrar suas próprias emoções como em entender as emoções dos outros. Eu recebi, na Airbnb, um dos maiores elogios de minha vida de um empregado de 21 anos chamado Hugh Berryman. Ele disse: "No que se refere a como as gerações pensam, é quase como um rádio antigo. De modo metafórico e literal, os jovens ressoam com uma frequência em uma parte do rádio, e, então, à medida que envelhecemos, conseguimos sintonizar outras frequências mais facilmente com o botão. Chip, você tem a capacidade empática de sintonizar praticamente qualquer frequência do rádio."

4. **Pensamento holístico.** Na meia-idade, o cérebro se atrapalha, de modo que a memória e a velocidade diminuem. Mas a habilidade de ligar os pontos, de sintetizar e fazer um resumo de alguma coisa, cresce no fim da fase adulta. Parte dessa inteligência cristalizada se deve ao fato de que um cérebro mais velho tem a capacidade de passar de um lado para o outro com mais habilidade. O psiquiatra Gene Cohen descreve isso como "dirigir com tração nas quatro rodas", o que nos ajuda a enxergar o todo, em vez de apenas algumas partes. E, visto que o cérebro mais velho consegue administrar as emoções com mais calma, ele consegue reconhecer padrões de forma fria e com mais facilidade.

5. **Servir.** Quanto mais velhos somos, mais reconhecemos nosso pequeno papel neste planeta e mais queremos usar nossa experiência de vida e perspectiva para afetar as gerações futuras de modo positivo. Robert Bly disse que um idoso é alguém que sabe quando é hora de dar, em vez de receber, e que eles costumam receber inspiração por observar as maravilhas dos bosques. Joseph Meeker escreveu: "A selva está para a natureza como a sabedoria está para a consciência." O legado dos Idosos Modernos é o amor que investiram nos seus vizinhos e na natureza.

À medida que envelhecemos, recebemos o chamado para nos tornarmos cada vez mais humanos. Isso não quer dizer que um idoso surge apenas como um mago velho e sábio, como Gandalf ou Obi-Wan Kenobi. Na verdade, os Idosos Modernos experimentam uma emancipação das expectativas dos outros que nos permite transcender as convenções desnecessárias, o que significa que podemos parecer mais joviais e inocentes. A "neotenia" é a qualidade do ser que permite que certos adultos tenham uma aparência infantil e faz com que as pessoas façam comentários sobre como esses idosos parecem tão jovens no coração e atemporais.

Como Walt Disney disse: "As pessoas que trabalharam comigo dizem que sou a 'inocência em ação'. Elas dizem que tenho a inocência e a naturalidade de uma criança. Talvez eu tenha. Ainda vejo o mundo com um espanto puro."

COMO VOCÊ PODE SE TORNAR UM IDOSO MODERNO?

"Apesar da doença, apesar até do arqui-inimigo, a tristeza, uma pessoa pode permanecer viva por muito tempo depois da costumeira data de desintegração se ela não tiver medo da mudança, se ela tiver uma curiosidade intelectual insaciável, interesse em grandes coisas e ficar feliz com coisas simples."

—Edith Wharton

Talvez essa seja a questão pela qual você esteja lendo este livro. Acredito que podemos administrar as expectativas das pessoas, então, isso é o que você deve esperar...

No Capítulo 2, falarei mais sobre minha história como um relutante divisor de águas na Airbnb e sobre o princípio de minha educação como um Idoso Moderno. O título do capítulo é "Eu Sou um 'Mentário'?", porque acredito que os Idosos Modernos são tanto estagiários quanto mentores. Mas, reconhecendo que minha história como um ex-diretor-executivo de uma empresa que embarcou no foguete da Airbnb é incomum, apresentarei neste livro dezenas de histórias de outros Idosos Modernos. Quer seja a minha história ou a de outros Idosos Modernos que esteja nesta obra, os sentimentos e a iniciação nessa etapa da vida são universais. Elas se aplicam a qualquer um que saiba que tem algo de valor para oferecer às empresas e aos colaboradores. Eles só não sabem exatamente o que fazer com isso.

Então, no Capítulo 3, você aprenderá mais sobre o paradigma obsoleto do envelhecimento que estamos vivendo e como se libertar desse modelo desatualizado de três estágios da vida profissional. Depois, falaremos sobre como qualquer pessoa pode se reinventar como um Idoso Moderno "se ela não tiver medo da mudança, se ela tiver uma curiosidade intelectual insaciável, interesse em grandes coisas e ficar feliz com coisas simples".

Ao passo que a citação dela tenha um século, Edith Wharton, escritora vencedora do Prêmio Nobel, resume de modo eficaz as quatro habilidades que eu defino como minhas quatro lições: evolua, aprenda, colabore e aconselhe. No Capítulo 4, exploraremos a Lição 1, que pode ser a mais difícil e a mais fundamental das quatro etapas para se tornar um Idoso Moderno: nossa habilidade de evoluir. Se estivermos muito ligados ao passado e à imagem do idoso tradicional — fazer discursos sábios no púlpito —, provavelmente não faremos a congregação crescer. Mostrarei como se desfazer desses velhos conceitos para adotar novos, desenvolvendo uma reputação ou marca pessoal nova, fresca e relevante. Se eu consegui evoluir a ponto de deixar de ser o hoteleiro clássico para me tornar um executivo de *startup* do Vale do Silício, você também conseguirá superar seus próprios medos de mudança.

No Capítulo 5, você aprenderá o valor de se adotar a mente de um iniciante e como usar essa nova perspectiva para aumentar sua habilidade de aprender (Lição 2). Os Idosos Modernos são tanto alunos quanto sábios, mentores e estagiários, e têm sede pela maestria. Eu mostrarei por que as perguntas têm mais poder do que as respostas no mundo moderno e te ajudarei a ser cataliticamente curioso para que sua mente inquisidora se torne um de seus maiores recursos.

No Capítulo 6, veremos a Lição 3: usar nossa habilidade de colaborar para fazer algo maior. Existem evidências empíricas de que trabalhadores mais velhos têm maior aptidão para colaborar e para nutrir a eficácia da equipe. Também falaremos mais sobre a transferência de sabedoria entre as gerações e consideraremos que contrato implícito de intercâmbio você pode oferecer aos seus colegas mais jovens. No meu caso, foi oferecer minha IE (inteligência emocional) em troca da ID (inteligência digital) deles, e ambos melhoramos por causa disso.

No Capítulo 7, falarei sobre por que fico tão feliz de aumentar a minha habilidade de aconselhar, a Lição 4 — e irei ajudá-lo a fazer o mesmo. Um subproduto de ser visto como o idoso no trabalho é tornar-se o confidente de empregados mais jovens que desejam se banhar na sua fonte de sabedoria e que provavelmente serão mais sinceros contigo ao passo que deixam de enxergá-lo como uma ameaça competitiva. É bem ao contrário. Por se aproveitarem de seus conhecidos (sua rede) e de seu conhecimento prático (sua biblioteca de sabedoria), eles encararão sua presença como um adubo para suas carreiras. Alguns de meus momentos mais felizes na Airbnb foram as conversas que tive com jovens líderes que estavam se tornando mais sábios a cada dia.

No fim dos Capítulos 4 a 7, você encontrará algumas dicas e conselhos para ajudá-lo a colocar cada lição em prática. Eu os chamo de Práticas Modelo, porque é isso que você é se for um idoso: um modelo.

O Capítulo 8 concentra-se em juntar todas as peças do quebra-cabeças. Como usar essas quatro habilidades para aprimorar quem você é para iniciar sua segunda (ou terceira) fase no ambiente de trabalho? Como pessoas mais velhas tendem a ser boas de síntese, você vai gostar de como unir o que você aprendeu para tornar isso possível. Juntos, veremos algumas histórias de idosos que fizeram isso em um setor não lucrativo, nas artes, como professores ou *coaches* e como empreendedores. Você também aprenderá sobre a Academia do Idoso Moderno para aqueles que estão procurando um lugar e um processo a fim de apertar o botão de *reset* na meia-idade.

O Capítulo 9 é um chamado à ação para diretores-executivos e departamentos de RH ao redor do mundo. Eu acabarei com vários mitos sobre trabalhadores mais velhos e darei sugestões a líderes organizacionais sobre como criar um ambiente que dê condições aos idosos, e a todas as gerações, de prosperar. Também descreverei por que acho que seria inteligente do ponto de vista competitivo que as empresas desenvolvessem uma estratégia para atrair e reter Idosos Modernos — especialmente em uma época em que estamos lidando com falta de mão de obra e talentos, e a média de idade dos clientes provavelmente está aumentando (tendo em vista o envelhecimento da população). Existe uma grande vantagem para uma empresa que faz isso direito.

Então, encerraremos com o Capítulo 10 falando sobre o que significa deixar um legado no ambiente de trabalho e além, e sobre como sincronizar sua mente de iniciante e seu amor à maestria para se manter ativamente engajado pela vida o máximo possível.

No apêndice, você encontrará minhas dez citações, livros, artigos, filmes, discursos/vídeos, sites/blogs, trabalhos acadêmicos e organizações favoritos e relevantes para ser um Idoso Moderno. Achei que isso seria de muito mais valia para você do que uma série de notas de rodapé. Você encontrará também os oito passos recomendados para se tornar um Idoso Moderno.

Se conseguir aprender apenas uma lição deste livro, espero que seja esta: quando sua audição começa a falhar, ouvir será mais importante do que nunca. E as pessoas que você precisa ouvir não se parecem com as pessoas que você tinha o costume de ouvir. Primeiro, foram seus pais e avós, passando a ser seus professores e instrutores, médicos, chegando até os chefes e colegas. Essas eram as faces da autoridade, e sempre eram pessoas mais velhas ou que tinham a sua idade. Não estamos acostumados a ouvir e a aprender com rostos jovens — mas é exatamente isso o que precisamos fazer para colher as recompensas de ser um Idoso Moderno. Aprender, crescer, ensinar e, então, aprender de novo. É isso o que temos a oferecer a nós mesmos e ao mundo.

A VIDA É BOA?

Voltando a Bert e à história da minha "saída do armário" como um Idoso Moderno na Tulum Summit: eu não sabia exatamente qual era a intenção de Bert com sua pergunta direta, mas era óbvio que ele tinha alguns sentimentos conflitantes quanto à sua idade, especialmente em meio a todos aqueles jovens de *startups* naquele evento da Summit. Talvez Bert estivesse incomodado com base em suas próprias perspectivas sobre o envelhecimento. Ironicamente, ele é um dos empreendedores mais joviais que têm mais de 50 anos que conheço. Ele e seu irmão iniciaram a Life is Good vendendo camisetas no porta-malas de seu carro durante cinco anos depois de terminarem a faculdade, e nunca realmente perderam aquela mentalidade briguenta, de ganhar seu dinheirinho, embora tenham feito sua marca de estilo de vida crescer a ponto de, 22 anos depois, tornar-se uma empresa que gera mais de $100 milhões por ano. Bert — com sua energia sem fim e sabedoria incalculável —, de muitas maneiras, incorpora o melhor significado de ser um Idoso Moderno.

À medida que me apressava para subir ao palco, falei a Bert: "Escute o que tenho a dizer e, então, depois do meu discurso, me diga se você ainda está chateado pelo fato de eu me expor como um idoso."

Depois do discurso, Bert veio e me abraçou com lágrimas nos olhos e disse: "Agora eu entendo!" E, de fato, passou a incorporar muitas das práticas deste livro como o CEO, ou "chefe executivo otimista pela vida", da Life is Good. À medida que você ler esta obra, espero que entenda também. Muitas pessoas sugerem que a meia-idade é um período de crise. Eu acredito que você está no meio do seu "despertar da meia-idade".

A vida *é* boa, e talvez esteja ficando ainda melhor!

[2]

Eu Sou um "Mentário"?

"Os músicos não se aposentam. Eles param quando não há mais música dentro deles."

—Robert De Niro em *Um Senhor Estagiário*

"Como você gostaria de democratizar o ramo da hospitalidade?"

Enquanto lanchava em um dos estabelecimentos favoritos do pessoal da tecnologia de São Francisco, estive frente a frente com a visão carismática do diretor-executivo da Airbnb, Brian Chesky. Era março de 2013, e já haviam me avisado de que Brian tinha uma intensidade parecida com a de Steve Jobs: ele era inteligente, fazia muitas perguntas e queria mudar o mundo. Ele não era um jovem diretor-executivo comum de uma empresa de tecnologia. Ele queria resolver os problemas mundiais tanto quanto queria criar um negócio de sucesso. Eu tinha acabado de voltar de uma odisseia de cinco semanas na Ásia, onde participei de cinco festivais, incluindo o Kumbha Mela, a grande peregrinação hindu de 100 milhões de pessoas, então eu já estava um pouco confuso por causa do *jet lag* antes mesmo de Brian me fazer uma proposta tentadora.

Como responder a essa pergunta depois de trabalhar por mais de 25 anos como hoteleiro?

Em 1987, fundei minha própria empresa de hotéis boutique. Eu tinha 20 e poucos anos e fui inteligente ao chamá-la de Joie de Vivre. Gostei do fato de que essa expressão francesa para "alegria de viver" também definia a nossa missão. Quantas empresas podem dizer que seu nome e sua missão são os mesmos? Bem, meu amigo Bert Jacobs, que mencionei no Capítulo 1, realizou essa façanha com a Life is Good, mas a maioria das pessoas consegue pelo menos pronunciar, soletrar e entender o significado do nome da empresa dele. Quanto à Joie de Vivre, eu costumava brincar que a marca era popular com intelectuais e francófilos. Felizmente, havia muitos clientes que se encaixavam no nosso psicográfico, e a empresa acabou crescendo a ponto de se tornar a segunda maior empresa de hotéis boutiques dos Estados Unidos, com 52 hotéis boutiques na Califórnia, cada um com seu próprio estilo e espírito.

Então, 24 anos depois, em 2010, eu a vendi. Por quê? Você lerá mais sobre minha história neste livro, mas digamos apenas que algo dentro de mim me disse que era hora de mudar. Talvez você tenha ouvido essa mesma voz interior. É fácil ignorá-la ou silenciá-la por um tempo, mas ela acaba ficando mais alta, em especial no meio da noite. Quando finalmente cedi a essa voz que estava me dizendo para vender a empresa, eu sabia que minha próxima jornada seria incomum. Eu estava com 50 e poucos anos e sabia que ainda havia um pouco de música dentro de mim, só não sabia bem onde compartilhá-la. Eu havia recentemente fundado o Fest300 — um site dedicado a elaborar o perfil dos 300 melhores festivais do mundo — e estava compartilhando um pouco da minha "música" com minha pequena equipe de *startup*. Mas isso parecia mais um passatempo que uma nova carreira.

Enquanto estava pensando no meu próximo passo, Brian — que havia lido o meu livro *PEAK* — entrou em contato comigo e perguntou se eu poderia dar uma palestra sobre inovação em hospitalidade em sua pequena *startup* de tecnologia, que estava crescendo rápido. Ele me apresentou aos seus cofundadores, Joe Gebbia e Nate Blecharczyk, bem como ao cabeça do "Produto" (uma palavra que não entendi direito por ser um conservador quando o assunto é tecnologia), Joebot (Joe Zadeh). Um grupo legal. E eles realmente queriam fazer a empresa crescer a ponto de tornarem-na uma gigante da hospitalidade.

Isso parecia bom. No entanto, eu era um hoteleiro "das antigas", e nem sabia direito o que era a Airbnb (eu perguntei a um amigo *millennial* se ela era uma subsidiária do Couchsurfing). Na verdade, eu nem sequer tinha baixado o aplicativo da Uber ou da Lyft no meu telefone no início de 2013 e nunca havia ouvido falar do termo "economia compartilhada". O escritor de ficção científica

William Gibson escreveu: "O futuro chegou. Só não foi distribuído igualmente ainda." Isso serviu direitinho para descrever esse velho cão que estava pensando em como realizar um novo truque, quando Brian me pediu para fazer parte da diretoria como o chefe de Hospitalidade e Estratégias Globais da empresa.

De início, fiquei animado com a ideia do alcance mundial da empresa e com a oportunidade de democratizar a hospitalidade. Mas também fiquei mais do que apenas um pouco intimidado. Com 52 anos, eu nunca havia trabalhado em uma empresa tecnológica, onde o valor de uma pessoa pode ser definido pelo lema: "Escrevo códigos de computador, logo existo." Admitamos, eu não sabia ler nem escrever códigos de computador. Eu tinha quase o dobro da idade do empregado médio da Airbnb e, depois de 24 anos administrando minha própria empresa, eu teria de prestar contas a um sabidinho que tinha 21 anos a menos que eu. O que eu poderia sentir ao receber minha primeira avaliação de desempenho de um chefe que era jovem o bastante para ser meu filho e de quem eu supostamente também deveria ser o mentor?

Perguntei a alguns amigos hoteleiros se eles achavam que eu deveria me juntar à Airbnb. Um hoteleiro executivo brincou, fazendo referência ao filme *Campo dos Sonhos*: "Se você construir, eles NÃO virão, mas RIRÃO! O mercado de pessoas que querem se hospedar na casa de outra pessoa é pequeno." Mas eu tinha alguns amigos com mentalidade tecnológica que me disseram que a Airbnb era um foguete pronto para ser lançado. E a minha intuição estava me dizendo que o compartilhamento de lares poderia ser a evolução da ideia experimental de "viver como um local" que os hotéis boutiques haviam iniciado 25 anos antes. No fim daquele dia, não foram as vantagens financeiras que me intrigaram tanto, mas, sim, a ideia de compartilhar o mesmo ar que aquele jovem curioso e rebelde diretor-executivo que era filho de dois assistentes sociais. Acho que tenho um bom instinto para identificar boas possibilidades, e senti que o potencial de Brian estava prestes a florescer. Sua origem humilde, suas aspirações visionárias e seu desejo sincero de criar um mundo mais conectado animavam todos ao seu redor. Minha intuição me dizia que tínhamos algo para aprender um com o outro.

Assim, eu disse a Brian que topava. Na noite anterior ao meu primeiro dia de trabalho, 22 de abril de 2013, decidimos acertar os detalhes finais em um jantar em minha casa. Não tivemos de resolver as coisas com uma queda de braço, mas chegamos perto. Ficou decidido que eu seria o mentor e assessor interno dele e de sua equipe executiva. Concordei em lhe dar 15 horas do meu tempo por semana.

Na minha primeira semana, participei de várias reuniões só para me acostumar com o ambiente. Na reunião com os engenheiros, o crânio de 25 anos e óculos que estava presidindo a reunião me olhou direto nos olhos (acho que porque eu era o novato) e fez uma pergunta tecnológica existencial: "Se você despachasse um recurso e ninguém o usasse, ele teria sido realmente despachado?" Eu tinha assistido a uma ou duas aulas de filosofia na faculdade, então havia conseguido entender a ideia, mas como não havia assistido nenhuma aula de ciência da computação, não consegui entender qual era o significado real. Olhei para ele com um olhar vazio. Confuso, percebi que estava pisando em ovos, porque nem sequer sabia o que significava "despachar um recurso".

Depois da minha primeira semana no trabalho, minha confusão apenas aumentou. Brian havia me pedido para ser seu mentor, mas eu também estava me sentindo como um estagiário. *"Será que eu poderia ser os dois ao mesmo tempo?"*, perguntei-me. *"Eu sou um 'mentário'?"* Como uma raça única e mais velha de unicórnio? Mais tarde, descobri uma palavra maravilhosa — "liminaridade" — que descreve a ambiguidade e a desorientação que uma pessoa sente durante a transformação de sua identidade (falarei mais sobre isso no Capítulo 4). A minha palavra para isso? "Melequento". Como o que acontece com a lagarta no meio da sua metamorfose para se tornar uma borboleta. A Airbnb foi minha crisálida.

Todos nós já nos sentimos como um peixe fora d'água, o que pode nos fazer sentir um pouco ultrapassados. Isso pode acontecer quando seus filhos estão falando sobre uma nova plataforma de mídia social ou de algum músico novo do qual você nunca ouviu falar, coisas que você pode ignorar ou não dar tanta importância sem nenhuma consequência. Mas quando isso acontece no ambiente de trabalho, temos duas escolhas: ou nos recolhemos ao que nos é familiar e nos recusamos a aprender com aqueles que são mais jovens do que nós, ou mergulhamos de cabeça na evolução. Sim, uma evolução pode causar algum desconforto no início, mas é a melhor alternativa.

O REVOLUCIONÁRIO RELUTANTE

Logo depois de me juntar à Airbnb, Brian me pediu para falar em uma reunião com todos os funcionários sobre o que significa ser uma empresa de hospitalidade. Como já havia sido um revolucionário na indústria da hospitalidade antes, como um rebelde dos hotéis boutiques em meados dos anos 1980 (não muito depois de Brian ter nascido), eu sabia que ser um "revolucionário" não queria dizer que devíamos ser desrespeitosos. Na verdade, era bem o contrário. Teríamos de ganhar várias pessoas nos anos seguintes.

"Primeiro, eles o ignoram. Então, ridicularizam-no. Depois, lutam com você. E aí você as ganha." Eu usei essa citação no meu discurso, a qual costuma ser atribuída a Gandhi, porque ela me inspirou e transmitiu um senso de aonde estávamos indo. Sugeri que o processo de fazer as pessoas deixarem de nos "ignorar" para "ganhá-las" não seria fácil. Então, seria melhor que nossa atitude fosse hospitaleira. É claro que, no momento, não estávamos lutando pela nossa vida, mas estávamos enfrentando bastante oposição. Eu fiz uma recontagem dos vários grupos que poderiam ser incluídos nesse arco de Gandhi: organizadores de convenções, organizações de marketing de destinos (DMO), gerentes de viagens corporativos, proprietários e construtores de imóveis e, é claro, hoteleiros e políticos. Precisamos provar que agregamos valor à comunidade. Outra vitória para nós foi sermos regulamentados e termos de pagar impostos. Sei que parece estranho, mas isso também ajudou a conferir legitimidade a esse movimento e a nossa empresa. As palavras revolucionárias da citação passaram a fazer parte do nosso grito de guerra.

Às vezes, gritamos essas palavras nos escritórios às onze da noite. A tecnologia nunca dorme, em especial quando somos uma empresa de hospitalidade global com hóspedes usando nosso produto (tanto online como fisicamente) 24 horas por dia, praticamente no mundo inteiro. Brian e eu almoçamos perto da nossa nova filial em Dublin, na Irlanda, algumas semanas antes de ela ser aberta. Foi importante conversar com ele sobre esse suposto bico de 15 horas por semana. Ele estava, na verdade, tornando-se um bico de 15 horas por dia.

E antes de ter a oportunidade de mencionar isso, Brian já estava me perguntando se eu poderia chefiar o estabelecimento de uma função de aprendizagem e desenvolvimento (com a funcionária de longa data Lisa Dubost). Como já tínhamos muitos gerentes de 28 anos liderando colaboradores de 24 anos, era evidente que a empresa precisava oferecer alguma orientação a esses gerentes de primeira viagem. Quaisquer desilusões que eu tivesse por trabalhar por meio período desapareceram naquele dia. Assim, depois de uma caneca de cerveja irlandesa, fui contratado como líder em período integral da Airbnb com o título de chefe da Hospitalidade e Estratégia Globais, com algumas outras funções adicionais na medida.

A verdade? Eu gostava de aprender. Bastante. E, embora houvesse muito que eu não sabia, era óbvio que o que eu *sabia* era necessário. Mantivemos meu envolvimento com a Airbnb em segredo até setembro. Isso quer dizer que tive de me fazer de bobo perante a imprensa, e meus colegas da indústria hoteleira não parariam de fazer perguntas sobre por que eu estava me juntando a essa empresa jovem e inusitada. Como membro da diretoria do renomado festival de arte Burning Man, fui direto ao deserto de Nevada de *trailer* com alguns amigos antes do Dia do Trabalho.

Enquanto estávamos na *playa*, como a chamávamos, almocei com o jovem cofundador do Couchsurfing, Casey Fenton, que me fez um resumo do universo do compartilhamento de lares. Em outra noite, no meio da areia do deserto, sentei-me para jantar com um grupo de empresários informais e comecei a conversar com um cara amigável de Austin, Texas. Ele me disse que foi o fundador da HomeAway, a empresa pública de compartilhamento de lares que também era dona da VRBO (Vacation Rentals By Owner). Eu sabia que a empresa de Brian Sharples valia mais de $4 bilhões na bolsa de valores pública NASDAQ, que talvez valesse o dobro da Airbnb, de mercado privado, e que eles eram nossos maiores concorrentes naquela época. Antes que ele começasse a compartilhar detalhes demais sobre seu negócio, eu lhe disse que havia me juntado recentemente à Airbnb e vi os olhos de Brian Sharples esbugalharem. De início, vi essa coincidência — me encontrar com nossos maiores concorrentes naquele lugar inusitado — como uma mensagem do universo de que eu havia escolhido o caminho certo. Mas, talvez, a maior lição simplesmente seja a de que é incrível quem podemos encontrar no Burning Man.

No outono de 2013, pedi com cautela ao meu jovem e inteligente chefe que me desse algum feedback de como eu estava me saindo, sabendo que essa avaliação poderia parecer um pouco estranha vinda de alguém tão mais jovem do que eu. Brian não economizou elogios, mas também me disse que eu parecia "relutante" e que ele queria ver o que poderíamos fazer para acabar com minha hesitação.

Parte de minha relutância tinha a ver com o fato de que o bico de meio período que tinha aceitado fazer estava tomando todo o meu tempo agora. E eu estava tentando organizar o restante da minha vida rapidamente para abrir caminho para o domínio por tempo integral da Airbnb no meu calendário. Mas eu tinha de reconhecer que a maior parte de minha relutância tinha a ver com sentir-me inseguro a respeito de minhas habilidades e conselhos serem relevantes nessa nova era de revolucionários empresariais, tal como uma de minhas subalternas havia me dito algumas semanas depois de eu ter aceitado o serviço: "Como você pode ser tão sábio e tão perdido ao mesmo tempo?" Ela tinha razão. Eu estava totalmente perdido quando o assunto era minha falta de fluência tecnológica. Nunca havia usado o Google Docs. Eu achava que MVP (produto viável mínimo em jargão de *startup* de tecnologia) era um grande atleta e que "chama azul" era o fogo de um fogão a gás (no Vale do Silício, é um código para um jovem empreendedor que está "fervendo"). É claro que não entendi o linguajar. Brian me garantiu que o que me faltava em fluência digital eu compensava em pensamento estratégico, inteligência emocional e liderança, e me encorajou a dobrar meu comprometimento nesse novo caminho. Fiquei feliz por ter pedido conselhos ao meu jovem chefe.

QUANDO ESTIVER NA DÚVIDA, ENCONTRE UM MODELO

Ao me preparar para minha longa jornada nesse novo papel, procurei livros que poderiam me ensinar ou um ritual de passagem que poderia definir essa nova era da minha vida. Quando não encontrei nada, comecei a procurar um modelo, alguém que tivesse experiência nas trincheiras como o sábio conselheiro de um jovem diretor-executivo da área da tecnologia. Depois de seis meses no serviço, fiquei um pouco cansado de atuar tanto como mentor quanto como estagiário, mas ainda estava buscando orientação sobre como ser um humanista na terra dos números. O nome de um homem continuou a aparecer para mim: Bill Campbell. Ele foi o "encantador de diretores-executivos" original.

O jornalista Ken Auletta escreveu um excelente artigo sobre Bill para a *New Yorker* (o link está disponível no apêndice), que descreveu o homem com perfeição: "seus vários títulos — treinador de futebol de Columbia, executivo da Apple, cofundador da Go Corp., presidente da Intuit, presidente da Apple, presidente da diretoria da Universidade de Columbia — não refletem a sua influência. Na capital mundial da engenharia, onde a renda per capita pode ser inversamente relacionada com as habilidades sociais, Campbell foi o homem que ensinou os fundadores a olhar além das telas de seus computadores. Ele era conhecido como 'O Treinador', o experiente executivo que trouxe um toque de humanidade ao Vale, ao passo que silenciosamente instruía Steve Jobs, Jeff Bezos, Larry Page, Sergey Brin, Marc Andreessen, Ben Horowitz, os fundadores do Twitter, Sheryl Sandberg e muitos outros empreendedores sobre as dimensões humanas da gerência, sobre a importância de ouvir os empregados e os clientes, de tornarem-se parceiros de outros." Embora a própria carreira de Bill fosse impressionante, o que fez dele uma lenda foi como impulsionou as carreiras e os talentos daqueles que construíram o mundo tecnológico como o conhecemos hoje. É como Steve Jobs comentou na mídia: "Tem algo profundamente humano nele."

Como não conhecia Bill (embora tenham me dito que, como eu, ele gostasse de dar abraços de urso em seus colegas de trabalho), tentei contatá-lo algumas vezes no outono de 2013. Como Bill não respondia, comecei a ler tudo o que podia sobre "O Treinador" e, quando estava em dúvida, me perguntava: "O que Bill faria?" Seu exemplo fez com que eu programasse reuniões de final de semana mais extensas com Brian Chesky, porque o tempo que tínhamos durante a semana no escritório costumava ser breve e interrompido por questões urgentes do momento. Bill era bem conhecido por fazer caminhadas longas e tranquilas com Steve Jobs aos domingos nos contrafortes do Vale ou no centro de Palo Alto. Assim, Brian e eu poderíamos conversar por algumas horas no chalé do meu quintal durante o fim de semana quando nós dois estávamos na cidade.

Bill também gostava de dizer: "O seu título faz de você o gerente, seu pessoal faz de você um líder." Como um praticante de destrezas e processos, Bill acreditava em ajudar as pessoas a viver de acordo com seu verdadeiro potencial. Eu gosto de acreditar que estava desafiando Bill quando elaborei minha pergunta favorita para fazer aos meus colaboradores na Joie de Vivre e, depois, na Airbnb: "Como posso ajudá-lo a fazer o melhor trabalho da sua vida aqui?" Essa pergunta não só deu àqueles que trabalhavam para mim a sensação de que eu os havia ajudado a serem bem-sucedidos, como jogava nas costas deles a responsabilidade por ajudar no desenvolvimento de uma relação de trabalho que poderia encorajá-los a dar sugestões sobre como aprimorar seu desempenho, em vez de eles fazerem o papel de vítima caso se sentissem travados na carreira.

Durante meu tempo na Airbnb, gostei de ajudar gerentes juniores que entraram em um beco sem saída em suas carreiras a encontrar um caminho de novo. Eu os escutava, fazia uma filtragem por meio das minhas décadas de experiência, fazia algumas perguntas básicas e os ajudava a encontrar a resposta que estava enterrada bem profundamente em seu subconsciente. Eu lhes oferecia conselhos e orientação da mesma forma que muitos grandes atletas e músicos recebem de seus treinadores, o que os ajudava a dar o seu melhor. Eu estava aprendendo que, quanto menos havia de mim, mais espaço haveria para a pessoa de quem eu era o mentor.

MAIS QUE UM MENTOR

Alguns dos líderes mais lendários dos negócios de hoje se beneficiaram do conselho de um mentor sábio. No caso da empresa que fundou no dormitório da sua faculdade, Michael Dell sabiamente incluiu assessores mais velhos em sua diretoria, tal como o cofundador da Teledyne, George Kozmetsky, e o CEO da AMR, Don Carty, que serviu como vice-presidente. O fundador do Facebook, Mark Zuckerberg, de modo similar, aproveitou-se da sabedoria de homens do estado mais velhos, como Donald Graham, da Washington Post Company, o fundador e diretor-executivo da Netflix, Reed Hastings, e o cofundador da PayPal, Peter Thiel, escolhendo-os como assessores da diretoria.

Esse tipo de papel é diferente da relação que um empreendedor talvez tenha com seus investidores ou capitalistas de risco. Só porque alguém investiu em uma empresa não quer dizer que investiu no jovem fundador. A verdade é que alguns capitalistas de risco que fazem parte da diretoria de jovens empresas de tecnologia em ascensão têm só um pouco mais de experiência que o fundador. E embora muitos jovens empreendedores achem que seus investidores sejam uma grande fonte de sabedoria, em geral essa relação tende a ser tática e transacional, na qual o investidor estará mais interessado em aumentar seu retorno o mais rápido possível do que em criar um legado na pessoa do líder que estão aconselhando ou em pacientemente criar um grande líder que poderá desenvolver uma grande empresa.

Conforme estudava isso mais a fundo, e agora que havia me tornado um funcionário que trabalhava 60 horas por semana, aprendi que costumam haver três tipos de papéis que um agente externo pode exercer ao ajudar um líder empreendedor, embora eles costumem se mesclar. Um *assessor* oferece a perícia em algum campo para ajudar na tomada de decisões bem específicas. Um *coach* ajuda na construção de habilidades táticas de liderança. E um *mentor* — o mais raro dos três — ajuda o indivíduo a tomar as melhores decisões para ele mesmo e o ajuda a tornar-se uma pessoa melhor no contexto de seu trabalho. Com frequência, um mentor é um espelho, ao passo que a pessoa (de modo ideal) tem quase uma conexão mística com ele para ajudá-la a se ver melhor. Mas como os mentores podem, teoricamente, ter a mesma idade ou ser até mais jovens que aqueles a quem estão ajudando, logo percebi que nenhuma dessas palavras definia de modo perfeito a relação que eu estava desenvolvendo com Brian, sendo esse o motivo pelo qual cheguei à palavra "idoso".

Se um mentor é como um espelho, penso que um *idoso* seja um editor. Os idosos podem ser assessores, *coaches* e mentores também, mas seu valor singular é a habilidade que têm de realmente entrar na mente daqueles a quem estão aconselhando. Devido à sua grande experiência, podem enxergar em seus alunos o que eles já conseguiram superar, além das características e dos desafios que fazem de cada aluno uma pessoa única. Naturalmente, o idoso consegue distinguir entre com o que vale e com o que não vale a pena se preocupar. O aluno é como um armazém de algo com que o idoso está bem familiarizado, mas certa reorganização é necessária para que tudo faça sentido para o aluno.

Como os idosos já viveram mais de 60 anos, eles entendem alguma coisa a respeito do grande peso do acúmulo — amigos, casamento, filhos, emprego, obrigações externas, bens materiais. Então, sabem que o declínio da felicidade que pode acompanhar a terceira idade (como definido pelo "retorno" da felicidade, mencionado no início deste livro) não pode ser resolvido com o acúmulo de mais responsabilidades, mas, sim, pela priorização e edição de modo implacável. A simplicidade pode ser como uma religião para aqueles que estão nos capítulos mais avançados da vida. Ela também é uma grande metáfora para o pensamento estratégico eficaz nos negócios.

Ironicamente, um dos seis valores fundamentais no início da Airbnb era "simplificar", e, mesmo assim, as iniciativas estratégicas que encontrei quando me juntei à empresa eram tão amplas e irrealistas, que quase ninguém lá conseguia dizer o que era realmente importante para nós do ponto de vista operacional. Além disso, como a nova queridinha da "economia compartilhada", estávamos sendo apresentados a oportunidades de nos expandir em todos os tipos de novos negócios — além da viagem — nos quais poderíamos criar um mercado online.

Isso fez com que eu fizesse um retiro estratégico de três dias, logo depois do Burning Man 2013, em Nova York, com os fundadores e com a equipe de liderança sênior. Nós consideraríamos 23 iniciativas diferentes e promissoras para 2014, mas nos obrigaríamos a escolher apenas 4. Também estudamos os princípios apresentados em meu livro *Peak: How Great Companies Get Their Mojo from Maslow*. Eu ainda não tinha uma palavra como "idoso" para descrever meu envolvimento na Airbnb naquela época. Porém, havia percebido que grandes idosos são tanto editores como escultores, os quais, como Michelangelo, vão descascando a pedra para encontrar a obra de arte escondida em seu interior — quer sejam os dons únicos de um jovem diretor-executivo ou o valor singular da proposta de uma empresa.

Podemos ver como, de algumas formas, o mentor é responsável por fazer o gênio que existe em uma pessoa se manifestar. E depois que isso acontece, ele precisa de manutenção, sustento e nutrição. É aqui que o trabalho do idoso começa. Um mentor complementa o idoso. O mentor ajuda a espelhar, ao passo que o idoso molda o gênio para exibir sua forma mais essencial. Quanto mais tempo passava com Brian, mais animado eu ficava com o papel do idoso. Dizem que o filósofo Arthur Schopenhauer escreveu: "O talento atinge um alvo que ninguém mais consegue atingir; o gênio atinge um alvo que ninguém mais consegue enxergar." Brian era um gênio do marketing.

Bill Campbell retornou minha ligação no início de 2014. Mas, ironicamente, eu estava preso em uma reunião na Airbnb e não pude atendê-lo. Infelizmente, nunca nos falamos antes de ele falecer, em 2016. E embora eu não tenha atendido sua ligação, foi Bill Campbell quem me inspirou a responder à minha vocação. Estudar sobre Bill me ajudou a ver que minha vocação era ser um Idoso Moderno que ajudou Brian e muitos outros jovens líderes da empresa a maximizar seu potencial e, consequentemente, o potencial da empresa para fazer a diferença no mundo.

CRIANDO UMA RELAÇÃO EFICAZ ENTRE PROFESSOR E ALUNO

Eu tive sorte. Duas vezes. Primeiro, Brian Chesky me convidou para que eu tivesse essa relação professor-aluno com ele, e, segundo, ele tinha um apetite voraz por aprender com aqueles mais velhos do que ele. Esse nem sempre é o caso.

Há 20 anos, estive do outro lado dessa equação. Contratei Jack Kenny, que havia sido presidente do Hotel Group of America, para ser meu COO e presidente da Joie de Vivre enquanto eu era CEO. Jack tinha 15 anos a mais que eu, orientando um rapaz jovem e confiante que havia fundado sua própria empresa aos 26 anos e que, agora, 10 anos depois, precisava da orientação de alguém mais velho, visto que a empresa tinha crescido muito rápido. Claramente, Jack e Chip eram o reflexo de Chip e de Brian.

Como a pessoa mais jovem dessa equação, aprendi bastante com Jack. O que talvez tenha sido o mais importante para meu futuro papel como um Idoso Moderno na Airbnb foi o fato de que Jack fez o seu melhor para atuar como estagiário publicamente e como mentor em particular. Ele costumava fazer uma pergunta relativamente óbvia que ajudava a todos que estavam na mesma situação. E em vez de me aconselhar ou de aconselhar qualquer um durante uma reunião na frente de todo mundo, o que poderia fazer a pessoa sentir-se como se estivesse tomando uma bronca do pai em público, ele a chamava de lado depois da reunião e perguntava: "Posso compartilhar uma observação sobre como você poderia ter sido mais eficaz naquela reunião?" E também costumava me perguntar "O que você está fingindo que não sabe?" quando sabia que eu precisava tomar uma decisão difícil. Uma pessoa menos íntegra teria tentado resolver o problema para mim, mas Jack era um mestre em guiar seu jovem CEO às respostas sábias sem deixar que seu ego atrapalhasse.

O senso de humor e a abertura de Jack atraíam as pessoas até ele. Qualquer um que estivesse em um cômodo com Jack sabia que vivenciaria bons momentos — mesmo que estivessem falando sobre assuntos sérios. Eu confiei bastante e nunca questionei o sigilo de Jack. Como um CEO mais jovem, eu tinha meus defeitos, e não havia muitas pessoas com as quais eu poderia falar a respeito deles. Jack sempre foi um bom administrador para que eu me tornasse mais eficaz. Ele nunca traiu minha confiança por falar sobre nossas conversar particulares com outras pessoas e estava sempre disposto a compartilhar sua própria vulnerabilidade, o que servia de boas-vindas para que eu mesmo fosse mais honesto sobre minhas oportunidades de melhoria. Jack fez com que eu me tornasse mais sábio.

Sallie Krawcheck foi um exemplo na arte de ser uma mentora particular e uma estagiária publicamente — ao passo que tomava a liderança em alguns negócios turbulentos de alto nível. Ela foi encarregada de aprimorar a administração dos recursos do Merrill Lynch depois que o Bank of America o comprou durante a crise do subprime, e Sallie reabilitou o negócio de pesquisa da Citigroup depois de um escândalo. Sallie tem alguns pontos de vista interessantes sobre como criar relações simbióticas entre professores e alunos. Ela acredita que precisamos deixar de ser mentores para sermos patrocinadores porque patrocinadores os defendem.

Sallie diz: "Todas as decisões importantes sobre sua carreira são tomadas enquanto você não está na sala. As pessoas decidem contratá-lo, demiti-lo, promovê-lo, financiá-lo, enviá-lo para fazer algo no exterior, tudo enquanto você não está lá. Então, como você pode garantir que alguém esteja lutando por você na sala? Digo enfaticamente que você precisa criar sua Diretoria Pessoal. Ela inclui seus mentores, patrocinadores e confidentes, as pessoas a quem você pode recorrer quando estiver pensando em uma transição de carreira — para o tipo de conselho que seu namorado, seus pais e sua melhor amiga da faculdade não podem dar."

Hoje em dia, Sallie é a CEO e cofundadora da Ellevest, uma plataforma de investimento digital que está reinventando o investimento para mulheres. Sallie também dá palestras para grupos de mulheres pelos Estados Unidos, atuando como mentora, idosa e amiga para vários tipos de mulheres que estão procurando conselhos sábios no ambiente de trabalho. Depois que deixou o Bank of America e sentiu que estava em um espaço liminar, não sabendo bem o que viria a seguir, Sallie começou a atuar como mentora de várias mulheres empreendedoras em Nova York. Ela escreveu em seu livro *Own It: The Power of Women at Work*: "A surpresa foi que, sem que eu sequer soubesse o que essas palavras significavam, aquelas mulheres rapidamente serviram como 'mentoras reversas' para mim. Então, enquanto eu estava, por exemplo, estabelecendo conexões para elas e orientando-as em algumas apresentações corporativas, eu estava aprendendo com elas sobre o empreendedorismo e as mídias sociais e sobre o que havia na mente das mulheres com a idade delas."

De modo similar, Melanie Whelan, CEO da SoulCycle, empresa sediada em Nova York, não poderia estar mais animada com sua mentora *millennial*. Melanie me disse que Liv, sua mentora reversa, tem uma perspectiva totalmente diferente que ajuda Melanie a manter-se atualizada sobre tudo, desde novas ferramentas para a influência digital até quanto ao que está acontecendo de moderno em termos de rotinas de exercícios a aplicativos sobre saúde para baixar.

Brian foi meu mentor reverso de várias maneiras. Apenas dois meses depois de eu ter entrado na empresa, nós nos mudamos para a sede em São Francisco, na 888 Brannan Street, a qual, ironicamente, pertencia ao primeiro chefe que tive depois que saí da faculdade de Administração. A Airbnb havia gastado uma pequena fortuna projetando um *campus* vertical do século XXI que conseguia competir com os *campi* elegantes do Vale, visto que estávamos disputando os mesmos funcionários da área de tecnologia. Mas, hoje em dia, estamos ocupando apenas uma pequena porcentagem desse grande prédio, com a possibilidade de adquirir o restante dele nos próximos dois anos. Eu chamei Brian de lado depois de uma de nossas reuniões seniores de liderança para avisá-lo de que alguns dos nossos líderes (os quais, em geral, eram todos um pouco mais velhos) estavam preocupados com o compromisso financeiro que fizemos. Isso era compreensível, visto que a natureza crescente dos escritórios e de seu grande tamanho pareciam desproporcionais com o local em que estávamos no início do verão de 2013. Mas, como havia feito várias vezes antes, Brian me garantiu que nossa trajetória de crescimento precisava disso e, obviamente, ele mostrou que estava certo, pois hoje ocupamos praticamente todo o imóvel da Brannan e outros três grandes prédios na região. Meu pensamento conservador havia subestimado o grande crescimento da empresa de tecnologia. Quer tenha sido no ritmo de crescimento do "unicórnio" nas tendências culturais da geração do milênio ou em como adequar-se às necessidades dos investidores do Vale do Silício, Brian me ensinou tanto quanto ensinei a ele.

O filósofo Martin Buber disse que os idosos se tornaram defensores dos jovens, mas foram recompensados: "O professor ajuda seus discípulos a se encontrarem, e, nas horas de desolação, os discípulos ajudam seu professor a encontrar-se de novo. O professor aquece a alma de seus discípulos, e eles cercam a ele e a sua vida com a chama que ele reacendeu. O discípulo pergunta e, pelo seu modo de perguntar, evoca uma resposta de modo inconsciente, a qual o espírito de seu professor não teria produzido sem o estímulo da pergunta."

Em qualquer ambiente de trabalho, simplesmente por mostrar um interesse genuíno no que os jovens estão fazendo, um colaborador mais velho pode criar uma ponte entre as gerações. Deixar que alguém mais jovem lhe ensine algo abre as portas para o diálogo e demonstra que você tem humildade, interesse em aprender e respeito pelo jovem. Você também pode se surpreender com a quantidade de pessoas que o veem como um modelo. É como a autora e crítica de livros Meredith Maran — alguém que voltou ao ambiente de trabalho tradicional quando já tinha seus 60 e poucos anos — escreveu em seu brilhante livro *The New Old Me: My Late-Life Reinvention*. Ela disse que uma de suas colegas de 37 anos a chama de "FE", que quer dizer "Futuro Eu". Você não precisa ser um CEO famoso para poder oferecer um caminho que outros que são mais jovens que você podem desejar percorrer.

SABEDORIA *VERSUS* GENIALIDADE

Quando me juntei à Airbnb, um atencioso amigo meu me disse, brincando, que o mundo era rico em genialidade, mas pobre em sabedoria, e que talvez os jovens da Airbnb não se importariam em receber um pouco desse produto tão raro. Mas outros, em particular, viram isso como uma batalha entre a IE e a ID: eu em combate mortal contra os gênios do Vale.

Aprendi algumas coisas desde então. Primeiro, que nem todos os mais velhos são sábios e que nem todos os mais jovens são brilhantes. Conheci pouquíssimos jovens adultos sábios, bem como algumas pessoas imprudentes nos anos mais avançados de sua vida. Assim, devemos tomar cuidado com estereótipos relacionados com a idade.

Em segundo lugar, não precisa haver competição. Pode haver a "Sabedoria e Genialidade". Elas não são irmãs rivais, são primas afetuosas. E seus papéis podem ser simbióticos, tal como sugerido por Robert Pogue Harrison em seu livro *Juvenescence*: "A sabedoria mal poderia encarar esse desafio se não fosse, em certo sentido, inventiva, e a genialidade não poderia ser edificada sobre suas conquistas anteriores se não fosse sábia em certo sentido. Para resumir, a sabedoria existe no coração da genialidade, o que lhe permite colher as recompensas de sua história sem precisar reinventar a roda continuamente, assim como existe alguma genialidade no coração da sabedoria, o que permite que transforme e rejuvenesça o passado de modo criativo, ao passo que dá certa medida de continuidade à história da genialidade, a qual, de outra forma, seria discreta."

Um desafio fundamental que exploraremos no Capítulo 9 é que a genialidade é mais mensurável — por exemplo, existem testes padronizados de inteligência, mas não de sabedoria —, e, assim, as empresas e os colaboradores não costumam saber quando têm a verdadeira sabedoria em seu meio. Mas, como disse na minha palestra do TED em 2010 sobre a mensuração do que realmente importa na vida, só porque a sabedoria é mais difícil de avaliar ou quantificar não quer dizer que ela não seja valiosa.

Há alguns anos, uma jovem Sheryl Sandberg sentou-se com o novo CEO da Google, Eric Schmidt, e mostrou-lhe uma planilha que evidenciava por que a oferta de juntar-se à Google como uma líder sênior não fazia sentido para ela, baseando-se no critério de carreira inteligente que ela desenvolveu. Eric olhou bem nos olhos dela e disse: "Entre em um foguete. Quando as empresas estão crescendo rapidamente e exercendo bastante impacto, a carreira cuida de si mesma. E quando as empresas não estão crescendo rapidamente e suas missões não são tão importantes, é aí que a estagnação e as políticas entram. Se lhe oferecerem um lugar em um foguete, nem pergunte qual é. Simplesmente embarque."

No meu caso, minha jornada no foguete da Airbnb vem sendo emocionante e me ajudando a ser mais humilde. Eu achava que poderia gerenciar minha empresa, a Joie de Vivre, pelo resto da minha vida. Mas, com quase 50 anos, esgotado pela Grande Recessão, sem saber o que aconteceria depois que vendesse minha empresa a um preço de mercado baixíssimo, o CEO da Airbnb me chamou. Às vezes, é necessário abrir espaço em sua vida para ver o que surgirá. Neste livro, você aprenderá a como evoluir e aprimorar-se para o próximo emocionante e recompensador capítulo de sua vida. Mas, primeiro, falaremos sobre alguns dos roteiros sociais estruturais que você talvez tenha de reescrever ao encontrar sua vocação na segunda metade de sua carreira.

[3]

Cru, Cozido, Torrado, Repetir

"Minha vida pode ser resumida em três fases. Eu estava cru. Fiquei cozido. Então torrei."

—Jalāl ad-Dīn Muhammad Rūmī, também conhecido como Rumi (1207–1273)

───────

"É só minha imaginação ou a vida está ficando mais rápida e longa ao mesmo tempo?"

Um de meus colegas de faculdade me fez essa pergunta sobre o relógio da vida depois que dei uma palestra sobre os Idosos Modernos na nossa reunião de 35 anos de formatura. Foi uma observação bem astuta. O poeta e filósofo *sufi* Rumi escreveu *"Eu estava cru. Fiquei cozido. Então torrei"* 750 anos atrás, mas parece que a vida digital acelerou nosso cozimento desde a época de Rumi. No início do século XX, a expectativa de vida nos Estados Unidos era de 45 anos. Cem anos mais tarde, nos anos 2000, era de 75 anos. Quem sabe talvez ela seja de 107 anos em 2100. E, aos 75 anos, eu talvez esteja um pouco além da metade da minha vida adulta. Eu talvez já esteja cozido há um bom tempo! Você talvez esteja também.

Coincidentemente, Rumi não desconhecia o valor de um idoso. Ele foi um clérigo islâmico antes de conhecer o místico Shams-i Tabrizi, que era uma geração mais velho que ele. Através de uma parceria profundamente intelectual e espiritual, Shams ajudou Rumi a encontrar seu poeta interior. Rumi não seria um dos poetas mais lidos nos Estados Unidos hoje em dia se não fosse por Shams, visto que ele nunca tinha escrito um poema antes de conhecê-lo.

É claro que existem na história vários exemplos de mentores mais velhos que ajudaram a nutrir um gênio mais jovem. Ralph Waldo Emerson foi o mentor de Henry David Thoreau. Maya Angelou fez a mesma coisa com Oprah Winfrey. Warren Buffett: Bill Gates. Steve Jobs: Mark Zuckerberg. Sabemos qual é a aparência da relação entre um mentor e um aluno, pois, historicamente, a sabedoria flui de cima para baixo. Mas, hoje, pela primeira vez, estamos vendo o poder de uma transferência intergerações de sabedoria que flui em ambas as direções. Isso oferece a oportunidade ao idoso de ficar cru outra vez por agir de modo receptivo ao aprendizado de uma nova maneira.

Conforme cada geração tende a pensar em si mesma como mais sábia do que a que vem logo depois dela, todas as gerações podem aprender algo umas com as outras. Ainda assim, atualmente, a metade mais velha da população está se sentindo cada vez menos relevante, ao passo que a metade mais jovem está se tornando cada vez mais poderosa, mas apresenta deficiência nos modelos formais de suporte e orientação. Muitos de nós, *boomers*, levamos algumas décadas para nos tornar líderes prontos por completo, ao passo que os *millennials* tiveram de colocar suas habilidades de liderança no micro-ondas, tendo em vista que o poder lhes é concedido tão rapidamente hoje em dia por causa da nossa crescente dependência digital.

E, ainda assim, essas sábias e velhas almas — nossos idosos —, com tanto para ensinar a esses possíveis protegidos, vêm desaparecendo de nossos ambientes de trabalho a uma velocidade cada vez maior. Parece que uma bomba de nêutrons caiu em nossos escritórios brilhantes e abertos, acabando com todos que têm mais de 40 anos. Talvez nós, como sociedade, estivéssemos ocupados demais com nossos novos brinquedos — a internet, os iPhones, o Instagram — para perceber que os idosos foram eliminados. Ainda assim, aqueles com seus 50 anos (ou mais), que talvez tenham compartilhado sua sabedoria com seus filhos durante a idade adulta, agora estavam prontos para compartilhar sua sabedoria no trabalho durante a terceira idade. Mas se você não estiver trabalhando, não haverá ninguém com quem compartilhá-la. Assim, enquanto alguns no Vale do Silício estão buscando criar uma tecnologia que fará da morte algo opcional, muitos outros estão pensando: *"Se formos irrelevantes depois dos 40, por que alguém gostaria de viver para sempre?"*

É como Jo Ann Jenkins, CEO da AARP, escreveu em seu livro *Disrupt Aging*: "Acrescentamos mais anos à expectativa de vida no último século do que em toda a história. Pela primeira vez na história, a vida longa não é uma raridade. Mais da metade das pessoas nascidas hoje chegará aos 100 anos." Pense nisso por um momento. Um bebê nascido nos Estados Unidos hoje provavelmente viverá pelo menos até 2118. E os avanços médicos de nossa época poderão adicionar uma geração à nossa vida. O ex-presidente Bill Clinton sugeriu que a biologia será para o século XXI o que a física foi para o século passado.

Então, chegaremos aos 100 anos, mas poderemos pagar por isso? Provavelmente não. O economista John Shoven disse: "Não podemos financiar uma aposentadoria de 30 anos com uma carreira de 40". Desde 1955, a quantidade geral do tempo que as pessoas passavam aposentadas aumentou em 50%. Quando Otto von Bismarck apresentou as primeiras aposentadorias formais na década de 1880, que seriam concedidas a partir dos 70 anos de idade (o que foi diminuído para 65 depois), a expectativa de vida na Prússia era de 45 anos. Na verdade, em 1880, nos Estados Unidos, cerca de metade das pessoas com 80 anos estava envolvida com algum tipo de trabalho (em geral, na agricultura) e 80% das pessoas que tinham entre 65 e 74 anos estavam empregadas de alguma forma. Mas precisamos reconhecer que, em 1935, quando a Previdência Social surgiu nos Estados Unidos, apenas uma pequena porcentagem dos cidadãos chegou a se aposentar pelo Estado aos 65 anos.

Hoje, no mundo desenvolvido, 90% da população vive para celebrar seu aniversário de 65 anos, grande parte em boa saúde. Porém, essa data é vista como o ponto de partida para a velhice. Propor uma reforma do sistema de aposentadoria está além de mim, contudo, uma coisa é óbvia: a expectativa de que a aposentadoria por tempo integral venha a começar quando a pessoa tiver entre 60 e 65 anos é provavelmente uma coisa do passado ou um privilégio dos ricos. E isso preocupa muitos de nós.

O que podemos fazer para nos certificar de que uma vida longa seja uma bênção, e não uma maldição?

REIMAGINANDO AS TRÊS ETAPAS DA VIDA

"Quando trabalho, para a maioria das pessoas, significava trabalho manual, não havia a necessidade de nos preocuparmos com a segunda metade da vida. Apenas continuávamos fazendo o que sempre havíamos feito. E, se tivéssemos sorte o bastante para sobreviver a 40 anos de trabalho duro no moinho ou na ferrovia, ficávamos bastante felizes de passar o restante da nossa vida sem fazer nada. Hoje, porém, a maior parte do trabalho envolve o trabalho de conhecimento, e os funcionários do conhecimento não 'param' depois de 40 anos de trabalho; eles simplesmente ficam entediados."

—Peter Drucker

O ciclo de vida do envelhecimento de três etapas — a educação, o trabalho e a aposentadoria (cru, cozido, torrado) — está marcado profundamente nas nossas instituições e na nossa mente. Alguma mudança nesse sentido não acontecerá da noite para o dia, em especial quando os "funcionários conseguem sentir o cheiro dos 50", como o ator Steve Martin falou no filme *Os Picaretas*. Ser jovem demais para se aposentar, porém velho demais para encontrar um emprego, é um problema moderno que está a ponto de causar uma revolução.

É como Laura Carstensen sugere: "Os jovens estudam, os de meia-idade trabalham, os velhos descansam ou fazem trabalho voluntário. Deveríamos fazer uma coisa de cada vez e nessa ordem. Existe muito pouca sobreposição entre as etapas da vida, e, como resultado disso, não apenas os membros de diferentes gerações têm interações limitadas uns com os outros, o que gera desentendimentos e desconforto, como acaba sendo difícil para qualquer um — em qualquer idade — encontrar um equilíbrio holístico entre família, trabalho, comunidade e oportunidades educacionais." É hora de aposentar a vida de três etapas porque essas etapas são apenas uma construção social que, atualmente, alimenta o ageísmo, o desperdício de sabedoria e um senso reduzido de significado e satisfação na última metade da vida. Felizmente, existe outro modo que não é uma esteira de produção linear que segue direto para o abismo.

Um de meus livros favoritos que li enquanto estava fazendo pesquisas para o S@bedoria_no_Trabalho é *The 100-Year Life: Living and Working in an Age of Longevity*, de Lynda Gratton e Andrew Scott, professores da Faculdade de Administração de Londres. E, felizmente, pude passar algum tempo com Andrew para analisar essa questão mais a fundo.

Eles escrevem sobre uma vida fluída, de múltiplas etapas — com transições e intervalos no meio: menos de uma vida inteira de "cru, cozido, torrado" e mais de uma série concentrada de ciclos. Essas vidas de múltiplas etapas são mais parecidas com um bufê e menos com uma sequência de aperitivos, entrada e sobremesa. Porém, exigem novos hábitos para acomodar as muitas transições adicionais que com certeza experimentaríamos. É uma maneira radicalmente diferente de pensar a trajetória da vida de alguém. Na melhor das hipóteses, ela nos dá a oportunidade de explorar quem somos e construir uma maneira de viver que esteja mais próxima de nossos valores pessoais com o conhecimento de que evoluiremos quem somos de modo constante e de que saibamos adaptar nossas habilidades aos nossos interesses e ao mercado, sempre em mudança.

Algumas pessoas mais velhas lamentam que os *millennials* tenham abandonado os valores tradicionais edificados sobre as três etapas da vida. Talvez as pessoas da geração do milênio consigam ver o futuro melhor que nós e percebam que serem "móveis" — viajar o mundo como "nômades digitais" com um smartphone como bússola e sem o peso de possuir uma casa ou um carro — é mais valioso do que serem "móveis para cima" na escada corporativa da velha guarda. Não é de se estranhar que dezenas de programas feitos para *millennials*, como Remote Year, We Roam e Outside, estejam surfando nessa onda de jovens que estão mudando seu "período de odisseia" para dez a quinze anos pós-faculdade em comparação com os dez a quinze meses das gerações anteriores daqueles que tiveram apenas um "ano de folga". Talvez seja por isso que os *millennials* estejam morando com seus pais com mais frequência e esperando mais para se casar e ter filhos, visto que os jovens estão estendendo seu processo de entrar na idade adulta.

Embora esse tipo de mudança pareça desafiador para aqueles de nós pertencentes a gerações anteriores, no século XX já havíamos visto grandes mudanças nas construções sociais que giravam em torno das etapas da vida com a chegada dos conceitos dos adolescentes e dos aposentados. Antes de 1900, a sociedade não havia criado instituições para essas novas etapas da vida nem as reconhecia. Mas talvez estejamos na aurora de uma era de agnosticismo quanto à idade, na qual sua identidade é mais definida por *como* você está vivendo sua vida nesse momento do que por sua idade cronológica. Por que as faculdades deveriam estar cheias apenas de jovens adultos com seis anos além da puberdade? Por que as pessoas que têm 50 anos não podem ter um "ano de folga"? Deveríamos nos surpreender ao chegar a um hotel e ver uma pessoa amigável de 75 anos sorrindo para nós na recepção, pronta para fazer o nosso *check-in*?

Gratton e Scott falam mais sobre essa nova era: "Convencionalmente, viver por mais tempo é visto como ser velho por mais tempo. Existe evidência de que esse hábito será revertido e as pessoas serão mais jovens por mais tempo. (...) As últimas etapas da vida que surgiram — adolescência e aposentadoria — eram etapas identificadas pela idade. É preciso ser jovem para ser adolescente e velho para ser aposentado. O que é fascinante sobre essas novas etapas emergentes é que elas contêm muitas características que são agnósticas quanto à idade."

Minha amiga Gina Pell, de 49 anos, criou, em 2016, o termo "geração perene" para definir a ideia de que as pessoas ainda podem estar em seu auge por muito mais tempo e de formas que desafiam as expectativas tradicionais sobre a idade. É como a Gina, uma empreendedora da internet, explica: "As pessoas da geração perene estão sempre florescendo, são pessoas relevantes de todas as idades que sabem o que está acontecendo no mundo, acompanham a tecnologia e têm amigos de todas as idades. Nós nos envolvemos, ficamos curiosos, servimos de mentores a outros, somos pessoas que se arriscam de forma apaixonada, compassiva, criativa, confiante, colaborativa e que pensam a nível mundial." Esse tipo de pensamento antigeracional se tornará cada vez mais prevalecente, porque temos cinco gerações no ambiente de trabalho e precisamos encontrar uma linguagem em comum para criar pontes entre elas.

O *boomer* Paul Bennett, diretor de criação da empresa de design IDEO, me disse: "Do ponto de vista histórico, a vida foi encarada como uma montanha. Na primeira metade de nossa vida, escalamos, tentando dar o melhor de nós. Na segunda metade, descemos, percebendo todas as coisas que não seremos. Mas e se o topo da montanha permitir que voemos de seu pico e deixarmos a curiosidade ser o combustível que continua a nos impulsionar? Muitas pessoas não aceitam sua própria definição de envelhecimento. Muitas têm uma voz inconsciente em sua cabeça que diz: 'Eu não quero ser eu' ao pensar em pessoas mais velhas." Talvez a vida seja apenas uma série de picos e vales, mas, quando envelhecemos, apreciamos o cenário um pouco mais e podemos guiar outros no caminho.

UMA CARREIRA POSTERIOR EM "FOGO BAIXO"

Fui apresentado a Karen Wickre pela primeira vez quando ela escreveu um excelente artigo online sobre como se envolver com a tecnologia quando esta não é a escolha óbvia. Karen faz parte desse grupo e reconhece que existem cinco motivos demográficos pelos quais ela poderia ter se excluído do mundo da tecnologia: ela é uma mulher, tem 60 anos agora, tem formação em artes liberais (dois diplomas), é lésbica e solteira. Karen foi uma menina que amava livros, preferindo as artes e as ideias à matemática e ciência, o que definitivamente não faz dela a garota-propaganda que imaginamos para a série de sucesso da HBO *Silicon Valley*.

Karen passou mais de quinze anos no Google e no Twitter, realizando serviços de gerência de nível intermediário, e mais de trinta anos na área tecnológica como um todo. Ela enxerga sua carreira como o desenvolvimento de habilidades, e não como o acúmulo de cargos. Desde que se formou na faculdade, em 1973, Karen teve dezessete empregos em período integral, o que não inclui os vários "bicos" de consultoria e os vários anos em que foi uma escritora freelancer ao longo da jornada. Ela diz que sua atitude positiva, IE (inteligência emocional), flexibilidade e habilidade como alguém que tem "experiência em lutar com palavras" (escritora e editora) lhe permitiu criar uma carreira com duração de várias décadas em um campo que pode ser estranho para a maioria dos formandos das artes liberais. Embora não se enquadre com o costumeiro grupo demográfico da tecnologia, ela é uma das pessoas que ajuda o restante de nós a entender o complexo mundo da tecnologia.

Seus pais, ambos com histórico na classe trabalhadora, conseguiram serviços de colarinho branco e de classe média e compraram uma casa nos subúrbios de Washington. E como a maioria dos norte-americanos de sua geração que ascenderam, eles queriam mais para seus filhos, incluindo uma educação superior. O pai de Karen era engenheiro de rádio, a grande tecnologia da época entre os anos de 1920 e 1950, então se tornou servidor público civil da Marinha e, mais tarde na vida, ressentiu-se dos colegas que receberam uma educação superior e o superaram na carreira. Sua mãe trabalhou por 35 anos na mesma associação comercial, e disse a Karen, quando ela estava saindo da faculdade, que era importante conseguir um emprego estável e de longo prazo em uma empresa depois que se formasse. E sua mãe, que escapou do mundo da classe trabalhadora através da escola de secretariado, insistiu que Karen tivesse aulas de datilografia no colégio. "Alguma coisa com que contar", ela lhe disse, embora esperasse mais para sua filha. Karen acabou se tornando uma datilógrafa bem rápida, e essa, provavelmente, é a única habilidade que usou de maneira mais consistente durante os últimos cinquenta anos.

A entrada de Karen no mundo da tecnologia aconteceu em 1985. Ela estava em São Francisco gerenciando em empreendimento sem fins lucrativos que estava passando por dificuldades. Então, um novo membro da diretoria, um promissor magnata da mídia que estava entrando em uma nova categoria de revistas de computadores pessoais para consumidores, percebeu o talento de Karen e queria que ela trabalhasse com ele em suas novas publicações: *PC World* e *Macworld*. Karen não sabia nada sobre computadores, mas o magnata reconheceu sua capacidade empática e sua habilidade de traduzir ideias complexas em algo que todos poderiam entender. Falando de modo figurado, a maestria de Karen era ser uma tradutora que, em 1995, escreveu um dos primeiros guias de consumo para a internet.

Em 2002, ela assinou um contrato com o Google, que ainda estava em seu início, como redatora, e, quinze meses depois, juntou-se à equipe de comunicações como uma funcionária em tempo integral, chegando a exercer o papel de contato de mídia sênior durante seus nove anos ali. Karen teve sete gerentes durante esses nove anos, cada um deles mais novo do que ela — alguns até trinta anos mais novos. Como já havia entrado no negócio da tecnologia e tinha mais experiência de trabalho que seus colegas, a maioria de seus gerentes a valorizava e não era condescendente. Isso com exceção de um exemplo chocante, quando um ambicioso recém-chegado com cerca de vinte anos a menos do que Karen se tornou seu gerente por um curto período. Ela sabia que ele havia exercido pressão para se tornar um novo diretor, e mais uma coisa que ele poderia fazer para obter essa promoção era gerenciar pessoas. Como Karen conhecia a política de poder em jogo, tentou fazer isso funcionar. Mas algumas trombadas e o excesso de microgerenciamento fizeram com que ela o confrontasse, dizendo: "Sei que você não gosta dessa tensão mais do que eu, e sei que você tem outros objetivos. Se descobrir como trabalhar comigo, você chegará lá mais rápido. Deixe-me lhe dizer como." Depois disso, ele abandonou a atitude de chefão, assumiu um novo papel e, após vários anos trabalhando separados, ele costuma chegar até ela e pedir que lhe dê conselhos e compartilhe seu conhecimento. Embora ele nunca tenha reconhecido que se comportou mal, claramente aceitou suas palavras de coração. E esse é apenas mais um pequeno exemplo de como as gerações podem aprender umas com as outras.

Karen deixou esse emprego para trabalhar no Twitter e ser sua diretora editorial porque queria aprender mais sobre a mídia social, embora já tivesse 60 anos. E, mais recentemente, ela decidiu que era hora de reorganizar o trabalho de sua vida de modo que não precisasse mais gerenciar pessoas e pudesse ter uma boa vida aos seus 70 e tantos anos, por meio de uma mistura de serviços freelancers e de meio período, tendo em vista que havia passado mais de 30 anos construindo uma rede no Vale.

Esse método de "portfólio" de trabalho recebeu bastante atenção recentemente devido à explosão da "economia de bicos" e ao crescente número de pessoas que estão criando fontes de renda adicionais ao dirigir para a Uber ou alugar um galpão nos fundos de casa para servir a hóspedes da Airbnb. De acordo com a PwC, 25% de todos os trabalhadores da economia compartilhada têm 55 anos ou mais. Mais da metade dos trabalhadores com mais de 55 anos disse que gostaria de ter uma transição flexível e gradual até a aposentadoria, porém a maioria dos empregadores não oferece isso. Então, os trabalhadores mais velhos acabam atuando como advogados, contadores ou professores durante meio período ou se tornam empreendedores.

Um artigo recente da *Economist* sobre os "jovens velhos" fez o perfil da empresa WAHVE (abreviação de Work At Home Vintage Experts), localizada em Nova York e que fornece serviço para centenas de ex-profissionais das finanças ou dos seguros, ter funcionários, em grande parte, com seus 60 ou 70 anos de idade. "Transportadores e corretores têm um grande talento para resolver problemas; leva anos para treinar um subscrevente", diz Sharon Emek, a fundadora de 71 anos da empresa. Ela percebeu que os *boomers* estavam se aposentando da força de trabalho, mas não queriam parar de trabalhar. Então, agora, eles estão se "pré-aposentando". A Kauffman Foundation afirma que, hoje em dia, as pessoas que têm entre 55 e 65 anos têm 65% a mais de probabilidade de encontrar uma nova empresa do que aquelas que têm entre 20 e 34 anos.

Karen Wickre, por outro lado, não necessariamente se considerava uma empreendedora. Ela é apenas uma brilhante criadora de redes que sabe como "traduzir". Os Idosos Modernos não são apenas editores, eles também são tradutores-mestres devido a seu entendimento apurado das pessoas e dos seus estilos de comunicação. Devido ao seu acúmulo de contatos e à sua habilidade de tradução, Karen, aos 60 anos, pode ser membro da diretoria de várias organizações sem fins lucrativos nas quais ela acredita, colunista que dá conselhos em uma revista de tecnologia, estrategista editorial, assessora e escritora. Karen diz: "Tudo isso é reflexo da carreira imprevisível que minha mãe e meu pai nem sequer poderiam ter imaginado, mas que foi construída pelas minhas mãos e que me serve bem." E é a carreira que se tornará cada vez mais familiar para *boomers* e para a geração X nos anos que estão por vir.

CRIANDO NOVOS RITUAIS DE PASSAGEM

Karen é um modelo porque passou toda a sua vida reinventando-se, de modo que sua transição para realizar vários serviços não precisou de ajustes. Mas, no caso de muitos de nós, o processo da transição de carreira na meia-idade ou além pode gerar um estado de desconforto e insegurança, em especial se você achar que está indo na direção errada, como se estivesse deixando de ser uma borboleta para se tornar uma lagarta. Isso acontece, em parte, porque a sociedade faz pouco para nos preparar para transições de carreira que se desviam do roteiro definido de "aprender, ganhar, aposentar".

Historicamente, as sociedades celebraram a transição de uma pessoa de uma parte da vida para outra por criar festividades ou formalidades que marcam esse ritual de passagem, quer seja o nascimento, a puberdade, o casamento, o nascimento de filhos ou a morte. A intenção é tirar a pessoa de seu papel mais recente e prepará-la para seu novo papel e sua nova situação.

Ainda assim, os rituais de passagem quase não existem no ambiente de trabalho. Sim, algumas empresas celebram as datas de aniversário dos colaboradores, e, no passado, as pessoas ganhavam relógios de ouro ou algum outro lembrete de que o tempo delas havia acabado quando chegavam aos 65 anos. Mesmo antes do nascimento de uma pessoa "jovem velha" no ambiente de trabalho, havia a necessidade de reconhecer que não satisfizemos o potencial das etapas de desenvolvimento da vida apenas por passar pela nossa carreira aos poucos. Podemos imaginar uma gerente de primeira viagem passando por um ritual simples que lhe dá o apoio psicológico e espiritual para entender seu novo papel com mais clareza, ou uma pessoa de 65 anos que está deixando a empresa para fazer seu mestrado, marcando sua transição com uma cerimônia de inicialização. Eu gostaria que tivéssemos acesso a algum tipo de ritual de passagem catalizador que me ajudasse a entender meu crescente papel como Idoso Moderno na Airbnb quando comecei lá.

Espero que este livro sirva como um ritual de passagem para aqueles que desejam aceitar seu papel como Idosos Modernos. Há mais de 100 anos, o antropólogo Arnold van Gennep estudou várias sociedades indígenas e distinguiu três fases fundamentais em uma cerimônia ritualística de passagem padrão: (a) "desligamento" do passado; (b) um "limiar", que é o espaço inconfortável para se estar entre duas fases de sua vida; e (c) a "incorporação" de entrar outra vez na comunidade com um novo papel. São muitos os marcos culturais — do trabalho do autor Joseph Campbell sobre o padrão de narrativa da "jornada do herói" aos filmes da franquia *Guerras nas Estrelas*; por falar nisso, esses são ótimos filmes — que seguem o arco que van Gennep desenvolveu no início do século XX. Ainda assim, a realidade é a de que a maioria dos adultos hoje não reconhece de modo consciente a transição através desses limiares, sendo este o motivo por que tantas pessoas sentem-se incompletas e despreparadas na segunda metade de sua vida.

Minha amiga Marianna Leuschel, porém, é uma ótima exceção. Quando estava fechando sua bem-sucedida empresa de *design* e consultoria aos 50 e tantos anos, Marianna sabia que precisava diminuir o ritmo e entrar naquele desconfortável lugar desconhecido. Marianna decidiu fazer uma Cerimônia de Encerramento em um cemitério campestre, onde ela alugou um lindo espaço de serviços fúnebres. Pediu que todas as pessoas que haviam trabalhado para ela por mais de vinte anos, bem como seus amigos e familiares, fossem para celebrar. Marianna disse algo breve sobre cada pessoa e sobre como eles haviam lhe tocado nessa jornada, começando com seu primeiro funcionário e finalizando com sua mãe (a instigadora de sua vida criativa). Marianna esperava que a comunidade criada pelo trabalho de seu pequeno estúdio continuasse viva de alguma maneira, e que ela sempre faria parte dela. E isso aconteceu. Depois de um período sabático que não tinha data para terminar, Marianna voltou para a parte do trabalho de que mais gostava — ajudar os clientes com estratégias de marca e com *storytelling* — sem as preocupações de administrar um estúdio de design de tamanho médio.

Nem todos nós somos tão criativos quanto Marianna na criação do nosso ritual de transição. Então, para guiá-lo em sua jornada do herói, ofereço-lhe as lições dos quatro capítulos a seguir. As pessoas em sociedades indígenas vêm trilhando esse caminho há milhares de anos. É hora de analisar como podemos formalizá-lo no ambiente de trabalho, além dos bolos comemorativos e dos notórios relógios de ouro.

Minha Lição 1 (Capítulo 4), na qual falo sobre como evoluir ou editar sua identidade, lida com a parte do desligamento desse ritual. Se precisar de uma referência visual, isso acontece quando somos largados na selva quase nus. No contexto do trabalho, poderia acontecer quando fazemos uma mudança dramática em nossa carreira ou emprego (o que, às vezes, pode ser o mesmo que ser abandonado nu na selva). Se você não fizer esse desligamento direito, será muito difícil passar para a próxima parte de seu ritual de passagem. Um recipiente não pode ficar cheio se não for esvaziado primeiro.

Nas Lições 2 e 3 (Capítulos 5 e 6), você aprenderá a ter a mente de um iniciante e maximizar suas habilidades de colaboração quando estiver no limiar do mundo, forjando uma nova maneira de viver em um novo hábitat. No meu caso, descartar a ideia de precisar ser mais sábio porque eu era mais velho me permitiu ser, ao mesmo tempo, tanto um mentor como um estagiário. E, como uma criancinha, eu ficava frequentemente encantado com o mistério da vida — com espanto e assombro — e senti mais gratidão que nunca depois de ter me achado tão burro durante meus primeiros meses como recém-batizado enquanto estava evoluindo para deixar minha identidade anterior. Não há nada mais revigorante durante a meia-idade do que ser reapresentado àquele velho amigo da infância chamado Curiosidade. E, nesse novo hábitat, vi que parte da minha sabedoria acumulada — como minha inteligência emocional e minha habilidade de colaborar — foi especialmente valiosa.

Nossa reincorporação do outro lado dessa jornada acontece na Lição 4 (Capítulo 7), quando nos tornamos os sábios conselheiros na empresa. Ao passo que meu espírito colaborador se tonava mais evidente nas reuniões de equipes, cada vez mais funcionários — praticamente de todos os departamentos da empresa — me procuravam para pedir conselhos particulares. Quanto tiver terminado de ler o Capítulo 7, você saberá que seu novo papel como idoso é servir. Essa tarefa marcou as sociedades indígenas ao longo de toda a história da humanidade, mas é hora de analisar como podemos formalizá-la no ambiente de trabalho.

O psicólogo Erik Erikson sugeriu que a idade adulta é parcialmente definida como enfrentar a crise de produtividade contra o desespero de acreditar que não temos nada a oferecer. Se seguir essas lições e se colocar em um hábitat no qual possa enxergar o valor que está criando, você com certeza se sentirá não apenas relevante, mas indispensável em seu papel como Idoso Moderno por muitos anos adiante. E, melhor ainda, terá a sensação de estar criando um legado baseado em como você influenciou as pessoas e a organização como um todo.

APOSENTANDO O AGEÍSMO

"Permitimos que uma cultura que gira em torno da juventude nos afaste tanto dos nossos futuros eus que, quando nos perguntam sobre nossos anos além dos 50, 60 ou 70 anos... muitas pessoas só veem uma tela em branco, ou uma na qual enxergam doença e dependência. Esse mapa social incompleto faz com que o último terço da vida seja um país desconhecido. Talvez não tenhamos mapas para esse novo país, mas uma com-

> *paração com outros movimentos pode nos servir de bússola... primeiro, erguendo-nos da invisibilidade por declarar a existência de um grupo com experiências compartilhadas; então, passando pelo longo processo de 'saída do armário' por parte de pessoas que se identificam com isso; e, então, podemos inventar novas palavras para descrever experiências antigas que não têm nome."*
>
> — Gloria Steinem

Embora seja encorajador que a tirania da vida de três etapas esteja perdendo seu domínio sobre nós, criando um ambiente de trabalho mais agnóstico quanto à idade, a verdade é que o ageísmo é uma realidade desagradável no mercado de trabalho de hoje. O autor Ted Fishman chamou isso de "arbitragem de idade mundial", na qual engenheiros mais velhos (e outros trabalhadores), que são vistos como tendo os salários mais altos, são trocados por jovens. Embora o Ato Contra a Discriminação de Idade no Emprego de 1967 proíba a discriminação contra pessoas que tenham 40 anos ou mais, uma pesquisa recente feita pela AARP mostrou que dois terços dos trabalhadores entre 45 e 74 anos disseram que viram casos de ageísmo ou foram vítimas dele. E, durante a última década, as 150 maiores empresas do Vale do Silício tiveram de lidar com mais casos de preconceito relacionados à idade do que com preconceito racial ou de gênero.

Podemos acrescentar a "discriminação facial" à discriminação racial como uma doença social em grande parte do mundo desenvolvido. Uma das estranhezas da idade em comparação com a doença é que as enfermidades nos alertam de sua presença, de modo que a sentimos pessoalmente antes que outros a percebam. Mas o avanço de nossa idade é mais aparente aos outros do que para nós. E, ainda assim, tendemos a concluir que a idade e a doença são congruentes. E se substituíssemos a palavra "envelhecimento" por "crescimento", sabendo que ele é um processo progressivo e que leva a vida toda, em vez de algo que nos ataca na vida mais tarde? Eu gostaria que aposentar o ageísmo fosse fácil assim.

O ageísmo afeta a todos nós, embora alguns trabalhadores mais velhos sintam mais a dor que outros. Alguns, recusando-se a sumir silenciosamente, escolhem iniciar suas próprias empresas quando se sentem invisíveis ao procurar trabalho depois dos 50. Mas, no caso de outros, a discriminação relacionada com a idade no emprego tem um efeito mais grave. Ela faz menos diferença na vida das pessoas que têm um pé de meia, que podem começar um negócio ou atuar na área de consultoria. Mas Voltaire acertou quando comentou que a igualdade perante a lei significa que nem os ricos e nem os pobres podem dormir debaixo da ponte à noite. Obviamente, tanto a igualdade como a discriminação quanto à idade se aplicam de maneira diferente a determinados grupos em comparação com outros. As mulheres sentem os efeitos do ageísmo de modo desproporcional. Yvonne Sonsino, líder de inovação e parceira na Mercer, a maior empresa de consultoria de recursos humanos do mundo, e autora de *The New Rules of Liveng Longer: How to Survive Your Longer Life*, disse: "As mulheres vivem mais, tendem a receber menos, provavelmente trabalharão meio período e terão intervalos na carreira. Como resultado, o valor de suas aposentadorias pode ser 40% menor do que a de um homem que realiza o mesmo serviço." Um estudo da Federal Reserve Board de São Francisco descobriu que o índice de retorno das mulheres a trabalhos nos quais elas são qualificadas é consideravelmente pior do que para homens idosos porque Hollywood nos ensinou que homens mais velhos são considerados "notáveis", enquanto as mulheres mais velhas são "apenas velhas".

Um estudo britânico alerta que os negócios estão criando uma "geração esquecida" de trabalhadores mais velhos que, apesar de sua experiência e conhecimento, não sentem que têm voz no trabalho— menos de um quinto (17%) daqueles acima de 55 anos acreditam que a empresa em que trabalham valoriza sua opinião no ambiente de trabalho, em comparação com mais de um terço (37%) daqueles abaixo de 25 anos. Isso afeta a psique da pessoa e talvez até sua saúde, visto que a pesquisa sugere que estereótipos negativos sobre a idade podem encurtar a vida de pessoas mais velhas. A professora doutora Becca Levy descobriu que pessoas mais velhas com uma percepção positiva do envelhecimento viveram sete anos e meio a mais que aquelas com percepções negativas sobre o envelhecimento: um aumento de tempo de vida maior do que o associado a exercícios e parar de fumar. Assim, se apreciar a ideia de envelhecer, você viverá mais.

Porém, o ageísmo afeta os dois lados. Observando a desconstrução da liderança da Uber, um dos meus amigos *boomers* disse: "Quando os jovens turcos se tornaram jovens cretinos? É estranho que a palavra puberdade tenha 'Uber' no meio." Mas devemos reconhecer que alguns dos desafios da Uber não se devem especificamente à sua liderança sênior; a maioria dos líderes seniores da Uber durante a época de Travis Kalanick como CEO era mais velha que os membros *millennials*.

Quando uma empresa cresce tão rápido como muitos dos unicórnios do Vale cresceram, aumentamos o negócio mais rápido do que aumentamos nosso pessoal e nossos processos. Gerentes que administram uma divisão que tem 500 funcionários em toda a empresa podem não ser adequados quando se tem 2.500 funcionários apenas 3 anos depois. Por outro lado, seria útil ter um líder experiente na equipe que pudesse antecipar os icebergs do horizonte causados pelo crescimento hiperacelerado. Nunca vimos empresas crescerem tanto ao redor do mundo nessa velocidade. Assim, esse é mais um argumento de por que uma liderança experiente pode juntar forças com jovens fundadores e CEOs.

Não sou capaz de dizer quantas vezes as pessoas me chamaram de "a supervisão adulta" ou de "o adulto na sala", como se os cofundadores *millennials* da Airbnb e seus colegas fossem crianças. Também houve a mensagem que recebi me dando boas-vindas à minha primeira semana na Airbnb de um hoteleiro mais velho: "Bom para você, Chip. Ajude os mais novos a mudar o mundo, mas lembre-se de trocar suas fraldas. Haha!" Fiquei surpreso ao ver que esse cara sabia o que significa kkk.

Então houve os comentários no *New York Times* de julho de 2017 infantilizando os jovens do negócio, que começou assim: "Estive pensando em coleiras, as do tipo que dão um choque para impedir que os cachorros saiam dos quintais. Por que não usá-las para corrigir o comportamento dos nossos *bad boys* da tecnologia e das finanças?" Então, o artigo começou a denegrir o velho lema dos engenheiros do Facebook, dizendo que "mover-se depressa e quebrar coisas" é algo que bebês, e não CEOs, fazem.

É hora de parar de falar mal das pessoas de outras gerações e reconhecer que todos nós temos algo para aprender uns com os outros. Nunca havíamos visto o tipo de ambiente de trabalho onde jovens brilhantes de 30 anos podem orientar sábios idosos que têm o dobro da sua idade sobre o futuro da tecnologia, ao passo que aqueles com 60 anos podem oferecer conselhos emocionais, de liderança e sobre a vida em geral para os talentosos e acelerados jovens executivos. Temos uma oportunidade de ouro bem debaixo do nosso nariz. Seríamos sábios ao aproveitá-la.

CRU DE NOVO

Peter Kent, de 64 anos, deixou de se aposentar duas vezes. Nos últimos 30 anos, esteve ajudando a liderar 10 *start-ups* e *turnarounds*, sendo que seu maior sucesso foi a Automated Trading Desk (ATD), à qual ele se juntou aos 49 anos, quando a idade média na empresa era de 27 anos e o CEO era 15 anos mais jovem do que ele. A ATD mudou a maneira de se fazer negócios em Wall Street, passando de um sistema manual para um primeiramente automatizado. Os investidores costumavam levar Peter às empresas para atuar como sua "supervisão adulta", uma expressão que o faz estremecer devido ao desrespeito que isso demonstra pelos jovens fundadores. Peter enxerga seu papel mais como o de tradutor da visão jovial para a excelência operacional.

Dessa vez, ele recebeu uma ligação de Alan Guarino, vice-presidente da empresa de consultoria de gestão Korn Ferry. Peter ouviu com paciência enquanto Alan falava sobre Joanna Riley, de 35 anos, empreendedora e mentora de jovens mulheres no ramo da tecnologia, e CEO e cofundadora da 1-Page, uma empresa tecnológica que vem transformando a maneira como as empresas encontram as melhores pessoas para contratar usando inteligência artificial. Joanna fundou a empresa baseando-se na ideia de um livro escrito pelo seu pai, que afirmou que as pessoas que estão procurando trabalho deveriam ser avaliadas com base no que podem fazer, e não com base em suas conquistas anteriores, experiência, idade ou gênero. Em 2014, Joanna fez com que a 1-Page liderasse uma IPO bem-sucedida na bolsa de valores australiana, e o preço de suas ações aumentou recentemente cerca de trinta vezes mais que o seu valor original. Mas também havia ficado claro que a empresa estava em uma condição fragilizada. Peter só não sabia quanto.

O processo de Joanna para encontrar um COO/CFO experiente foi doloroso e trabalhoso, porque parecia que todos os candidatos tinham ido para a mesma escola de projeções financeiras hiperagressivas. Todos os impressionantes candidatos, cada um deles mais jovem que Peter, eram excelentes vendedores que exalavam otimismo sobre a 1-Page, mas Joanna não estava convencida. Peter era diferente. Ele controlou a entrevista.

"Ele me perguntou quais eram minhas crenças básicas. Ele me ensinou algumas coisas, não só sobre negócios, mas sobre liderança, e, ironicamente, ele era a pessoa que deveria estar sendo entrevistada. Peter tinha uma presença e uma autoridade que não tinha nada a ver com me vender quem ele era. Eu pedi que fizesse uma palestra de 'Lance e Aprenda' com a minha equipe e, à medida que lhe faziam perguntas sem saber que ele poderia se tornar meu 'braço direito', ele disse 'Se você não está realmente alinhado com sua equipe, você com certeza vai falhar', e, naquele momento, percebi que não tínhamos um alinhamento que poderia nos servir de lastro no alto-mar. Mal sabia eu quão importante isso seria."

Peter foi contratado, e, no dia em que ele se juntou à empresa, cujo preço das ações estava começando uma jornada em queda livre, ele e Joanna souberam que investidores ativistas estavam iniciando uma tentativa de aquisição por meio de uma batalha por procuração para garantir o poder longe da diretoria atual. Sem tempo a perder, Peter acelerou seu processo de aprendizagem, pedindo a Joanna e à equipe de liderança individualmente que lhe "ensinassem sobre o negócio". Ao ouvir e absorver, Peter rapidamente estabeleceu uma relação profunda com Joanna, e, não muito tempo depois, Joanna decidiu promovê-lo à sua posição, de CEO, e ela se tornou presidente. Juntos, eles tomaram a difícil, porém necessária, decisão de que precisavam cortar seus custos operacionais em 40%. Peter, que podia ver as nuvens da tempestade se formando no horizonte, também sugeriu 100% de transparência com os funcionários, porque a confiança seria seu recurso número 1 no que, provavelmente, seria uma época de confusão total.

De fato, o preço das ações, que havia visto o mais rápido aumento da história do mercado de ações australiano, estava tendo a queda mais rápida, e os investidores ativistas conseguiram entrar na diretoria. Esse é o ponto na história em que a maioria das pessoas na sua posição teria abandonado o navio, mas Peter ficou, por dois motivos. Ele estava procurando um negócio que tivesse um plano brilhante, que pudesse revolucionar a indústria, e acreditava que 1-Page poderia fazer isso no caso do recrutamento mundial. Ele também estava querendo formar uma parceria com um jovem talento criativo que complementasse seu conjunto de habilidades. Com o conhecimento de Joanna em vendas, produtos e visão e a experiência do Peter com finanças, tecnologia e operações, os dois forjaram uma parceria irrefreável e, talvez, inesperada, que transcendia a idade e o gênero.

Embora tivesse conversado com eles por telefone e e-mail, minha primeira reunião frente a frente com eles começou de uma forma que não deixava dúvidas de quão conectados eles estavam. Liguei para Joanna em seu celular porque eu havia chegado ao local do encontro que tínhamos combinado, mas não os vi. Para minha surpresa, foi Peter quem atendeu ao celular de Joanna, dizendo que ela estava terminando um almoço de negócios e que logo estariam disponíveis para mim. Quando nos sentamos, era óbvio que os dois — que estavam liderando a empresa havia apenas seis meses — haviam forjado um laço que tinha mudado a vida deles.

Eles me disseram como os investidores ativistas lutaram para tomar o controle deles e até mesmo propagaram informações falsas para o público dizendo que Peter havia deixado a empresa e que a compra de ações da 1-Page havia sido suspensa na bolsa de valores australiana porque havia se tornado volátil demais. Ainda assim, Peter e Joanna tiveram apenas dois desentendimentos nesse semestre de luta na lama financeira de alto risco.

No fim, apostar um no outro compensou. Peter ajudou a guiar a empresa durante essa época difícil, quando a 1-Page deixou de ser uma empresa pública para ser uma empresa privada, com uma nova marca corporativa e investidores mais amistosos. E depois que as hostilidades dos primeiros investidores haviam afetado os funcionários de modo negativo, Peter e Joanna — cuja transparência ajudou a gerar confiança — puderam recontratar a maioria dos principais funcionários em sua nova empresa, a Censia, que agora está crescendo e se expandindo.

Hoje, depois de terem passado seis meses em uma toca de raposas, esses parceiros improváveis — uma fundadora *millennial* e seu cofundador *boomer* cerca de trinta anos mais velho que ela — estão planejando o futuro de sua empresa juntos. Joanna ainda se surpreende com o fato de Peter permanecer a seu lado. Ela diz: "Tenho sorte de ter percebido enquanto ainda era jovem o quanto posso aprender com aqueles que são mais velhos que eu. Foi a ideia do meu pai que fez com que eu fundasse a 1-Page, e ele me ensinou a encontrar mentores quando eu ainda estava na adolescência. Sei que minha visão e meu entusiasmo ajudaram a empresa a chegar até aqui, mas se Peter não tivesse se juntado a mim e passado por essa prova de fogo, não sei se ainda estaríamos funcionando."

Peter me diz que se sente cru de novo toda vez que entra em uma empresa nova, e isso foi especialmente verdade ao fazer negócios com Joanna: "Que dádiva é pegar toda uma vida de aprendizado e poder usá-lo com uma líder jovem e brilhante com um espetacular conceito de negócio. Embora tenha entrado na empresa em parte por causa da oportunidade financeira, fiquei porque é psicologicamente recompensador investir em um talento como Joanna, que, além de ser uma líder fenomenal, está sempre me ensinando também. Acho que nunca me aposentarei."

Ao ouvir sua história, é impossível não me lembrar de Shams e Rumi, que criaram uma conexão de confiança mesmo em uma comunidade que estava tentando separá-los de qualquer jeito. O efeito de Shams em Rumi o ajudou a enxergar a sabedoria poética na vida diária. Ele pensava na maravilha das flores, do amor, da água. Ele via que a água era tão sem forma quanto o formato do recipiente que a contém. Se a água for derramada do recipiente, ela evapora e volta à sua fonte. De modo similar, quando não resta mais fôlego no corpo de uma pessoa, a alma parte e volta à sua fonte. Podemos dizer que a sabedoria é como a água. Ela se adapta ao ambiente, é positiva, mas pode desaparecer na consciência coletiva quando seu trabalho termina.

Rumi foi um homem sábio e definiu nossa vida de três etapas há muito tempo. No entanto, talvez seja a hora de os Idosos Modernos acrescentarem algo às três fases da vida de Rumi. Talvez haja uma quarta fase... Eu estava cru, fiquei cozido, torrei e, então, *fiquei cru de novo*. Deixe-me apresentar as quatro lições que o ajudarão a ficar cru de novo. Tudo começa ao trocar de roupa.

[4]

Lição 1: EVOLUA

"Acho que, quando envelhecemos, ficamos terrivelmente propensos a usar a vida, em vez de vivê-la. O hábito, a deterioração física e a digestão mais lenta de nossas experiências tendem a nos fazer enxergar nossa querida vida como uma peça de roupa, um vestido formal, uma capa de chuva ou um uniforme abotoado com as (tarefas) diárias recorrentes... no meu caso, encontrei um remédio, que é realizar algo difícil, algo novo, para me religar às minhas verdadeiras aptidões.... pois, em tais momentos, a vida não é apenas algo que usamos, é algo que fazemos e somos."
—The Letters of Sylvia Townsend Warner,
William Maxwell

"Como podemos transformar nosso medo em curiosidade?"

Meu pai me fez essa sábia pergunta em 2013, enquanto subíamos juntos uma montanha — não muito longe da comunidade habitacional sênior no Vale do Silício onde ele mora. Eu entrara para a Airbnb havia algumas semanas e estava sentindo tontura — mas não por causa da altitude. Eu já havia entrado em alguns carrosséis na minha vida, de modo que a ansiedade era uma condição familiar para mim. Mas dessa vez era diferente. Era mais intensa. Era como se eu estivesse percorrendo uma trilha com 80 quilos nas costas. Naquela época, eu ainda não sabia que minha mochila estava com minhas identidades passadas.

Eu disse a meu pai que estava me sentindo deslocado na terra dos jovens. Mas, como Sylvia Townsend Warner descreve na citação que abriu este capítulo, quando nos concentramos demais no histórico de nosso guarda-roupa — em vez de na pessoa que está vestindo essas roupas —, perdemos os dons autênticos e especiais que temos a oferecer.

A professora Herminia Ibarra é uma das maiores autoridades mundiais em transições de carreira e senso de liminaridade* que surge durante essa etapa. Muitos relacionam o senso de identidade ao trabalho, de modo que é natural que certa ambiguidade e desorientação possam surgir quando estamos em transição — em especial quando saímos de nossa trilha habitual. Quando somos "casados" com nosso trabalho, não é nenhuma surpresa que a transição pareça um divórcio.

Nas sociedades tribais, existem rituais comunitários que auxiliam nas maiores transições da vida — de mulheres dando à luz a crianças, tornando-se adultas, até o falecimento. Porém, como abordado brevemente no capítulo anterior, os ambientes de trabalho modernos não têm esses rituais, o que faz com que nossa transformação de lagarta a borboleta costume acontecer dentro de nós, sem que nossos familiares, amigos ou colegas estejam a par disso. Assim, a solidão e o isolamento podem se enraizar em nós e crescer. E quando nossa identidade anterior, ou guarda-roupa — com todos nossos sucessos e falhas anteriores —, atrapalha nessa transformação interior, podemos nos sentir incompletos. Acho que é assim que circenses amadores devem se sentir quando soltam um trapézio antes de agarrar o próximo.

Elizabeth White sentiu esse tipo de liminaridade quando tinha 55 anos e estava vivendo o intervalo entre empregos. E seu telefone parar de tocar não ajudou. Essa forte e inteligente afro-americana tem diplomas da Harvard Business School e da Johns Hopkins e foi diretora de projetos do Banco Mundial. Era claramente qualificada para fazer a diferença de várias maneiras, porém mal ganhava a vida fazendo bicos de consultria ocasionais. Ela se sentia invisível e em queda livre. Como ela disse na sua palestra do TEDx, era como se tivesse "entrado no incerto mundo do antigamente e de como costumava ser". Mas não demorou para ela perceber que não estava sozinha, pois percebeu

---

* A liminaridade é um estado psicológico subjetivo segundo o qual o indivíduo encontra-se entre dois estados diferentes de existência. (N.E.)

que outras pessoas em sua faixa etária que estavam se dando bem de repente também começaram a ter dificuldades para se sustentar.

Elizabeth logo aprendeu que, embora nem sempre possamos reiniciar nossas carreiras na meia-idade, *podemos* reformar nossa mentalidade e nossas expectativas. Em outras palavras: evoluir. Hoje em dia, Elizabeth está compartilhando toda a sua sabedoria obtida aos trancos e barrancos com outras pessoas em palestras, por meio de seu livro e pela criação dos "Círculos de Resiliência" da meia-idade. Ela diz: "Quando tudo o que conhecemos é a nossa identidade no trabalho e isso é tirado de nós, não sabemos mais quem somos. Mas um Círculo de Resiliência mostra que ainda existimos, que estamos evoluindo e estamos erguendo nosso véu para que as pessoas vejam as verdadeiras rachaduras na parede."

No meu caso, as rachaduras na parede assumiram a forma de uma fita que ficou tocando na minha mente em um ciclo infinito: *Serei tão bom nesse novo papel como fui enquanto era o CEO da minha própria empresa?* Parecia que o medo pairava no ar durante essa época. Entre 2006 e 2011, quatro amigos meus cometeram suicídio, em parte porque não conseguiram encarar o medo de que suas carreiras ou negócios acabassem. Aos seus 40 e tantos anos, eles não perceberam que estavam no ponto mais distante do retorno para a felicidade, a qual estaria a ponto de aumentar novamente. Esse foi um período exaustivo para mim também. Eu acordava toda manhã, meditava e ouvia o K.D. Lang cantarolar "Hallelujah" para me fortalecer para o dia seguinte.

Na falta de um ritual para me ajudar a adotar minha nova identidade, voltei-me aos livros, incluindo o trabalho da professora Carol Dweck em *Mindset*. Ela mostrou que as pessoas que têm uma "mentalidade fixa" — ou seja, aquelas que veem suas habilidades, atributos e identidade como estáticas e imunes a mudanças — estão sempre tentando se provar: em geral, exageradamente preocupadas com o modo como os outros as enxergam ou evitando repetir os erros do passado. Por outro lado, as pessoas que têm uma "mentalidade de crescimento" acreditam na sua habilidade de evoluir e mudar, e estão dispostas a correr o risco de errar em prol do autoaprimoramento. A pergunta do meu pai me ajudou a encarar meu curioso futuro, em vez de me concentrar em meu confortável passado, e a adotar uma mentalidade de crescimento nos meus primeiros dias na Airbnb.

E, não por acaso, a ideia da "mentalidade" se tornou a fonte da conversa entre mim e Brian Chesky no que se refere a como poderíamos criar uma cultura dedicada ao desenvolvimento de uma mentalidade de crescimento. Evoluímos — como indivíduos ou como empresa — quando corremos o risco de buscar aprimoramento constante.

USANDO UMA ROUPA NOVA

Um mito sobre os idosos é que não temos motivação para mudar à medida que envelhecemos, que nos acomodamos, que nosso corpo, nossa mente e nosso espírito atrofiaram com base na nossa coleção minguante de hábitos. Isso também pode ser interpretado para significar que não queremos entrar em novos ambientes porque eles causam mudanças em nós. Estou aprendendo espanhol com quase 60 anos e descobri que hábito ou costume é traduzido como *costumbre*. Quantos de nós estamos dispostos a adotar um novo costum(br)e na segunda metade de nossa vida?

Deparei com vários tipos de estudos fascinantes ao fazer pesquisas para este livro, mas um de meus favoritos é o de Jack Zenger e Joseph Folkman, chamado "How Age and Gender Affect Self-Improvement"** (*Harvard Business Review*, 2016). Baseando-se no trabalho de Carol Dweck sobre mentalidades fixas e de crescimento, eles estudaram 7 mil empresários por meio de autoavaliações e revisões de 360 graus de colegas. Os estudiosos descobriram que pessoas mais velhas eram mais abertas ao autoaprimoramento e ficavam menos na defensiva em relação a críticas porque evoluíram com o passar do tempo para se concentrar na melhoria, em vez de simplesmente tentar se provar. Além disso, os pesquisadores descobriram que, quanto mais autoconfiança as pessoas têm, mais dispostas a mudar elas estão.

** Em tradução livre, "Como idade e gênero afetam o autoaprimoramento". (N.E.)

Além disso, Zenger e Folkman encontraram uma correlação direta entre idade e autoconfiança. Isso foi especialmente notável no caso de mulheres, que continuam a crescer em sua disposição de mudar depois dos 60 anos — na idade em que os homens começam a declinar. Para resumir, nossa evolução não termina na meia-idade. Ela pode acelerar.

Nossa carreira pode ser uma âncora existencial, ligando-nos a nossa identidade. É por isso que alguns de nós se sentem como se estivessem soltos em alto-mar quando perdem um emprego, ou desorientados em um novo trabalho. Também é por isso que nos sentimos irritados com o fato de que o ageísmo ou jovens contratando jovens acabem com nossas carreiras quando nos sentimos no ponto mais produtivo delas. Sim, os obstáculos podem aumentar à medida que envelhecemos, mas o mesmo pode acontecer com nossa habilidade de lidar com a tempestade.

Talvez nossa crescente autoconsciência e disposição de trocar de roupa nos permitam começar a eliminar o fardo de muitas identidades passadas. Quando você já exerceu todos os seus papéis, colocou todas as roupas de lado e renunciou a todos os seus costumes, sobra apenas você mesmo, em sua forma mais pura. É aí que as coisas começam a ficar interessantes. Como disse no Capítulo 2, um idoso é um editor. Ao entrarmos na meia-idade, embarcamos em uma evolução criativa que amplifica o que nos faz especiais, ao passo que cortamos o que é irrelevante. Depois de toda uma vida de acúmulo, podemos nos concentrar no que fazemos de melhor, no que nos é significativo e no que queremos deixar para trás. Tiramos a máscara.

A segunda metade de nossa vida pode ter mais a ver com trocar de pele do que com continuar a usar o mesmo casaco. A autora Kathleen Fischer sugere que as pessoas, mais tarde na vida, "devem passar por uma conversão, por uma experiência de perder nossa canção para poder cantar com uma nova nota".

Um de meus modelos, Randy Komisar, de 63 anos, me ensinou algumas coisas sobre cantar fora do tom, trocar de identidade na meia-idade e sobre como ser melhor por causa disso. Hoje em dia, Randy é um parceiro da prestigiosa empresa de capital de risco Kleiner Perkins Caufield Byers. Mas teve de trocar de roupa muitas vezes até encontrar uma que combinasse com ele. Como disse à *Harvard Business Review* em 2000: "Segundo os padrões convencionais, meu currículo era um desastre. Onze empresas em 25 anos, sem mencionar a louca coleção de empregos: gerente de desenvolvimento de comunidade, promotor de música, advogado corporativo, diretor financeiro de uma *start-up* de tecnologia e diretor-executivo de uma empresa de video-games, para mencionar apenas algumas. Pulei de um para o outro e, então, pulei um pouco mais. Se dependesse apenas do meu currículo, ninguém deveria me contratar. Hoje em dia, porém, muitas empresas me contratariam. E elas fazem isso. Pelo menos, minha carreira 'não carreira' faz total sentido — para mim e para elas."

Randy trabalhou de perto com Bill Campbell ("O Treinador" mencionado no Capítulo 2) em três empresas diferentes: Apple, Claris e GO. Quando tinha 40 anos, percebeu que não tinha mais o mesmo gás de quando era um jovem cheio de adrenalina. Ele explica: "Eu vi que precisava deixar a resistência e a velocidade de lado e usar o bom senso e a serenidade. Naquela época, iniciei uma prática de meditação que ainda uso. Ao tornar-me mais autoconsciente e ciente, tornei-me mais sábio. Eu conseguia observar todas essas identidades que estava carregando por aí. Eu precisava me libertar não apenas das minhas falhas do passado, mas também dos meus sucessos. Se estivermos carregando todo o peso do nosso passado, não conseguiremos aprender hoje nem abriremos espaço para outros. Quando fiz 40 anos, também aprendi a colocar meu ego no devido lugar."

O desafio relacionado de ter usado roupas demais não é apenas o fato de que elas pesam e nos atrasam, mas o de que essas vestes do passado também não nos deixam enxergar aquelas que poderíamos usar no futuro. Pir Vilayat Inayat Khan, ex-líder da Ordem Sufi do Oeste, apresenta a seguinte sugestão de como evoluir nossa identidade: "Para transmitir nosso conhecimento à próxima geração, precisamos mudar mais rápido que nunca — na verdade, mais rápido que os próprios jovens... Se não souber que pode ser uma pessoa nova, você continuará a levar sua antiga autoimagem para o admirável mundo novo. Seremos ultrapassados e considerados redundantes, incapazes de contribuir para o inexorável avanço da evolução do nosso planeta." Os sufis, como o poeta Rumi, foram os primeiros a se tornar dervixes*** a fim de remover sua identidade terrena para atingir um estado transcendental.

REENQUADRAR *VERSUS* REINVENTAR

O mundo está sempre mudando — assim como nós. Isso é ainda mais importante em períodos de transição, para evoluirmos além de nossa percepção desatualizada de quem somos ou da roupa que não combina, e reenquadrá-la às crenças que foram editadas sem piedade e que se conectam com nossa alma. Melina Lillios, de 54 anos, foi professora de inglês e de teatro para o ensino médio durante 15 anos em Honolulu, professora de redação criativa e de teatro para a quinta e sexta séries do ensino fundamental e deu aulas de comunicação para alunos do ensino superior por 12 anos. Porém, a morte de sua mãe em 2004 representou um ritual de passagem muito doloroso para Melina. Ela percebeu que, embora amasse seus alunos e amasse criar um ambiente educacional, estava cansada de fazer parte do "sistema" e de responder a rígidas autoridades educacionais. Então, Melina tirou uma folga do trabalho depois que sua mãe partiu e se reconectou com seu amor pelas viagens. Depois de terminar o ensino médio, Melina havia se tornado agente de viagens certificada, e a ideia de criar um negócio de viagens baseado em seu mantra pessoal veio a ela como uma epifania.

Melina se perguntou: *Por que não posso pegar meu amor pelo ensino e combiná-lo com meu amor pelas viagens?* E, como uma "mulher impetuosa de origens grega e brasileira", ela recorda, "a morte da minha mãe fez com que eu tivesse um senso de urgência de me tornar uma empreendedora e de controlar meu destino". Assim, a Live Laugh Love Tours nasceu.

Porém, por mais emocionante que esse novo empreendimento tenha sido, Melina teve de enfrentar seus demônios. "Eu tinha essa ideia de que eu 'não era boa com dinheiro' que sempre me assombrou quando tinha entre 20 e 30

*** Dervixe é um praticante do islamismo sufista que segue o caminho ascético da "Tariqah". São conhecidos pela pobreza e austeridade. (N.E.)

anos. Eu sabia que era bastante criativa, mas precisava me lembrar de quão linear e ligada a detalhes eu tinha sido durante toda a minha vida. Eu precisava me tornar confiante quanto a minhas capacidades logísticas, porque administrar duas semanas no exterior para fazer 'a viagem da sua vida' depende de detalhes." Então, Melina fez com que a Live Laugh Love se erguesse aos poucos. Como acontece com muitos empreendimentos que se iniciam mais tarde na vida, ela começou seu negócio trabalhando meio período.

Quanto mais Melina se concentrava na essência de sua missão — mudar a vida de seus clientes por meio de viagens —, mais ela se empenhava em dominar sua recém-encontrada identidade como empreendedora. E seu negócio prosperou. Sua primeira excursão foi vendida em três semanas. Hoje, Melina — tal como Karen Wickre, mencionada no capítulo anterior — diz que o que a ajudou a fazer essa mudança na meia-idade foi encarar seus talentos como mais que apenas uma série de descrições de serviços ou como a capacidade de terminar um conjunto de tarefas. Melina conseguiu reenquadrar sua identidade como "professora" apenas quando reconheceu que, embora amasse ensinar pessoas de todas as idades, ela não queria fazer isso só na sala de aula.

Também tive de reenquadrar minha identidade quando fui vender meu bebê, a Joie de Vivre. Depois de mais de duas décadas como CEO, eu sabia que não estava mais feliz, o que é um perigo para uma empresa cujo nome significa literalmente "alegria de viver". Mas, além do fato de que estávamos passando por um período econômico ruim, eu não sabia qual era a raiz do meu descontentamento. Perguntei-me: *O que me motivou a fundar essa empresa?* Mesmo estando confuso em 2008 e 2009, eu sabia qual era a resposta. Fundei minha empresa como empreendedor para buscar "criatividade e liberdade". Essas são as duas qualidades que eram a definição de sucesso para mim. Agora, porém, eu não sentia mais nenhuma das duas, e, com 3.500 funcionários e sendo o responsável por diversos grupos de proprietários de hotéis, não via como isso poderia mudar em breve. Assim, minha decisão muito particular de vender a empresa que nunca havia cogitado vender tinha bastante a ver com perceber que a criatividade e a liberdade eram o meu norte e que já estava na hora de caminhar pelas selvas novamente para procurar uma maneira de expressar essas duas qualidades. Então, às vezes, o reenquadramento de nossa identidade não é uma mudança interna de nossos valores, mas uma reorganização externa de nossa vida feita para, novamente, priorizar o que nos dá mais alegria.

Alguns anos depois de ter entrado para a Airbnb, quando a empresa e a indústria do compartilhamento de lares estavam se tornando um grande fenômeno, e quando meu papel como mentor de Brian estava atraindo alguma atenção da mídia, vários colegas de longa data da indústria hoteleira me disseram: "Parabéns por 'ter se reinventado'." Eu, porém, não achava que tinha se tratado de uma re*invenção*, mas, sim, de uma re*intenção* de como eu queria me apresentar ao mundo. Isso significou que eu poderia evoluir para fazer de minha roupa nova, como Sylvia Townsend Warner disse, "não apenas algo que usamos", mas antes "algo que fazemos e somos".

MINHA HISTÓRIA DE MÁSCARAS

Todos nós nascemos em nossa "roupa de aniversário". Mas como um bebê do Halloween, nascido no dia 31 de outubro, acostumei-me com a vida como uma festa a fantasia sem fim. Como fui uma criança criativa e introvertida, cheguei à adolescência colecionando conquistas. Meu senso de identidade era definido pelas minhas conquistas. Eu era o aluno mais jovem da minha turma de administração em Stanford e, então, fundei minha empresa de hotéis alguns anos depois. Meu primeiro hotel, o estiloso Phoenix, no bairro de Tenderloin, São Francisco, tornou-se mundialmente famoso, como uma estrela de rock'n'roll, onde eu cuidava do filho de Sinead O'Connor, servia o café da manhã de Linda Ronstadt na cama e emprestava abotoaduras a JFK Jr. para um casamento no pátio. Quando a revista *People* fez o perfil do "garoto maravilha" (eu) logo depois que completei 30 anos, eu já estava a caminho de me tornar um viciado em admiração.

Durante 24 anos da minha vida, eu havia sido um revolucionário da hospitalidade e tinha expandido meu pequeno império (ou pelo menos achava isso) até incluir mais 50 hotéis boutiques em toda a Califórnia antes de vender a Joie de Vivre Hospitality no ponto mais baixo da Grande Recessão. Eu pensei que seria o CEO da Joie de Vivre até os 80 anos. Mas, praticamente da noite para o dia, minha vocação havia se tornado um trabalho e o efeito da "droga" havia passado. No caso de muitos de nós, acontece uma "troca de pena" gradual antes que o mundo possa ver nossa nova identidade. Durante meu período de "troca de pena", me senti solitário e, às vezes, confuso, porque era difícil compartilhar a intenção de mudar minha identidade de modo radical. Porém, como tive quase dois anos para pensar nessa evolução, foi mais difícil para os outros aceitarem do que para mim, de repente, o fato de que eu estava me livrando de meu papel como líder da minha empresa. A nossa roupa — no meu caso, um hoteleiro rebelde — pode servir de um modo confortável, e tirá-la pode ser tão doloroso como arrancar um curativo. Eu já havia tido essa sensação de ser cru e de estar nu antes, mas dessa vez, com a Airbnb, foi diferente.

Uma de minhas primeiras lições como um Idoso Moderno foi a de que eu precisaria me "esquecer de modo estratégico" de parte da minha identidade histórica profissional. A Airbnb não precisava de CEOs, visto que Brian tinha potencial comprovado para ser um dos melhores de sua geração. Eles também não precisavam que eu, o intruso curioso que havia acabado de aprender o que significava "economia compartilhada", lhes desse um sermão no púlpito dos idosos sobre sabedoria. Eu não era mais o "sábio no palco", mas passara a ser o "guia do lado". Mais que qualquer outra coisa, naqueles primeiros meses, eu apenas ouvi e observei com cuidado, com o mínimo de julgamento e de ego possíveis. Eu me imaginei como um antropólogo cultural, intrigado e fascinado com esse novo hábitat: uma Margaret Mead moderna, do sexo masculino, em meio a *millennials*.

Cruzar fronteiras profissionais é muito parecido com uma expedição antropológica. Primeiro, aprendemos novos idiomas. No meu caso, descobri que mulheres jovens chamam uma a outra de "cara" e que quando alguém diz "firmeza" isso quer dizer que concordam com algo. E embora não houvesse rituais tribais em si, havia normas culturais com as quais demorei a me acostumar. Felizmente, e diferentemente de muitos de meus colegas *boomers* que estão passando por uma transição profissional, eu não era invisível. Eu era um velho astro do rock da hospitalidade que, por um acaso, estava na diretoria do aclamado Burning Man, e todos sabiam que Brian me ouvia. Então, é claro que foi mais fácil para eu me acostumar que para os outros.

Tudo parecia bem do lado de fora, mas, por dentro, a coisa estava feia. Reconheço que grande parte de minha identidade passada estava envolta em toda a admiração associada a estar no meio do palco publicamente. Agora, eu estava atrás das cortinas, dirigindo os protagonistas que estavam no palco. Eu havia deixado de ser a atração principal para ensinar a atuar. Felizmente, os três fundadores tinham uma mentalidade de crescimento, eram bastante inteligentes e não tinham problemas em aceitar conselhos de um forasteiro de outra geração que era velho o suficiente para ser o pai deles. Felizmente, como mostrado no Capítulo 2, aprendi com eles tanto quanto eles aprenderam comigo ao orientá-los de modo particular e ser um estagiário aos olhos de todos.

Também experimentei uma sensação de libertação que me surpreendeu. Na Joie de Vivre, eu sentia o peso da "bagagem do chefe": eu me preocupava em ser admirado ou desprezado em meu papel como uma pessoa de poder e como a face pública da empresa. À medida que evoluía nos meus dias iniciais na Airbnb, percebi que poderia escolher meu próprio papel, escrever meu próprio roteiro. Talvez o roteiro nem existisse! Além disso, como acontece com muitas pessoas com mais de 50 anos, eu estava ficando mais atraído por objetivos impulsionados por missões do que pelo ego. E ajudar a liderar o avanço com meus camaradas mais jovens no promissor movimento de democratizar a hospitalidade — como elo e líder de milhões de anfitriões e de dezenas de milhares de hóspedes — me deu um profundo senso de missão.

Conforme editava minha identidade para obter o que parecia ser essencial para um líder da empresa, ficou claro que minha influência teria menos a ver com sermões dados em um púlpito e mais com o modo como eu me apresentava como modelo a ser seguido. Isso fez com que eu realizasse um exercício de construção de reputação pessoal que eu ainda não havia compartilhado publicamente. Mas foi fundamental para que eu fosse eficaz, mesmo sendo conservador quanto a questões tecnológicas e tendo o dobro da idade da maioria dos funcionários que entendiam de tecnologia da Airbnb.

CONSTRUINDO SUA REPUTAÇÃO INTENCIONALMENTE

Não interessa qual seja nosso novo papel, e não importa onde estejamos na hierarquia organizacional, devemos nos lembrar de que nosso maior papel é servir de modelo. Como Idosos Modernos, quanto mais *millennials* buscam nosso conselho, mais ajuda teremos para decidir que tipo de perguntas fundamentais faremos e que tipo de pessoa queremos nos tornar. Quando percebemos isso, começamos a encarar com mais seriedade como outros nos veem e qual é a nossa reputação ou marca pessoal para eles. Nessa era do YouTube e do Instagram, as gerações mais jovens estão se tornando adeptas cada vez maiores do desenvolvimento de suas marcas pessoais. Assim, devemos nos certificar de que isso também faça parte de nossa evolução.

Quando meu aniversário de três meses na Airbnb estava chegando, comecei a ver a influência de minhas palavras e ações, o que fez com que eu criasse meu código de comportamento pessoal e particular. Tal como escrevi em meu livro *Emotional Equations*, os líderes são os termômetros emocionais daqueles a quem lideram, e nossos hábitos como líderes podem contagiar os outros. A base de meu código era o respeito: como mostrá-lo e como recebê-lo. Brian me pediu para ajudá-lo a fazer a Airbnb evoluir como uma empresa de hospitalidade — de dentro para fora —, e eu sabia que o âmago da hospitalidade era o respeito. Fiz uma lista de hábitos que esperava que fossem copiados não só entre meus colegas, mas também pela grande comunidade de anfitriões e hóspedes da Airbnb. Usar esse método bastante consciente de definir minha reputação, e os comportamentos que a sustentariam, era algo que nunca havia tentado fazer quando era CEO de minha própria empresa. No entanto, em um hábitat completamente novo, isso me pareceu uma maneira de enfatizar o âmago de quem eu era e em que eu acreditava. Isso não só me ajudou a liderar com um objetivo como me ajudou a evoluir a ponto de ter uma identidade mais intencional. Um dos benefícios resultantes desse método foi que, como um líder sênior da empresa, eu estava influenciando as normas de grupo das equipes das quais eu fazia parte, bem como das reuniões às quais comparecia. O respeito-modelo pode exercer um efeito dominó nos outros ao meu redor. Para resumir, uma das maneiras mais eficazes de mudar outros remonta ao famoso princípio gandhiano: mostre a mudança que deseja ver.

Estas são algumas maneiras pelas quais intencionalmente fiz minha identidade evoluir a fim de que pudesse fazer a diferença na Airbnb:

- (Quase) sempre chegar na hora para as reuniões, o que sugeria que eu respeitava o tempo das pessoas e ajudava a criar uma cultura baseada em não desperdiçar o tempo dos outros.

- Responder sem demora, em especial a e-mails de anfitriões e hóspedes; minha regra era a de que eu precisava responder a cada e-mail que chegasse, os quais poderiam passar de 400 em um dia, no prazo de 24 horas, mesmo que minha resposta fosse apenas para dizer que recebi o e-mail e avisar sobre quando o responderia por completo. Quando via um e-mail de algum funcionário, anfitrião ou hóspede que estava irritado, fazia o meu melhor para parar tudo e responder em até dez minutos após ler (é claro que eu precisava abrir alguns espaços na minha agenda para esse tipo de resposta).

- Dar *feedback* aos outros dentro do prazo, em especial no caso de avaliações de funcionários, mas também no caso de um *feedback* ao vivo, em particular, fazendo o meu melhor para ouvir antes de dar meu *feedback*.

- Demonstrar gratidão às pessoas de todos os níveis da hierarquia da Airbnb — o pessoal que lava os pratos do refeitório da nossa empresa, a equipe de segurança, aqueles na recepção — para lembrar a mim e aos outros de que cuidar de nossos clientes não é a única maneira de demonstrar hospitalidade. Todos merecem o mesmo respeito.

Meu objetivo era mostrar aos meus camaradas da tecnologia que responder aumenta a confiança e o respeito. E se incorporarmos esse modo de ser, será muito mais fácil encontrar soluções que resolvam conflitos. Assim, eu estava sempre atento para ver quem levava a capacidade de resposta a sério e quem parecia não ter a empatia e a agilidade de mostrar essa qualidade. Então, fazia o meu melhor para lhes dar algumas dicas em particular (orientação particular) sobre como eles poderiam melhorar. Um de meus liderados chamava essas conversas de "Campo de Treinamento Furtivo do Chip". Não demorou muito para que pequenas (ou poderíamos chamar de "furtivas") ações e comunicações de um para um, em vez de grandes discursos corporativos, como os que eu fazia quando era CEO, passassem a fazer parte da minha identidade em evolução.

Ao explorar essa reputação e construir uma relação individual com os jovens com quem eu mais trabalhava, eles chegavam a me descrever de uma maneira tão precisa quanto o meu DNA: "emocionalmente confiável", "otimístico" (otimista e voltado à espiritualidade), "determinado e motivado" e "um simplificador de histórias", tal como uma pessoa me disse: "Você *quer* saber da minha história e não a *escuta* somente, você propõe soluções."

Nossa reputação é um dos poucos recursos portáteis com os quais podemos contar durante toda a nossa vida. De fato, o mensageiro cósmico a entrega em nosso novo ambiente de trabalho antes mesmo de chegarmos lá fisicamente. Assim, leve sua reputação a sério.

Podemos acentuar o lado positivo de fazer nossa identidade evoluir de várias maneiras.

Construir uma rede de colaboração: Talvez tenhamos conexões da indústria que nossos colegas não têm porque estamos no planeta há mais tempo que eles. Como o único executivo sênior da Airbnb com um histórico de décadas na indústria, era fundamental que eu exercesse o papel de um estadista idoso ou, em termos modernos, de secretário de Estado. Isso significou convidar CEOs e líderes seniores de algumas das maiores empresas hoteleiras do mundo à nossa sede para emergirem na Airbnb e entender por que ela era interessante para viajantes *millennials*. Por quê? Seria mais difícil para aqueles que tinham medo de ser afetados pela nossa entrada no mercado de hospedagem nos enxergar como vilões se genuinamente tentássemos nos aproximar deles. E sempre fiz o máximo para mostrar respeito por Brian, o CEO, e não voltar a vestir minha roupa velha e roubar o palco mesmo quando estava cercado por aqueles da minha antiga área.

Ser humano e bem-humorado: O escritor Henry Miller sugeriu que a coisa mais consoladora em se envelhecer com graça é a habilidade de não levar as coisas tão a sério, e a grande diferença entre um sábio e um pregador é a habilidade de rir da vida às vezes. Em uma empresa que estava dobrando de tamanho a cada ano e sendo minuciosamente analisada por vários motivos, era fácil perder o senso de humanidade e o senso de humor. Assim, ser acessível, real e, às vezes, bem engraçado passou a fazer parte da minha identidade em evolução.

Ser calmo e curioso: Falarei mais sobre isso no próximo capítulo, mas se eu fosse a pessoa mais inteligente do lugar, estaria no lugar errado. Um jovem colega, Clément Marcelet, me disse que o ex-presidente da França, François Mitterrand, costumava dizer ao seu motorista "Devagar, estamos atrasados", quando ficavam presos no trânsito durante a hora do *rush*. O ponto é que, às vezes, precisamos aceitar que vai demorar para chegar aonde queremos ir; fazer as coisas mais rápido nem sempre será a resposta, e isso pode ser ou causar um problema. No meu caso, isso era verdade quando eu estava aprendendo a fazer as coisas na Airbnb. Ser uma pessoa calma e curiosa em um lugar e fazer perguntas que exigem respostas elaboradas que nos ajudem a enxergar nossos pontos cegos passou a fazer parte de minha reputação crescente na empresa.

Estar presente: A presença é uma arte mais complicada e recompensadora que a produtividade e pode ser o marco de um idoso. Considerando que vivemos em uma cultura que costuma medir nosso valor como ser humano pela nossa eficiência, e iterações e respostas rápidas, eu era um tanto rebelde. O culto da produtividade tem o seu lugar, mas adorá-la em seu altar pode roubar nosso senso de curiosidade, alegria e encanto, e também a habilidade da empresa de se autoavaliar.

AO SE SENTIR VELHO DEMAIS PARA EVOLUIR, TENTE SE TORNAR UM ESTAGIÁRIO

Às vezes, nosso sistema recebe um choque que nos faz despertar e nos diz que é hora de evoluir. No caso de alguns, isso pode ser um susto relacionado à saúde que nos lembra de que o tempo é precioso. No caso de outros, isso pode ser o fim de um casamento, perder o emprego ou a véspera de um aniversário marcante. Ainda assim, na falta de eventos como esses, que servem de despertador, pode ser difícil criarmos coragem e termos a motivação para tirar uma roupa que já nos vem servindo há tanto tempo. Se estiver sentindo que está se acomodando no inverno de sua vida, mas quer se lembrar de como é o verão, você talvez possa considerar a ideia de fazer um estágio como uma maneira de baixo risco de experimentar uma roupa ou identidade nova.

Paul Critchlow teve uma longa carreira, passando trinta anos no Merrill Lynch, onde acabou se tornando diretor de comunicações. Mas Paul me disse: "Para mim, o verão de 2016 seria monótono. Eu havia me aposentado um ano antes e estava me sentindo um pouco entediado, inquieto, excluído. Meus planos de escrever minhas memórias, prestar serviços de consultoria, trabalho de caridade e viajar não estavam resolvendo. Então, minha vizinha, Sally Susman, chefe dos assuntos corporativos da Pfizer Inc., a empresa farmacêutica, me levou para almoçar. Em um voo transatlântico, ela assistiu ao filme *Um Senhor Estagiário*. Ela gostou de como todos os personagens — jovens e velhos — afetaram, mudaram e enriqueceram uns aos outros. Sally estava se perguntando se eu aceitaria ser um estagiário durante o verão. Por que não?! Mais tarde, ela me disse que havia ficado preocupada com o fato de que eu poderia me sentir insultado ou que nossa amizade fosse prejudicada de alguma forma. Eu confessei meu medo de que os jovens me rejeitassem, que o pessoal se ressentisse de mim ou que eu daria a impressão de ser um velho fora de moda e sabe-tudo. No fim das contas, nós dois estávamos errados." Aos 70 anos, Paul era o mais velho dentre os cerca de 200 estagiários, que tinham, em média, 20 anos de idade.

Em seu primeiro dia, Shalini Sinha, uma jovem estudante da Universidade de Georgetown, aproximou-se de Paul. Ela perguntou se ele não queria ser o mentor dela. A principal preocupação da Shalini era como dizer a seu pai, um patriarca indiano tradicional, que ela queria ficar nos Estados Unidos e dedicar-se à sua carreira. Paul lhe disse que ela era uma adulta e que poderia lhe garantir que, onde quer que vivesse, sempre seria sua filha. Paul ficou muito emocionado de receber um e-mail dela mais tarde. "Sinto como se tivesse recebido a permissão para correr atrás dos meus próprios sonhos", ela escreveu. Shalini tornou-se uma das melhores de sua turma e uma fonte confiável de treinamento e sabedoria para Paul. E Paul notou o valor desses jovens imediatamente e percebeu que poderia reenquadrar suas habilidades para ser tanto um mentor como um estagiário.

Paul formou uma equipe com três outros estagiários, e esse "quarteto fantástico" criou laços rapidamente por serem transparentes. Paul disse: "Eles me incentivaram a ser mais breve em meus comunicados, e eu pedi que eles se aprofundassem. Eu lhes ensinei sobre as técnicas clássicas de relação com a mídia, e eles me ensinaram sobre as mídias sociais. Com a ajuda deles, abri minha primeira conta no Facebook e enxuguei ('Você não está procurando um emprego, Paul') meu perfil no LinkedIn." Ele lhes ensinou a etiqueta no escritório, e eles lhe ensinaram a como se comunicar com outros *millennials*. A reciprocidade e o respeito mútuo permitiram que Paul desse *feedbacks* a seus colegas de equipe sobre a falta de contato visual que deixavam de fazer por estarem distraídos com seus aparelhos. Ele disse: "Eu percebi que eles mal tiravam os olhos dos seus laptops ou aparelhos quando os outros se aproximavam." Um de seus colegas de equipe o puxou de lado e disse: "Paul, eu percebi que quando alguém entra na sua sala, você se levanta, se apresenta e aperta a sua mão. Deveríamos estar fazendo isso — e por quê?" Eu lhe disse: "Sim. Isso é cortês, demonstra respeito pela outra pessoa e indica que você é uma presença com a qual se deve interagir." Todos os três membros da sua equipe começaram a imitá-lo.

Como descrito no artigo *Fast Company* nos "Meus 10 Favoritos" do apêndice (veja a categoria "Artigos"), a experiência de Paul foi positiva tanto para ele como para aqueles a sua volta. Sim, ele era um estagiário, mas foi muito mais que isso. A transferência intergeração de confiança, respeito e aprendizado que teve naquele verão foi revigorante e o encorajou a começar a participar de conferências para escritores, pois ele teve ajuda para perceber que tinha ainda mais histórias para contar do que as memórias que estava tentando escrever. Paul disse: "Essa experiência me ajudou a transformar a experiência de toda uma vida em uma narrativa coesa. De todos os títulos que tive ao longo dos anos, o de Estagiário Sênior na Pfizer é um dos que mais aprecio. Minha esposa, Patty, chama isso de 'a dádiva de uma volta da vitória'."

Paul recomenda um estágio a todos que precisam expandir sua vida. E embora alguns talvez considerem o estágio como estando "abaixo de si" e lamentem a perda do *status* ou da posição que tinham em seus papéis anteriores, Paul pensa de modo diferente. "Como estagiário, quando deixei de ter responsabilidades administrativas, de repente percebi que poderia parar, pensar e me encantar com coisas que não havia percebido durante anos. Esse processo liberta nossa mente de instintos condicionados, e, de repente, estamos pensando fora da caixa de novo, como quando éramos crianças e podíamos nos imaginar fazendo qualquer coisa. E, embora eu às vezes sinta falta do poder, das regalias e do prestígio da minha antiga vida corporativa, aprecio minha liberdade e a falta de estresse."

No caso de Paul, a experiência fez com que ele percebesse que tinha mais com que contribuir — e mais para aprender. Ele decidiu abrir uma firma de consultoria de comunicações e a chamou de Black Cat Communications LLC, em homenagem a seu gatinho de estimação. Sally criou o slogan da empresa dele — "Nove vidas" —, e, depois de lançá-la formalmente, a Pfizer tornou-se sua primeira cliente. O Bank of America veio logo em seguida. Hoje, seu negócio está prosperando, com outros clientes em potencial surgindo, e agora Paul está lidando com o "bom problema" de decidir se vai expandi-la ou não. Ele baseia sua consultoria em sua experiência como estagiário sênior, e pela primeira vez há muito tempo em sua longa vida profissional, Paul está feliz em ser um empreendedor. "As pessoas mais velhas têm muito com o que contribuir", ele conclui. "Basta pedir."

O professor de publicidade de 71 anos da Universidade Brigham Young, Doug McKinlay, não esperou que ninguém lhe pedisse nada. Ele abordou um amigo em uma agência de publicidade de Dallas, a Richards Group, e pediu para se seu estagiário durante o verão como uma forma de se manter relevante em uma indústria cada vez mais jovem e de conhecimento digital. A empresa colocou Doug com um executivo criativo de 25 anos, com quem ele logo formou uma relação simbiótica, beneficiando a ambos e à agência. Agora, Doug sugere que todos os professores de publicidade trabalhem em uma agência a cada cinco ou sete anos, para garantir que estejam a par das novidades da indústria.

Por último, tive sorte o suficiente para ajudar Debbie e Michael Campbell a conseguirem um estágio sênior na Airbnb. Antes de seus aniversários de 60 e 70 anos, respectivamente, o casal Campbell decidiu começar a viajar pelo mundo, ficando exclusivamente em casas compartilhadas reservadas pela Airbnb. Eles venderam sua casa em Seattle e seu barco, disseram adeus a seus amigos e sua família e começaram a ir de um lugar para o outro. Ficaram um pouco famosos durante a jornada, sendo chamados de "Nômades Seniores" em um artigo de capa do New York Times. E, logo depois do seu milésimo dia, tendo se hospedado em mais de 160 lares em quase 70 países, eles se tornaram nossos hóspedes mais prolíficos e quiseram compartilhar o que aprenderam com os funcionários da Airbnb. Assim, entraram na empresa no outono de 2017 para fazer o estágio de 10 semanas em nossa sede, em São Francisco, a fim de que nossos funcionários pudessem ouvir como a nossa plataforma poderia atender ainda melhor às necessidades de nossos hóspedes mais ativos. Visto que o hóspede mediano da Airbnb é 10 anos mais velho e nosso anfitrião é cerca de 15 anos mais velho que a idade média de nossos funcionários, Debbie e Michael gostaram de traduzir as necessidades da maior parte da nossa comunidade de hóspedes e anfitriões para aqueles que criam o software e as regras que definem nosso crescente mercado de compartilhamento de lares.

No fim de um baile de máscaras, as pessoas tiram as máscaras e mostram quem realmente são e sua essência. Na parte final da vida, algo parecido acontece. É como a antropóloga cultural Angeles Arrien escreveu em The Second Half of Life: "Quando vamos além de nosso ego e identidade terrenos, somos capazes de seguir o conselho do sábio budista do século VIII Hui-Neng: 'Mostre-me a face que tinha antes mesmos de seus pais nascerem'."

Agora, analisaremos alguns modos práticos de fazer nossa identidade evoluir e de vestir uma roupa nova em nossa vida profissional.

Práticas-modelo para Fazer Nossa Identidade Evoluir

1. FAÇA UM "DETOX DE IDENTIDADE".

Quando tinha por volta de 40 anos, a cada 3 meses, comecei a tomar um suco detox por 3 dias para "resetar" meu metabolismo, eliminar toxinas de meu organismo e me tornar mais consciente a respeito de meus sentidos e conexão com os outros. Podemos adotar uma prática detox similar em relação também a nossa identidade.

O gerontologista sueco Lars Tornstam acredita que uma das principais tarefas de desenvolvimento para o idoso é a construção de uma história de vida que pareça certa e verdadeira. Esse talvez seja um dos motivos de os idosos poderem contar e recontar histórias do passado. E Erik Erikson sugere que cada um de nós tem um "núcleo invariável" ou uma "identidade existencial" que é uma integração do passado, do presente e do futuro. Um "detox de identidade" nos permite eliminar um pouco da bagagem do nosso perfil do LinkedIn e nos tornarmos mais conscientes do que é essencial em nossa experiência e história.

Reserve algumas horas para fazer esse exercício e encontre um lugar para fazê-lo onde você não será incomodado ou distraído. Eu recomendo que faça isso sozinho, mas existe um dever de casa preparatório que você pode pedir a pelo menos seis colegas de trabalho, amigos ou familiares que façam. Peça que eles escrevam o seguinte: "O que você acha de mim nos bons e nos maus momentos? Quais são as qualidades fundamentais que demonstro? Quais são as positivas? E quais são as mais desafiadoras?" Antes de ler as respostas dessas pessoas, responda a essas perguntas você mesmo, sendo o mais franco possível, sabendo que não precisará compartilhar isso com mais ninguém. Quando estiver em dúvida, pense no *feedback* que obteve de avaliações de funcionários do passado. Faça sua lista e compare-a com as respostas que recebeu dos outros.

Consegue identificar sua identidade? Quais são as características ou as qualidades perenes sobre as quais deseja construir sua reputação? Se estiver tendo problemas para identificá-las, pense nos momentos em que você se sente mais produtivo no trabalho ou no que você faz quando perde a noção do tempo. Você talvez esteja exercitando algum talento ou aptidão natural. Quais hábitos ou costumes você pode incorporar a sua vida diária que ajudem nessa característica ou qualidade? Por exemplo, se você gosta que seu núcleo invariável seja elogiar e valorizar as pessoas, faria sentido desenvolver o hábito de elogiar pelo menos duas pessoas de maneira particular com um *feedback* específico, cara a cara, em média, duas vezes por dia?

E então, de quais qualidades você está preparado para se despedir? Em outras palavras, quais qualidades são como toxinas que é melhor eliminar de seu organismo? A capacidade de mudar com o lastro da continuidade define o Idoso Moderno.

2. REDEFINA SUA REPUTAÇÃO.

Assim, quer esteja em um novo ambiente de trabalho, tentando encontrar a roupa certa ou querendo trocar sua roupa velha por uma nova em seu emprego atual, ou até se ainda estiver esperando no espaço liminar entre eles, imagine que sua reputação ou marca pessoal seja um produto de consumo. Qual seria o valor de sua proposta? De três ou cinco qualidades ou adjetivos, quais são os que as pessoas mais usariam para defini-lo e quais são os hábitos ou costumes fundamentais da reputação que você deseja construir?

Mas sua reputação ou marca não parecerá autêntica se não estiver em harmonia com quem você é. Melina Lillios se apegou tanto a seu mantra pessoal de "viver, sorrir e amar" a vida, que ele se tornou o nome da sua empresa de excursões. Gandhi esclareceu a conexão entre as crenças e o destino de forma linear e pungente: "Suas crenças se tornam seus pensamentos. Seus pensamentos se tornam suas palavras. Suas palavras se tornam suas ações. Suas ações se tornam seus hábitos. Seus hábitos se tornam seus valores. Seus valores se tornam seu destino." Assim, em seu âmago, quais crenças definem sua reputação?

3. VIRE A SABEDORIA DE CABEÇA PARA BAIXO: TORNE-SE UM ESTAGIÁRIO.

Se estiver travado em uma rotina e estiver apenas falando mal dos *millennials*, você talvez esteja esperando por algo que já passou: o tempo em que os idosos eram venerados e poderosos. Essa era não voltará, então é hora de começar a usar a roupa do Idoso Moderno, que é tanto um mentor como um estagiário. Para muitos de nós, esse último papel, o que Robert De Niro incorporou com tanta perfeição no filme *Um Senhor Estagiário*, não nos cai bem, no sentido de não nos parecer certo ou apropriado para alguém de nossa idade.

Não deixe que isso o desencoraje de ir até uma empresa com a qual você está intrigado. O filme *Um Senhor Estagiário* pavimentou o caminho para um fenômeno cultural, de modo que você talvez venha a se surpreender com a resposta positiva que obterá (ele teve mais de $200 milhões de renda bruta — o que significa que *muitas* pessoas foram assisti-lo). Ou, se essa proposta lhe parecer muito desafiadora, pense em outra maneira de experimentar uma nova identidade. Faça um trabalho voluntário em abrigos locais. Vá morar em um país estrangeiro e aprenda uma língua nova. Faça alguma coisa que o ajude a perder o equilíbrio. Abrace a liminaridade. Uma identidade recém-evoluída vai prepará-lo para a Lição 2: desenvolver sua habilidade de aprender.

[5]

Lição 2: APRENDA

*Tem uma coisa que eu não sei,
mas que deveria saber.
Eu não sei o que não sei,
mas que deveria saber,
e acho que eu pareceria um burro
se parecesse tanto que não sei
como se não soubesse o que não sei.
Então eu finjo que sei.*

*Isso é angustiante
porque eu não sei o que devo fingir saber.
Então eu finjo que sei de tudo.*

*Acho que você sabe o que eu deveria saber,
mas você não pode me dizer o que é
porque você não sabe
que eu não sei o que é.*

*Talvez você saiba o que eu não sei,
mas não sabe que eu não sei,
e eu não posso lhe dizer isso.
Então você
terá que
me contar
Tudo.*

—R. D. Laing

"Sua mente está borbulhando?"

"Não. Está travando." Foi isso o que respondi a um amigo *boomer* que me fez essa pergunta ao sairmos de uma apresentação da equipe de gênios de ciência de dados da Airbnb. Essa é provavelmente a pergunta que eu deveria lhe fazer depois de ler a citação anterior do psicoterapeuta R. D. Laing, que dá um nó em nossa cabeça. Como abordado no capítulo anterior, estar no meio de uma transição de carreira pode gerar uma certa confusão. A reação natural de sobrevivência a esse medo poderia ser a de lutar, fugir ou congelar. Mas evoluir para tornar-se um aprendiz que se adapta é a melhor maneira de garantir que continuemos borbulhando e não travando.

Se estiver um pouco hesitante em ler este capítulo porque acha que não consegue mais aprender, ofereço-lhe uma simples citação do antigo filósofo chinês Lao-Tzu, que disse: "Para obter conhecimento, acrescente coisas todos os dias. Para obter sabedoria, remova coisas todos os dias." Mais uma vez: ser um editor prudente é uma parte vital para se aprender a viver e aprender mais tarde na vida.

Nosso mundo está abarrotado de conhecimento, mas falta sabedoria. Baseando-nos em como aprendíamos quando éramos crianças, acreditamos que a informação gera conhecimento, o qual leva à sabedoria, mas essa correlação não é totalmente direta. Informações demais sem contexto podem resultar em um nevoeiro. Um farol de conhecimento pode nos dar algum senso de segurança, mas o que costuma ser necessário ao lidarmos com um problema irritante é a própria incerteza de velejar em direção à tempestade sombria. Ainda assim, nosso instinto — em especial no mundo atual, movido a dados — é tentar digerir toda a informação disponível rapidamente e dar uma resposta brilhante. Ou, como R. D. Laing sugere, não deixar que outros saibam que não sabemos de algo.

Picasso disse: "Os computadores são inúteis. Eles só nos dão respostas." Pense em como o aprendizado evoluiu nos últimos trinta anos. O professor de administração (Universidade Carnegie Mellon) Robert Kelley mostrou que a porcentagem de conhecimento necessário que deve ser retida em nossa mente para fazermos bem uma tarefa era de cerca de 75% quando o *baby boomer* mais jovem começou a trabalhar. Os outros 25% eram acessados por meio de todos os tipos de manuais, livros e demais fontes. Mas essa proporção de 75/25 mudou para 10/90, pois se tornou menos essencial para nós, hoje, nos lembrarmos de tudo nesta era dos motores de busca e das mídias sociais. Afinal, por que entulhar nosso cérebro com fatos e números quando podemos perguntar aos nossos amigos ou "procurar no Google"? Na verdade, isso é consolador, visto que o outro lado dessa história é que a relevância de tanto conhecimento está diminuindo em um ritmo cada vez maior, em especial no mundo da tecnologia, onde se calcula que cerca de 30% do conhecimento técnico venha a se tornar obsoleto a cada ano. Para continuarmos relevantes, não precisamos apenas aprender alguma coisa nova, também precisamos aprender novas maneiras de acessar as informações que estão a um clique de distância.

Muitos de nós tememos que nossa capacidade mental diminua naturalmente com o tempo porque nossos neurônios morrem. No entanto, pesquisas mostram que a neuroplasticidade, ou a capacidade do cérebro de funcionar como um músculo de tal maneira que, se for bem usado, continuará em forma, permite que muitos adultos retenham sua plena capacidade cognitiva mais tarde na vida. O neurologista Marsel Mesulam mostrou que os "Superidosos", aqueles que apresentam quase nenhuma redução cognitiva com a idade, tendem a ter algo em comum: eles continuam trabalhando em tarefas difíceis que exigem o uso ambidestro de sua mente.

Durante a vida de uma pessoa, o cérebro continua a se remodelar em resposta ao que aprende. O neurocientista suíço Lutz Jäncke estudou pessoas que estavam aprendendo a tocar um instrumento musical. Depois de praticar por cinco meses, Jäncke notou mudanças significativas nas regiões do cérebro que controlam a audição, a memória e os movimentos manuais, até em participantes que tinham 65 anos ou mais. Isso está de acordo com um crescente número de estudos que demonstram que a plasticidade do cérebro continua em épocas mais avançadas de nossa vida.

Peter Drucker, talvez o maior teórico administrativo de nossos tempos, reconheceu que nunca é tarde demais na vida para aprender uma nova habilidade. Afinal, ele escreveu dois terços de seus 40 livros depois dos 65 anos. Sua carreira de 70 anos e sua maneira de "viver em mais de um mundo" são um modelo a ser seguido por todos nós. "O que importa", ele escreveu, "é que o trabalhador de conhecimento (uma expressão que criou em 1959), até a época em que ele ou ela chegar à meia-idade, desenvolverá e nutrirá um ser humano, em vez de um contador ou de um engenheiro hidráulico". Da mesma forma, o especialista em Comportamento Organizacional (Universidade Rice) e professor Erik Dane aconselha trabalhadores mais velhos a tomarem cuidado com padrões rígidos de comportamento e com "trincheiras cognitivas" que podem começar a dominar sua vida. Ele e outros pesquisadores descobriram que muitos cientistas de sucesso têm a tendência de ser polímatas — ou seja, além de seu conhecimento científico, eles têm vocações artísticas, literárias ou musicais. Cérebros mais velhos costumam florescer com um conjunto diversificado de estímulos sensoriais e intelectuais.

Drucker viveu até os 95 anos, e uma das maneiras pelas quais ele prosperou mais tarde na vida foi por traduzir sua curiosidade em mergulhar de cabeça em um novo assunto que o intrigava. Ele fazia isso a cada dois anos e com uma coleção diversificada de assuntos que não tinham nada a ver com sua carreira, desde arranjos de flores japonesas a estratégias de guerra medievais. Drucker pensava que, dependendo da situação, uma carreira paralela poderia surgir de sua curiosidade. Estive imitando Drucker nos últimos doze anos, tendo estudado a fundo vários tipos de assuntos que não têm nada a ver com ser um líder em hospitalidade: a natureza de nossas emoções, a história dos festivais e por que eles estão voltando no século XXI, as origens geológicas e por que as fontes termais existem e a importância do significado da vida de uma pessoa. Isso fez com que eu transformasse o primeiro tópico (as emoções) em um livro campeão de vendas, e o segundo tópico (os festivais) em uma *start-up* online que também me inspirou a criar o Airbnb Open, um festival que atraiu participantes de mais países do mundo do que praticamente qualquer outro festival ou conferência.

Esse tipo de "maestria em série" — de criar competências únicas em várias áreas — ajuda as pessoas a permanecerem flexíveis e abertas a mudanças novas e inesperadas. Drucker acreditava que o prazer em aprender resultaria em um líder melhor — e acredito que isso resulta em uma vida mais feliz e satisfatória também.

TENHA A MENTE DE UM INICIANTE

"A mente de um iniciante é vazia, livre dos hábitos do especialista. Uma mente assim está aberta a todas as possibilidades e consegue ver as coisas como elas são." Assim disse Shunryū Suzuki, que ajudou a popularizar o zen-budismo nos Estados Unidos. Parte da prática do zen-budismo é criar um espaço seguro para a mente do "não sei", um lugar além do saber e não saber. Um lugar onde podemos contemplar e discernir. Esse espaço é o que permite sua mente fluir como um belo riacho. Infelizmente, grande parte da vida adulta moderna não oferece muito espaço para fluirmos.

A história da fundação de muitas empresas começou após ser feita uma pergunta inocente. Reed Hastings teve a ideia do Netflix depois de pagar uma taxa de $40 de atraso pela locação de um DVD. Isso fez com que ele se perguntasse: "E se os DVDs pudessem ser alugados através de um sistema de assinatura para que ninguém mais tivesse que pagar taxas de atraso?" A ideia de Steve Wozniak e Steve Jobs, da Apple, surgiu depois da pergunta: "Por que os computadores não são pequenos o suficiente para que as pessoas possam tê-los em suas casas e escritórios?" No caso da Airbnb, a ideia de Joe e Brian de colocar três colchões de ar no chão da sua sala de estar e abrir seu apartamento a estranhos resultou na pergunta: "Por que não podemos estar no negócio do B&B?" Essa pergunta se baseou em duas simples premissas: como muitos universitários recém-formados, eles estavam duros e precisavam pagar seu aluguel, e havia uma conferência em São Francisco e todos os hotéis estavam cheios. Eles não gastaram meses ou anos escrevendo um plano de negócio. Eles não pesquisaram o ambiente regulatório de tal negócio. Eles não precisaram levantar dinheiro. Eles só fizeram um pergunta e começaram a encher seus colchões de ar e a anunciar essa ideia maluca online.

Perguntas inocentes foram o combustível da inovação desde o início dos tempos. Lá em 1752, Ben Franklin se perguntou se os raios poderiam ser eletricidade no céu, mas queria testar isso. Então, com uma pipa e uma chave (e muita coragem), ele conseguiu provar sua teoria. Na década de 1940, a invenção da câmera Polaroid de fotos instantâneas foi semeada pela pergunta de uma criança de 3 anos. A filha de Edwin H. Land ficou impaciente depois que seu pai tirou uma foto, e perguntou: "Por que temos que esperar pela foto, pai?"

Talvez todos nós tenhamos que pensar mais como uma criancinha, visto que o ápice da época de se fazer perguntas é entre os 4 ou 5 anos, e diminui depois disso. Paul Harris, psicólogo infantil de Harvard, disse que uma criança faz cerca de 40 mil perguntas entre a idade de 2 e 5 anos. Ainda assim, nosso sistema educacional nos incentiva a procurar respostas, e não perguntas. Assim, até a época de nossa formatura e entrada no mercado de trabalho, sentimos que a educação tirou de nós as perguntas simples.

William Yeats escreveu: "A educação não é como encher um balde. É como acender a chama." Quando entrei na Airbnb, consegui acender uma chama na empresa por ser cataliticamente curioso. Eu não conseguia ser diferente. Estar em uma empresa de tecnologia era algo novo para mim. Assim, minha mente de iniciante nos ajudou a enxergar um pouco melhor alguns pontos cegos, visto que minha mente estava livre dos hábitos de ser um especialista, em parte por causa da tarefa que descrevi no capítulo anterior. Eu pude canalizar a minha energia de criancinha, perguntando vários "Por quê?" e "E se...?", ao passo que muitos líderes seniores estavam travados no "O quê" e "Como" do negócio.

Uma das primeiras perguntas que fiz foi: "Por que os anfitriões da Airbnb — que não são nossos funcionários — se preocupam com a qualidade da hospitalidade que oferecem?" Essa foi uma pergunta fundamental, visto que parte de meu papel era ajudar a criar uma empresa de hospitalidade de nível mundial na qual o serviço não era realizado pelos funcionários, tal como havia sido na minha experiência como hoteleiro. Eu fiz essa pergunta às pessoas de dentro da empresa e em grupos de foco e eventos sociais com anfitriões. Embora haja muitas respostas, as duas que mais ouvi foram: (1) muitos anfitriões baseiam sua segurança financeira no compartilhamento de lares e, assim, qualquer coisa que faça sua lista parecer melhor — avaliações de hóspedes, *rankings* de busca ou atribuições especiais — os ajuda a atingir seus objetivos financeiros; e (2) o ato de abrir seu lar ou apartamento a um estranho cria um tipo de intimidade imediata, de modo que vários anfitriões levam suas habilidades de hospedagem muito a sério porque elas são uma maneira bastante poderosa de incentivar a conexão humana. Para muitos de nossos anfitriões, quanto melhor eles se sentem quanto a sua hospedagem, melhor se sentem consigo mesmos como seres humanos.

Quanto mais aprendia, mais eu percebia que a psicologia estava no âmago dessa nova forma básica de hospitalidade. Então, meu primeiro "Por quê?" resultou em mais perguntas da mente de um iniciante:

- Por que nosso sistema de avaliação é do jeito que é?
- Por que temos anfitriões que avaliam os hóspedes? (Meu "cérebro de hotel" teve dificuldade de entender isso em meus primeiros dias, visto que um hotel nunca avaliaria um hóspede de qualquer maneira pública online.)
- E se relacionássemos a qualidade do desempenho do anfitrião de modo mais direto com seus *rankings* de busca?
- Por que nosso programa de Superanfitrião, que celebra nossos melhores anfitriões do mundo, não cresceu desde 2012?
- Por que não criamos um painel privado para nossos anfitriões que mostram sua eficácia em satisfazer os padrões de hospitalidade e apoiamos seu progresso?

Durante meu primeiro ano na empresa, usando as duas técnicas motivacionais — extrínsecas (1) e intrínsecas (2) — com nossos anfitriões, aprimoramos o sistema de ciclo de *feedback* que ajudou nossos anfitriões a entender como eles estavam se saindo e os incentivamos a melhorar constantemente. No início de minha posse, me sentei com Laura Hughes, nossa diretora de hospitalidade, e pensei: "E se aprimorar nosso sistema de avaliação resultasse em um ciclo de *feedback* mais eficaz, de modo que o nível de satisfação dos hóspedes ultrapassasse o da indústria dos hotéis, mesmo que aqueles que realizem o serviço não sejam nossos funcionários?"

Esse parecia um pensamento blasfemo, em especial levando em conta meu histórico profissional. Mas com as várias mudanças que realizamos no sistema em 2014 — incluindo a criação de mais sigilo para o *feedback* privado e a modificação do tempo de revelação de avaliações de hóspedes e anfitriões para que os mesmos fossem simultâneos, o que significou menos medo de retaliação (isto é., que um anfitrião fizesse uma má avaliação porque o hóspede postou uma má avaliação dele) —, a satisfação dos hóspedes da Airbnb com seus anfitriões, com base no padrão da indústria hoteleira da Pontuação de Promoção de Rede (NPS), aumentou em 50% além da média da indústria hoteleira nos dois anos seguintes. Sim, você leu direito! Anfitriões independentes, que não são nossos funcionários e não receberam treinamento formal em pessoa, conseguiram oferecer experiências de hospitalidade que nossos hóspedes acharam muito melhores do que as da indústria hoteleira. Assim, o rápido crescimento da Airbnb, que começou com uma pergunta inocente e infantil, foi alimentado por hóspedes extasiados que apreciaram a hospitalidade personalizada que nossos anfitriões ofereceram.

AS INDÚSTRIAS E EXECUTIVOS QUE NÃO APRENDEREM SERÃO ABALADOS

Depois desse fato, isso pode parecer óbvio, visto que nossos anfitriões são microempreendedores e podem receber mais incentivo do que um funcionário de hotel para oferecer uma hospitalidade melhor. O que é irônico é que escolhi vender minha empresa e marca de gerenciamento de hotéis em 2010 porque o que havia sido o "negócio de Hospitalidade" (com "n" minúsculo e "H" maiúsculo) se tornou o "Negócio de hospitalidade" (com "N" maiúsculo e "h" minúsculo). Quando entrei no negócio hoteleiro, em meados de 1980, muitos grandes hotéis eram como heranças familiares, e os proprietários eram como a família Swig, tocando seus Hotéis Fairmont como baluartes de bom gosto e bom serviço, tratando seus funcionários quase como uma extensão de sua família.

Mas as firmas de patrimônio privado e os investidores de imóveis do mercado público descobriram que os imóveis de hotel oferecem lucros mais altos do que outras formas de posse de propriedade. Assim, muitos desses grandes hotéis ficaram cercados de investidores que estavam se concentrando primariamente em lucros básicos, em geral, em resultados trimestrais. Nesse processo, o "Negócio" passou à frente da "hospitalidade", e aqueles de nós que estavam gerenciando hotéis para esses novos proprietários perdemos parte de nosso espírito hospitaleiro na busca de maximizar os ganhos financeiros.

Embora eu tenha vendido minha empresa de gerenciamento e alguns de meus hotéis, ainda sou o proprietário (com parceiros) dos imóveis de nove hotéis, muitos dos quais são gerenciados pela Joie de Vivre. Então, fiz o seguinte conjunto de perguntas de "Por quê?" e "E se...?" aos meus amigos hoteleiros. Mesmo que você não esteja no ramo dos hotéis, essas perguntas podem ajudá-lo a pensar em como aplicar uma curiosidade infantil aos desafios de seu próprio ramo:

- Por que o crescimento da satisfação de hóspedes de hotéis tem estado parado por tanto tempo?
- Por que mais de 70% dos anfitriões e hóspedes da Airbnb avaliam uns aos outros na sua plataforma de avaliação ponto a ponto, e apenas de 5% a 10% dos hóspedes de hotéis preenchem sua pesquisa de satisfação depois de ficarem em um hotel?
- Por que não temos um ciclo de *feedback* para ajudar um funcionário do hotel — quer seja um *bartender*, um mensageiro ou um recepcionista — a saber, em tempo real, como está se saindo? (A maioria dos funcionários de hotel só é avaliada uma vez por ano pelos seus chefes, e, infelizmente, o funcionário médio de um hotel costuma ficar menos de um ano, de modo que não recebem um *feedback* formal de seu gestor e nenhum meio eficaz de obter o reconhecimento dos hóspedes quanto a serviços realizados que vão além de sua obrigação.)
- E se a indústria hoteleira entrasse em um serviço completamente novo usando a tecnologia móvel, permitindo que seus funcionários recebessem o *feedback* em tempo real dos hóspedes, e o hotel determinasse em tempo real quais partes do negócio estão passando por problemas para atender às expectativas dos hóspedes (quase como um "mapa de calor" que permitiria que um gerente-geral direcionasse recursos imediatamente para resolver falhas de serviço momentâneas)?

"Abalo" parece ser o chavão da era no que se refere aos negócios. Mas o abalo vem acontecendo desde o início da competição do mercado livre. Ele só se torna mais abrupto na era da tecnologia quando uma ideia inovadora, como o compartilhamento de lares ou de arquivos, consegue decolar e se espalhar rapidamente pelo mundo inteiro. Praticamente todas as indústrias e empresas são vulneráveis, mas aquelas que estão mais propensas a serem abaladas têm algumas coisas em comum. Elas são aquelas que não se perguntam muitos "Por quê?" e "E se...?", pararam de aprender e têm as seguintes características:

- Tornaram-se complacentes pelos sucessos passados e não evoluíram muito o produto que oferecem.

- Perderam seu contato com as necessidades em constante evolução dos seus principais clientes e não vêm acompanhando bem isso.

- Não imaginaram a entrada de um novo grupo de clientes, com necessidades diferentes, no mercado.

- Não levam novos concorrentes a sério, talvez porque se sintam competitivamente seguras por causa do seu ambiente regulatório histórico.

- Não fazem ideia de qual é a verdadeira essência do produto que estão oferecendo.

O último ponto pode parecer um pouco etéreo, então deixe-me explicá-lo e oferecer um atalho. Muitos negócios se tornam mercadorias com o passar do tempo, a ponto de se tornarem apenas máquinas de transação. A falta de oxigênio fresco (inovadores e pensadores rebeldes) no sistema quer dizer que eles definem seu negócio e seu apelo de uma forma muito básica. O professor Theodore Levitt fez uma pergunta bem simples que foi popularizada por Peter Drucker: "Em que negócio estamos?" Simples, sim. Mas você talvez se surpreenda com quão sutil, sublime e valiosa essa pergunta pode ser como um exercício de aprendizagem para sua organização.

Essa pergunta simples ajudou a Joie de Vivre a descobrir que estávamos em um negócio de "renovação de identidade", visto que nossos hóspedes mais leais (de um hotel boutique em particular) quase sentiam que a personalidade do hotel passava para eles. Um hóspede do Hotel Vitale, por exemplo, que vê essa propriedade como "moderna, urbana, refrescante, natural e fortalecedora", pode ter a experiência de ficar nesse hotel apenas como um espelho amplificado do seu eu ideal. Descobrir qual é a proposta única de valor da nossa empresa no mercado, projetar hotéis que capturam essa experiência de *você está onde você dorme* e comercializá-la de uma maneira que converse de modo sutil com a "renovação de identidade" foi o principal motivo de a Joie de Vivre ter crescido com sucesso.

Assim, antes que você e sua empresa sejam abalados, faça o exercício no fim deste capítulo e se abale por ficar curioso sobre qual é o principal diferencial de seu produto ou serviço. Isso pode ser tão valioso para uma grande empresa como para uma pequena, e, francamente, empresas maiores são mais vulneráveis ao abalo.

CRIANDO A CURIOSIDADE CATALISADORA

A curiosidade precede a descoberta. Enquanto a criatividade e a inovação ficam com os holofotes, a curiosidade é o elixir que lhes dá energia. Então, por que não existem mais pessoas curiosas no ambiente de trabalho? Por que sentimos a necessidade de colocar uma máscara de sabe-tudo quando é óbvio que ninguém sabe tudo?

Ser curioso é uma maneira de catalisar a coragem, o aprendizado; o pensamento criativo é algo que exige confiança. Os Idosos Modernos podem usar o capital de confiança que adquiriram durante anos e investi-lo em si mesmos e em suas equipes. Em alguns casos, sua idade pode ter dado a você o direito de perguntar: "Por quê?"

Alan Eustace era um engenheiro de 57 anos do Vale do Silício, e em queda livre. Não, não estou me referindo à triste realidade de que muitos engenheiros mais velhos são descartados por seus empregadores. Estou me referindo ao fato de que Alan tem o recorde mundial de salto em queda livre de maior altitude. Em 2014, após anos de preparação, ele despencou de 41.418m da estratosfera, tornando-se um projétil humano que caía a 513 km/h. Como meu nariz começa a sangrar a 3.000m, fiquei particularmente impressionado quando tive a honra de passar alguns minutos falando com Alan sobre os quase 10 anos em que ele foi o chefe da engenharia mundial do Google durante os anos mais significativos de crescimento inicial da empresa.

Alan era um tecnólogo famoso em 2002, quando entrou no Google, que tinha apenas quatro anos e estava gerando muito pouca renda. E ele tinha quinze anos a mais que os fundadores, Larry Page e Sergey Brin, os quais estavam determinados a contratar líderes seniores bem técnicos, os quais estariam disponíveis no início da desintegração de algumas das maiores instituições de pesquisa, como Xerox PARC e Bell Labs. Ainda assim, "Larry e Sergey não estavam interessados em como fazíamos as coisas antes", Alan disse. "Eles só queriam que as coisas fossem feitas da maneira mais inteligente possível e queriam estar seguros de que não estávamos indo pelo caminho mais fácil, apenas repetindo o que havíamos feito antes." Alan reconhece que seu papel era o de traduzir a visão dos jovens fundadores em uma realidade operacional baseada em sua grande experiência. Mas, mais que experiência, a curiosidade era a principal qualidade que os fundadores estavam procurando nos líderes de engenharia. E muitos outros tecnólogos mais velhos do Google tinham confiança suficiente em quem eram, de que não se importariam em fazer alguma pergunta inocente às vezes, desde que mostrassem alguma criatividade em seu modo de pensar.

O psicólogo Karl Weick sugere que a atitude correta para o aprendizado e a criatividade é "discutir como se estivesse certo e ouvir como se estivesse errado". O futurólogo Paul Saffo chamou esse método de "opiniões fortes apoiadas com fraqueza". Trata-se do equilíbrio entre a confiança e a dúvida que define a grande liderança em uma empresa com aprendizagem organizacional.

Eu era conhecido na Airbnb como sendo uma pessoa que fazia perguntas "falhas" às vezes. Sou um grande fã de basquete, então sei como é terrível fazer um lance e não só não fazer o ponto, mas nem sequer acertar a tabela ou o aro. É claro, eu era meio idiota quando o assunto era tecnologia, então muitas das minhas perguntas eram básicas. Mas percebi que minha coragem de fazer perguntas humildes estava relacionada a como eu encarava minha parcela de arremessos. Ocasionalmente, eu fazia uma pergunta simples que acabava descobrindo ser um ponto cego da empresa. Isso seria como uma cesta de três pontos bem longe da cesta, mas, ainda assim, descobri que apenas um terço das minhas perguntas "entrava na cesta". Uma média de 33% de acertos está longe de ser invejável na quadra de basquete e quer dizer que talvez não jogaremos mais por muito tempo. Então, com o passar do tempo, percebi que seria melhor fazer algumas dessas perguntas a um colega em particular do que em uma sala repleta de pessoas.

Certo dia, depois de fazer alguns arremessos que falharam em uma reunião, falei sobre o cálculo da minha porcentagem de arremessos a um colega mais jovem. Ele tinha a resposta perfeita: "Talvez estejamos jogando beisebol na Airbnb, e não basquete." Olhei para ele como quem não tinha entendido, e, então, ele continuou: "Uma média de tacadas de 0,333 no beisebol quer dizer que você é um dos melhores rebatedores do time. Você também é muito bom em fazer *home runs* em uma sala de conferências (grandes ideias que expõem novas oportunidades), então você obtém um alto percentual de *slugging* (jogadores de beisebol que obtêm uma porcentagem maior de bases que a média dos jogadores), como Hank Aaron ou Babe Ruth." Esse tipo de mudança no meu jeito de pensar me deu confiança para dar mais algumas tacadas, assim como Ruth ficou famoso por se tornar o rei de *home runs* e de *strikeouts*. Assim, pergunte-se: sua empresa está jogando basquete ou beisebol quando o assunto é estar aberta a perguntas curiosas? É como o maior treinador de basquete de todos os tempos, John Wooden, disse: "O que conta é o que você aprende depois de saber."

UMA GRANDE PERGUNTA RESULTA EM UMA GRANDE JORNADA

Houve a época em que as respostas dominaram o mundo. Mas, graças aos motores de busca, as respostas são muitas, e perguntas profundas podem valer mais que mil buscas no Google. "Podemos dizer se um homem é inteligente pelas suas respostas. Por outro lado, podemos dizer se um homem é sábio pelas suas perguntas", diz o escritor egípcio e ganhador do prêmio Nobel Naguib Mahfouz. As palavras "pergunta" e "jornada" estão relacionadas. Por meio do processo de reflexão, todas as perguntas podem resultar em uma jornada, uma jornada de autodescoberta, a facilitadora de uma temporada em um território desconhecido.

Assim como grandes perguntas fertilizam a mente das pessoas, elas alimentam a alma corporativa de uma jovem *startup*. E em empresas mais velhas e mais estabelecidas, elas despertam as pessoas e criam o tipo de ambiente que acaba com maus hábitos. O autor David Cooperrider sugere, em seu livro *Appreciative Inquiry*: "Os sistemas humanos crescem na direção sobre a qual eles continuam a fazer perguntas, e essa tendência é mais forte e sustentável quando os meios e os fins de fazer perguntas estão correlacionados de modo positivo." Em outras palavras, se a pergunta vier acompanhada de culpa, como "Por que as nossas ações de mercado estão caindo e de quem é a culpa?", isso cria uma empresa onde existe a cultura da acusação. Mas se a pergunta for "Não estamos atuando tão bem quanto antes. Temos algum ponto cego ou um problema sistêmico? E o que podemos aprender dos nossos concorrentes?", esse será um enquadramento bem diferente que influenciará a psique da organização. Mostre-me a pergunta típica que vem de uma reunião de qualquer um dos líderes empresariais e lhe direi qual é a cultura dessa organização.

Sócrates, que ficou famoso por transformar o ato de fazer perguntas em uma forma de arte, exerceu o papel do eterno aluno e serviu de modelo para seus jovens pupilos. Ele embaçou a distinção entre quem estava aprendendo e quem estava ensinando e, dessa forma, pareceu menos como o velho sábio e mais como a versão madura e completa do que seus jovens pupilos desejavam ser. O método socrático de perguntar pode criar um jeito sistêmico de pensar sobre qualquer assunto. Uma mente curiosa começa com a premissa de que as coisas podem não ser o que parecem na superfície, e essa exploração da base do ponto de vista de alguém pode nos ajudar a descobrir suposições falhas ou belas que não são necessariamente óbvias à primeira vista. Um Idoso Moderno pode ser o Sócrates de uma empresa repleta de mentes jovens e férteis. Quando Eric Schmidt era CEO do Google, ele disse: "Administramos a empresa através das perguntas, e não das respostas." Suas reuniões realizadas às sextas-feiras à tarde com a empresa inteira eram famosas pelas sábias perguntas feitas por funcionários de níveis subordinados à liderança.

Sócrates acreditava que uma vida não analisada não valia a pena ser vivida. De modo similar, uma empresa não analisada, provavelmente, não prosperará. Catalisar a curiosidade como indivíduos ou como organização exige uma mistura perfeita de humildade e confiança e, sem dúvidas, um profundo senso de respeito pela pessoa que está sendo questionada. O estilo das perguntas também deve ser relativamente espontâneo e envolver o ouvir tanto quanto o falar: não aja como um advogado acossando a testemunha com uma série de perguntas previamente preparadas que não refletem a direção da conversa em curso. O mais importante: precisamos criar regras de conversa que sejam apropriadas para a nossa cultura organizacional. Darei algumas sugestões na seção das Práticas-modelo, no fim do capítulo.

Peter Drucker escreveu há 25 anos: "Os líderes do passado sabiam como informar; os líderes do futuro saberão como perguntar." Em um mundo de constantes mudanças, as boas perguntas podem ser mais importantes que as respostas. Os idosos tradicionais tinham respostas inteligentes. Os Idosos Modernos têm perguntas catalisadoras.

PERMANEÇA MATRICULADO COMO UM ALUNO

O ensino e o aprendizado são simbióticos. Não podemos ser professores lendários sem viver nos limites do aprendizado. É por isso que as melhores empresas para as quais trabalhar são aquelas que desenvolvem um ambiente de aprendizado dinâmico no qual todos são convidados a ensinar um tema, mesmo que ele não tenha nada a ver com o principal negócio da empresa.

Em nossa primeira reunião mundial "One Airbnb" com todos os nossos funcionários, fomos incentivados a dar pequenas palestras de "compartilhamento de habilidades" a um subgrupo de funcionários que estavam interessados no assunto em questão. Eu falei sobre meu amor por festivais e criei uma ferramenta que ligava cada pessoa a um conjunto de festivais mundiais que se adequavam ao seu estilo de celebração, visto que alguns de nós preferimos músicas selvagens, loucas e de amor, enquanto outros preferem uma experiência artística e cultural mais íntima na natureza. Todos no meu grupo testaram a ferramenta, o que resultou em uma rica discussão sobre como poderíamos usar todos os pontos de informação que recebemos de nossos clientes para relacioná-los não apenas aos lares os quais se adequariam mais a seus interesses e estilos de decoração, como também a coisas para fazer enquanto estivessem viajando para tal lugar específico.

A autora Liz Wiseman passou dezessete anos na Oracle Corporation e liderou a criação da Oracle University. Em seu livro *Rookie Smarts: Why Learning Beats Knowing in the New Game of Work*, Liz fala sobre o valor de criar uma organização na qual todos sejam iniciantes em alguma coisa às vezes. Liz acredita que criar um ambiente de aprendizado ponto a ponto faz bem para todos, pois nos tira de nossos papéis habituais. Isso pode criar um ambiente que ela chama de "liderança fluída" — a noção de que as empresas modernas precisam de líderes que estejam dispostos a assumir a liderança, mas que também estejam dispostos a seguir a liderança de outra pessoa. Ela diz: "Precisamos parar de enxergar a liderança como a posição administrativa que aceitamos ou para a qual somos designados e enxergá-la como um papel no qual entramos e saímos. Os melhores líderes precisam continuar a ser grandes seguidores, sabendo quando devem ser grandes e assumir a liderança e quando devem ser menores e seguir a liderança de alguém."

Um dos desafios para trabalhadores mais velhos é que eles tomam o controle da jornada e, às vezes, precisam de uma lombada para poder se abrir ao aprendizado novamente. Liz escreveu: "Descobri que as pessoas se tornam mais abertas ao aprendizado quando: são novas em seu papel, enfrentam algum desafio, acabaram de cometer alguma falha ou sofreram uma perda dolorosa, acabaram de ter uma epifania fora do seu território usual e não sabem como chegar ao próximo capítulo de sua carreira (...) Em cada cenário, as pessoas estão trabalhando sem um roteiro: elas encontraram uma situação sem precedentes."

Liz descreveu um problema desses que surgiu em seu próprio desenvolvimento como líder. Quando tinha por volta de 30 anos, ela se deparou com 3 desafios de liderança: seu trabalho como vice-presidente da Oracle, que já exigia bastante, estava aumentando, ela tinha 3 filhos pequenos e tinha de cuidar de seu pai doente. Ao passo que suas responsabilidades aumentavam, Liz descobriu que os antigos métodos de liderança (como informar, dizer e obrigar) simplesmente não estavam funcionando. E, embora fosse tecnicamente "a chefe", Liz sentia-se mais uma aluna que uma professora.

Quando um colega lhe sugeriu que lidasse com crianças desobedientes apenas lhes fazendo perguntas, em vez de dar-lhes ordens, Liz estava tão desesperada, que tentou. Isso transformou não apenas a hora de dormir em casa, mas o modo como Liz liderava seu trabalho. Ela aprendeu a gastar menos tempo dizendo para as pessoas o que fazer e mais tempo fazendo boas perguntas — do tipo que dá aos outros a oportunidade de descobrir as coisas por conta própria. Esse foi um avanço pessoal e uma importante lição que Liz pôde compartilhar com inúmeros outros líderes.

Ela se lembra: "Eu estava tão ocupada, que não conseguia fazer mais nada. Mas, como eu estava no prejuízo, estava disposta a fazer as coisas de modo diferente. O próprio fato de que eu estava fazendo malabarismo com bolas (e algumas facas) demais me obrigou a aprender alguns truques novos." Os melhores professores são aqueles que permanecem matriculados como alunos.

OS RISCOS DE SE ESTAR EM UM LUGAR ONDE SUAS RESPOSTAS SÃO QUESTIONADAS

Robert Sutton, professor de Stanford, disse: "Em lugares onde acontecem inovações intensas, costumam-se combinar pessoas que sabem bem pouco e pessoas que sabem demais. A tensão entre o conhecimento maciço e o pensamento novo pode dar início a um avanço fundamental." Assim, os Idosos Modernos e os jovens empreendedores podem criar organizações cataliticamente curiosas de modo simbiótico. Mas por que não enxergamos esse tipo de cultura como uma parte fundamental de todas as empresas de sucesso?

Estas são algumas maneiras de evitar as armadilhas que inibem uma cultura de questionamento em várias organizações:

1. **Evite usar perguntas como um martelo.** Em empresas nas quais o pêndulo das perguntas balança demais em direção ao questionamento intenso, costumamos encontrar sabidões que usam perguntas como uma maneira de esfregar seu ego na cara dos outros e de se exibirem.

Quando as perguntas são usadas como um martelo para impulsionar um ponto de vista existente, em vez de como uma lanterna para encontrar pontos de vista novos, não geramos uma reflexão produtiva. Para resolver isso, devemos nos concentrar em perguntas de empoderamento e não de enfraquecimento, o que vamos descrever na seção de Práticas-modelo deste capítulo. Se estiver em dúvida, inclua uma autêntica mistura de empatia e grande curiosidade em suas perguntas. Certa vez, dei o seguinte *feedback* em particular a uma pessoa que estava sempre fazendo perguntas, chamando a atenção e criando tensão desnecessária na sala: "A sabedoria é o que resta depois que não temos mais opinião. Tenha cuidado para não usar as perguntas apenas como uma maneira de expressar algo em que você acredita muito."

2. **Saiba quando é hora de perguntar e quando é hora de ser eficiente na tomada de decisões e na execução.** Uma cultura questionadora pode desacelerar as coisas, e, se a organização for hierárquica como o exército, isso pode resultar em confusão na estratégia ou em falta de direção da liderança. Assim, é importante reconhecer se sua empresa não foi construída para que perguntas sejam feitas em momentos em que há pressão, quando os prazos estão estourando e quando as apostas são altas.

3. **Reforce a sinceridade e a segurança psicológica.** Parte do motivo pelo qual os funcionários não se sentem à vontade para fazer perguntas é o medo de represália por ser um "encrenqueiro" — ou de até perder o emprego. O autor Edgar Schein faz uma pergunta importante que os líderes deveriam se fazer para determinar o nível de segurança psicológica em uma organização: "Se estiver prestes a cometer um erro, você me avisará?" Se não houver sinceridade e segurança suficientes na cultura de uma empresa para responder "sim" com honestidade, então a próxima pergunta seria: "O que precisamos fazer para ser diferentes e desenvolver e criar esse tipo de cultura?" Sem isso, as pessoas talvez adotem uma atitude menos sincera na comunicação para se proteger.

4. **Esclareça que a harmonia é o principal objetivo do questionamento.** Uma cultura questionadora não é sinônimo de tomada de decisões democrática, embora as pessoas costumem achar que ambas são a mesma coisa. As empresas que fazem isso deixam bem claro quando é o momento para perguntas e possíveis desacordos e quando é hora de harmonizar. É fundamental ser explícito quanto a isso. O livro de Pat Lencioni, *Five Dysfunctions of a Team* (que usamos na equipe de liderança da Airbnb), dá boas orientações sobre como esclarecer a diferença entre o debate e a harmonia.

5. **Certifique-se de que os líderes seniores estejam ativamente envolvidos no processo de questionamento.** Se os líderes seniores não estiverem envolvidos nos questionamentos e nos debates, talvez porque não estejam na sala ou porque estejam preocupados com seu telefone ou laptop, isso manda uma mensagem que dessensibiliza todo mundo. Além disso, quando a verdade é descoberta pelo processo de questionamento e a liderança sênior não enxerga nem toma uma atitude, isso pode reduzir o interesse do grupo em um futuro debate.

Os Idosos Modernos costumam ser especialistas nesse campo, o que pode ser útil para uma empresa, mas apenas se usarem sua experiência com uma humilde mistura de ensino e aprendizado. Eu descobri bem rápido que o modelo tradicional da hospitalidade de operações hoteleiras não era tão relevante para as muitas necessidades que a Airbnb tinha ao fornecer seu serviço aos clientes, nem era relevante para nossos anfitriões. Assim, foi fundamental para mim entender qual parte de meu conhecimento valia a pena ser compartilhada e o que eu precisava questionar.

O professor Erik Dane, que estuda cognição no ambiente de trabalho, mostrou que "as trincheiras cognitivas tendem a aumentar com a experiência", mas que podemos criar uma cultura dinâmica que incentiva avaliações pós-ações que nos ajudam a acelerar o aprendizado para todos, em especial para aqueles que são mais experientes. Um idoso que não duvida, e que se baseia em seu conhecimento histórico é como uma caixa de leite que está a ponto de coalhar. Além disso, Dane afirma que as pessoas com maior experiência em uma área devem se concentrar em discussões fora de seu campo para fertilizar a mente com outros pontos de vista e, potencialmente, eliminar pensamentos habituais.

Em geral, um especialista idoso é levado para uma empresa para resolver um problema em sua área de especialidade, mas fazer com que ele concentre sua mente apenas nessa área para excluir todo o restante pode ser contraproducente tanto para o idoso como para a empresa. No meu caso, descobri que ter a mente de iniciante em áreas da empresa onde eu relativamente não tinha muita noção me ajudou a criar uma organização cataliticamente mais curiosa, e eu era o eventual parteiro de epifanias em algumas reuniões.

Albert Einstein mostrou que apreciava esse tipo de pensamento quando escreveu: "O importante é não parar de questionar. A curiosidade tem o seu próprio motivo de existir. Não podemos deixar de ficar impressionados quando contemplamos os mistérios da eternidade, da vida, da maravilhosa estrutura da realidade. Basta tentarmos apenas entender um pouco sobre esse mistério a cada dia. Nunca perca a santa curiosidade."

Se soubesse que viveria até os 100 anos, talvez começasse a praticar violino aos 50. Ou talvez começasse a aprender um novo idioma, se tornasse um aficionado por campeonatos de xadrez ou de *bridge*, fizesse aulas de dança ou, no meu caso, entrasse em uma empresa-foguete de tecnologia. Sua curiosidade não precisa ficar restrita ao ambiente de trabalho.

Agora que nos abrimos à evolução da nossa identidade e aumentamos nossa habilidade de aprender, exploraremos, no próximo capítulo, como aplicar nossas décadas entendendo outros seres humanos para nos tornarmos colaboradores-mestres.

Práticas-modelo para Aumentar Sua Capacidade de Aprender

1. ATICE SUA CURIOSIDADE.

Embora isso contradiga o estereótipo de que os idosos se tornam pessoas de mente fechada e de hábitos inflexíveis, existem maravilhosas evidências de que, após os 50, muitos idosos voltam a ter um senso de encanto similar ao de uma criança. Além do encanto, também existe o senso de espanto maduro que nos ajuda a ver o quanto somos pequenos no grande cosmo. Esse tipo de percepção de tamanho nos ajuda a nos tornar curiosos novamente, mas com o benefício da identificação de padrões de um idoso sábio.

Assim, eu o convido a analisar as seguintes perguntas: "Como você pode se tornar mais curioso? Em qual assunto — que não tenha relação com seu trabalho — você poderia se tornar um dos maiores especialistas do mundo?" Seu maior desafio é apenas separar um tempo na sua programação para se encantar com o mundo. Você só poderá dizer "sim" de coração para novas atividades quando tiver editado sua vida e apagado o que parecer irrelevante.

E que tal explorar um programa de desenvolvimento de aprendizado ou de liderança, como o StartingBloc, o Camp Grounded, o Summit Series, o TEDx, o Hive, o Aspen Ideas Festival, o Renaissance Weekends ou o Road Scholars (tenha em mente que alguns deles exigem que seja feita uma inscrição ou que se receba um convite). Eu os listei mais ou menos dos mais jovens aos mais velhos no que se refere à idade dos participantes. Escolha aquele que poderá lhe oferecer a maior diversidade interdisciplinar e intergeração. Você provavelmente aprenderá mais com pessoas que não se parecem e não agem como você.

Envelhecer com vitalidade é uma realidade quando criamos o equilíbrio perfeito entre a sabedoria e a curiosidade. O autor Martin Buber sugere em seu livro *I and Thou*: "Ser velho é algo glorioso quando não desaprendemos o que significa começar." Uma coisa fundamental para o Idoso Moderno é o desejo de experimentar alguma coisa nova e o inexplorado em vez de voltar ao que lhe é confortável e familiar.

2. QUESTIONE SUPOSIÇÕES SOBRE A ESSÊNCIA DO SEU NEGÓCIO.

Você sempre deve se perguntar: "Em que negócio estamos?" Em uma reunião ou em um retiro externo de seus executivos, arrume a sala para que todos se sentem em pares e um de frente para o outro. Uma pessoa responde a essa pergunta primeiro, e, então, o questionador faz a mesma pergunta de novo, mas a pessoa que responde nunca poderá repetir sua resposta. Por exemplo, na Joie de Vivre, a primeira resposta mais comum a essa pergunta era: "Estamos no negócio hoteleiro." O questionador dizia: "Obrigado. Em que negócio estamos?", fazendo a mesma pergunta pela segunda vez. Agora, a pessoa que respondia poderia ser mais específica, dizendo: "Estamos no negócio de hotéis boutiques." Continue fazendo isso até ter feito a mesma pergunta cinco vezes e ter recebido cinco respostas diferentes. Em seguida, troquem de lugar para que o questionador responda às perguntas e faça com que todos compartilhem seu progresso com o grupo todo. Você talvez se surpreenda com o quanto esse exercício pode revelar a verdadeira essência que diferencia sua empresa.

3. APRENDA A FAZER PERGUNTAS CATALISADORAS.

Em seu livro *Humble Inquiry*, o autor Edgar Schein escreveu: "São os líderes de grau mais elevado que precisam aprender a arte de fazer perguntas humildes como o primeiro passo para criar um clima de liberdade (...) a arte de fazer perguntas se torna mais difícil à medida que o *status* aumenta. Nossa cultura enfatiza que os líderes devem ser mais sábios, indicar o caminho e articular valores, tudo o que os predispõe a dizer, em vez de informar. Porém, são os líderes que precisarão fazer perguntas humildes, em especial por causa da complexa interdependência das tarefas que exigirão o desenvolvimento de relações positivas e confiáveis com os subordinados para facilitar a boa comunicação com a gerência."

No entanto, se isso é verdade, então por que é que não ensinamos a boa arte de fazer perguntas em mais faculdades de administração ou em universidades corporativas? Precisamos adaptar nosso pensamento quanto ao valor das perguntas, deixando de pensar nelas como ignorância atrapalhada e começando a apreciá-las por sua bendita inocência.

Uma pergunta bem feita pode iluminar um local, uma empresa, uma vida. No entanto, elaborar a pergunta certa e pensar na maneira de fazê-la é uma forma de arte. Estas são algumas orientações úteis que podem fazer de alguém um verdadeiro artista na hora de fazer perguntas:

- **Empodere:** Faça perguntas que deem à pessoa questionada a sensação de estar sendo valorizada e que sua opinião é válida e respeitada. Podemos empoderar outros por lhes fazer perguntas do tipo: "Como você se sente quanto a...?" ou "Ajude-me a entender o seguinte: por que você propôs essa opção?" ou "Poderia dar mais explicações?" Ou podemos adotar uma mente de iniciante e começar nossas perguntas com: "Desculpe-me por mencionar algo que pode ser óbvio para todos aqui..." ou "Ajude-me a entender..." Os subordinados sabem quando o líder está fazendo perguntas para aprender de verdade. O tipo de pergunta da qual estou falando vem de uma atitude de interesse e curiosidade. Ela inclui o desejo de criar um relacionamento que resultará em uma comunicação mais aberta. Isso também pode envolver nos tornarmos mais vulneráveis, o que poderá resultar em um comportamento mais positivo e útil por parte da outra pessoa.

- **Escute:** Schein escreveu: "Procure minimizar seus próprios preconceitos, esvazie a mente no início da conversa e maximize sua habilidade de escutar ao passo que a conversa se desenvolve. De fato, o diagnóstico mais importante que a outra pessoa fará para decidir se estamos ou não interessados não é só o que perguntamos, mas quão bem ouvimos suas respostas. As perguntas humildes podem diminuir o *status* ou a diferença de posição e resultar em um intercâmbio mais informal."

- **Pense em conjunto:** "Sessões de perguntas" podem ser usadas como substitutas de *brainstorming* convencionais. A ideia é colocar o problema ou o desafio na frente de um grupo de pessoas. Em vez de pedir que elas deem ideias, peça aos participantes para fazerem o máximo possível de perguntas relevantes. Uma regra útil é pedir que cada um comece o *brainstorming* com uma pergunta "E se" ou "Como poderíamos". Perguntas "E se" tendem a ter um efeito expansivo que nos permite pensar sem limites.

- **Tenha um alvo:** Você quer que suas perguntas tenham algum benefício colateral? Pergunte-se: "O que quero que minhas perguntas realizem?" Encontrar uma resposta, revelar um ponto cego, ajudar alguém a estabelecer sua autoridade ou ganhar sua confiança novamente, testar suposições subjacentes que ainda não foram ditas, aprofundar-se em um assunto que foi discutido apenas superficialmente no passado?

- **Saia do roteiro:** Uma das oportunidades de ouro para usar perguntas de uma forma catalisadora é em uma entrevista de emprego. Como entrevistador, se você fizer perguntas ensaiadas, receberá respostas ensaiadas. Então, essa é sua oportunidade de ir além com um candidato de uma forma que o ajude a explorar sua liderança e DNA emocional. Depois de entrevistar milhares de candidatos, descobri que essas três perguntas são as mais catalisadoras em termos de se aprender mais sobre um candidato:

(a) De algumas maneiras, todos nós somos mal interpretados no trabalho. As pessoas nos enxergam de uma maneira, mas, na verdade, somos diferentes disso. Como você costuma ser mal interpretado?

(b) Qual foi o maior erro que você cometeu na sua carreira? E por que você respondeu a essa pergunta com esse erro específico?

(c) Em que habilidade você é excepcional? Gostaria muito de que me apresentasse alguma evidência desse talento.

[6]

Lição 3: COLABORE

"Quando sua capacidade de compartilhar a sabedoria estiver atrofiada, o mesmo acontecerá com sua capacidade de adquiri-la".

— Chungliang Al Huang e Jerry Lynch

"Podemos ir a um lugar mais reservado para conversar?"

Um gerente de engenharia de 53 anos da Airbnb se aproximou de mim depois de ler meu artigo na *Harvard Business Review* de abril de 2017 intitulado *I Joined Airbnb at 52, and Here's What I Learned About Age, Wisdom, and the Tech Industry* ("Eu Entrei para a Airbnb aos 52 Anos, e Foi Isso o que Aprendi Sobre a Idade, Sabedoria e Sobre a Indústria da Tecnologia"), e perguntou se podíamos conversar. Ele sugeriu que nos encontrássemos no Santorini Café, um dos pontos para comer mais impressionantes dentro da sede da Airbnb. Quando chegamos, o lugar estava muito movimentado, o que parece ter feito com que o gerente ficasse um pouco ansioso. Assim, ele sugeriu que saíssemos do café, onde havia menos pessoas.

Ao passo que ouvia sua história, entendi por que ele tinha sentido vergonha de conversar sobre nossa idade em um local tão público, com vários de seus colegas. Isso me lembrou de meu encontro com Bert Jacobs, mencionado no início deste livro, o qual, por um momento, fez com que eu me perguntasse se eu não estava sendo um idiota por ir tão a público sobre minha idade. Mas, na verdade, eu não fui idiota. Fui privilegiado. Minha longa história no mundo dos hotéis foi o que me trouxe até a empresa. Contudo, esse colega — vamos chamá-lo de "Q", visto que parecia que ele estava criando uma sociedade secreta — entrou para a empresa como parte de uma *acqui-hire*, ou seja, quando uma empresa de tecnologia maior compra uma *startup* menor, em geral por causa do seu talento em engenharia. No Vale do Silício e, em especial, na área de engenharia, as empresas de tecnologia costumam preferir uma força de trabalho mais jovem — mas como Q entrou para a Airbnb como parte de uma contratação em grupo, ele sentia que isso lhe fornecia um contexto diferente no qual ser visto e estava grato pela oportunidade.

Era óbvio que Q amava a Airbnb, e ele mostrava diligência ao atualizar suas habilidades de programação a cada dois ou três anos para se manter em dia. No que se refere a toda sua experiência em engenharia, Q ainda tinha aquela mentalidade de iniciante que descrevi no capítulo anterior. Devido a suas grandes habilidades interpessoais, Q trabalhava como um confiável orientador de engenheiros mais jovens e, em troca, sentia-se abastecido pela energia e idealismo daqueles que tinham quase metade de sua idade. Q era o tipo de funcionário que qualquer CEO gostaria de ter, porém, a maior contribuição que ele achava que poderia fazer a essa jovem empresa era ajudar a criar equipes internas mais fortes por servir de exemplo com seus excelentes hábitos colaborativos que havia adquirido durante seus anos no Vale do Silício.

Eu lhe perguntei se ele faria parte do grupo S@bedoria_na_Airbnb de afinidade interna de funcionários que tinham principalmente mais de 40 anos, um dos primeiros desse tipo no Vale do Silício. A ideia desse grupo era encorajar de modo explícito um compartilhamento maior de sabedoria entre gerações, além de criar uma rede de apoio para colegas que tivessem mais ou menos a mesma idade. Ele me encarou como se eu lhe tivesse sugerido pular da Golden Gate. Respondeu descrevendo os desafios que enfrentou quando foi contratado como engenheiro com mais de 50 anos em uma das empresas de tecnologia de maior prestígio do mundo: "Quando entrei, eu não precisava demonstrar minha capacidade como gerente, mas precisava ganhar a confiança de uma força de trabalho mais jovem, de modo que, quando finalmente ganhei uma equipe, as pessoas não se importavam em trabalhar nela. Mas eu com certeza precisei demonstrar minhas habilidades de engenharia. Foi literalmente como começar na linha de frente da engenharia e ir subindo."

Como consequência, ele disse, "Meus primeiros seis meses na Airbnb não foram uma coisa certa, porque eu não estava sendo julgado com base em minhas habilidades como gerente, embora eu tivesse sido contratado como um. Eu estava sendo julgado com base em ser capaz de exercer algum impacto, como engenheiro, para então ver se eu teria uma posição de gerência de verdade". Então, ele me contou como, ironicamente, a chave para provar seu valor como engenheiro na Airbnb foram suas habilidades gerenciais, emocionais e de observação para servir de modelo como colaborador e ganhar confiança antes de ter uma posição de gerência de fato. "E agora acho que estou prosperando."

Q também lembrou, com um sorriso, que a primeira vez que o encontrei, eu disse: "Você não está um pouco velho para ser um engenheiro?" (e isso antes de perceber que ele tinha uns 50 anos, visto que pensei que era uns 10 anos mais novo) e o elogiei pela sua "pele bonita". Então entendi a ironia de sugerir que ele entrasse nesse grupo de afinidade interna focado na idade. Quando ele me lembrou de nosso primeiro encontro, tive de encarar minha própria ambivalência quanto à idade. O sábio Q estava atuando como meu mentor.

Com cinco gerações no ambiente de trabalho de hoje, podemos trabalhar como países isolacionistas com dialetos específicos de determinada geração e talentos coexistindo em um continente, ou podemos encontrar maneiras de conectar essas fronteiras geracionais e nos deleitar em aprender com pessoas mais velhas e mais jovens que nós. O Vale do Silício é famoso por gerar jovens revolucionários, mas meu objetivo para a Airbnb era demonstrar que essa colaboração intergeracional, um território inexplorado em muitas empresas, poderia se tornar nossa maior revolução. Quer em novos programas como o S@bedoria_na_Airbnb ou de formas mais sutis e discretas, como fazer com que funcionários como Q demonstrem uma presença de liderança colaborativa em suas equipes, fui adquirindo cada vez mais coragem para provar que a Airbnb poderia se tornar um modelo na transferência intergeracional de sabedoria — uma que poderia ser replicada em outras indústrias e empresas.

O MAIOR REVOLUCIONÁRIO

Um de meus papéis favoritos na Airbnb era aconselhar Brian e outros executivos do RH interno sobre como criar equipes mais eficazes e colaborativas. Por meio da minha experiência em liderar equipes multigerações na Joie de Vivre, aprendi que uma equipe harmoniosa e empoderada é como um time que está remando no mesmo ritmo. Recorrer a vários tipos de personalidades e perspectivas entre gerações é parecido com o que acontece quando um time rema como um corpo só — em vez de um grupo de remadores individuais — no ritmo certo. Os remadores chamam esse milagre da física de *swing*, o qual permite que o barco elevado se mova com mais rapidez porque há menos fricção na água para segurá-lo.

No ambiente de trabalho, diferentes gerações podem causar o tipo de fricção que atrasa as equipes ou podem fornecer o *swing* para impulsionar a equipe para a frente. Como aprendi com uma boa quantidade de tentativas e erros com o passar dos anos, uma equipe saudável pode ignorar suas diferenças comuns e mesquinhas, e quanto maior for sua diversidade de idade, mais ela pode tornar-se eficiente e eficaz. E agora eu podia colocar em prática esses aprendizados em um palco maior.

Ao passo que nossa equipe de liderança (conhecida como pessoal E) estava começando a ganhar forma em 2014, estava se tornando cada vez mais aparente que esse grupo de doze líderes (incluindo três cofundadores *millennials*) — que estava igualmente dividido entre os *boomers*, membros da geração X e *millennials* — precisava encontrar um atalho para aprofundar nossa compreensão uns dos outros e trabalhar de modo mais harmonioso como equipe. Começamos lendo o livro *The Five Dysfunctions of a Team*, de Patrick Lencioni, e contratamos um facilitador da empresa do autor, Table Group, para ajudar a supervisionar retiros de um ou de vários dias fora do prédio a cada poucas semanas. Isso envolveu um bom tempo e exigiu que nos livrássemos de nossas roupas velhas e despertássemos nossa curiosidade catalítica.

Mas o que iniciou a construção da harmonia foi o retiro de vários dias fora do prédio, ao norte de São Francisco, no condado rural de Sonoma. Todos os membros do pessoal E haviam feito o teste pessoal Myers-Briggs em particular antes dessa reunião, e descobrimos quais tinham sido nossos resultados ao nos reunirmos na mesma sala. Quando vimos a composição da equipe entre os dezesseis tipos de personalidade, uma das maiores revelações foi a de que dois dos fundadores — Brian e Nate — não poderiam ter menos em comum. Esse foi nosso momento "ahá", e ficou claro que esses dois fundadores de sucesso — um deles um *designer* visionário e CEO em crescimento, e o outro um engenheiro brilhante e prático e diretor de tecnologia — não costumavam ver o mundo através das mesmas lentes. Eles sempre demonstraram respeito, mas não eram necessariamente simbióticos — e agora sabíamos por quê. Mas, antes desse retiro, eles começaram a genuinamente ver como seus pontos fortes tão diferentes poderiam complementar os do outro e, desde então, desenvolveram uma parceria ainda mais sólida.

Antes dessa grande revelação, o grupo inteiro fez algumas outras descobertas significativas que resultaram em algumas modificações de como trabalhávamos como equipe. Por exemplo, aprendemos que tínhamos vários extrovertidos no grupo, em especial alguns (incluindo eu e alguns outros membros mais velhos da equipe) que gostavam de desenvolver ideias sobre assuntos que poderiam ser secundários em relação à agenda original. Essa imersão sem clareza de objetivo, ou como executaríamos e criaríamos um processo para a implementação, fazia com que membros mais lógicos dos E ficassem doidos. Também percebemos que precisávamos nos sentir mais confortáveis ao debater questões de modo mais aberto, como um grupo, se houvesse diferenças de opinião que poderiam resultar em facções fora de nossas reuniões. Aprendemos como era valioso debater, decidir, nos comprometer e harmonizar, mesmo e especialmente quando nossas diferenças — seja de idade, história pessoal ou tipo de personalidade — poderiam nos atrasar.

A Airbnb esperava receber grandes recompensas graças a esse trabalho intensivo que fizemos como pessoal E. No ano anterior ao início do trabalho com esses facilitadores mais profundos como equipe, vimos a confiança da empresa no pessoal E aumentar (com base nos resultados de questionários de compromisso de funcionários anônimos). E, no fim de 2015, em parte devido ao nosso investimento na colaboração do pessoal E, ao grande compromisso da empresa com seus valores principais e com alguns outros valores, a Airbnb recebeu o prêmio de primeiro lugar na prestigiosa lista anual Glassdoor de Melhor Lugar para Trabalhar, que se baseia inteiramente no *feedback* dos funcionários. As melhores empresas do mundo conseguem desenvolver equipes diversificadas e colaborativas que usam suas diferenças como ponto forte. Para ser honesto, prefiro estar em uma equipe que tenha uma grande variedade de pessoas bem diferentes de mim, porque costumo aprender mais em tais casos.

APRIMORAMENTO INTERGERACIONAL

Imagine se Carlos Santana achasse que precisava esconder sua idade quando sua carreira musical precisou ser ressuscitada. Depois de 30 anos de rock'n'roll, Carlos passou por um período ruim em meados de 1990. Haviam se passado quase 20 anos desde que seu rosto aparecera na capa da revista *Rolling Stone*. E, embora ele tivesse apenas 50 anos, muitos em sua gravadora achavam que já estava ultrapassado. Mas o presidente da Arista Records, Clive Davis, que era 15 anos mais velho do que Santana, acreditou nele e, com sua intuição de idoso, sabia que Santana tinha um espírito colaborador e um coração de jovem. Davis propôs que Santana trabalhasse com um grupo de músicos promissores que eram de 20 a 30 anos mais novos do que ele — incluindo Rob Thomas, Lauryn Hill, Wyclef Jean e Dave Matthews — para produzir um álbum que se reconectasse com a vocação criativa de Santana. Santana e seus jovens colaboradores deram ao mundo *Supernatural,* em 1999, álbum de platina 15 vezes, que ganhou oito Grammy e é uma prova do poder da colaboração intergeracional.

"Peace on Earth", de Bing Crosby e David Bowie. "Body and Soul", de Tony Bennett e Amy Winehouse. Frank Sinatra e Natalie Cole. Burt Bacharach e Elvis Costello. Roy Orbison e K.D. Lang. Johnny Cash e Trent Reznor. Robert Plant e Alison Krauss. Sir Elton John e Eminem. Loretta Lynn e Jack White. Neil Young e Pearl Jam. Willie Nelson e Norah Jones. Sergio Mendes e Black Eyed Peas. Wayne Shorter e Esperanza Spalding. Art Blakey e Wynton Marsalis e muitos outros mestres do jazz que colaboraram com jovens gênios. A lista continua, incluindo gerações e gêneros. A música alimenta um aprimoramento natural em que, quando é dado o seu melhor, permite que cada pessoa contribua com seus maiores talentos. Às vezes, é a justaposição desses talentos ou de perspectivas que cria a beleza. E podemos ver a alegria nos olhos de um jovem músico quando ele está tocando — aprendendo com os velhos mestres e ensinando-os ao mesmo tempo. Em especial quando o assunto é jazz, que é quase como se o idoso estivesse ensinando sabedoria musical — como reconhecer os padrões que estão por trás das notas e dos ritmos — ao jovem *superstar* em ascensão. Mas, como visto em um filme sobre a colaboração intergeracional no jazz que alistei no apêndice, o *Keep On Keepin' On*, os mestres quase sempre aprendem alguma coisa com seus alunos *superstars* também.

Na música, na arte, na ciência e em quase todo o restante, a diversidade — a diversidade de idade, a diversidade de história pessoal, a diversidade de pensamento — dá aquela faísca da criatividade. Por que haveria de ser diferente no ambiente de trabalho? Na verdade, McKinsey mostrou que empresas com diversidade de gênero têm um desempenho que, em média, é 15% melhor do que a indústria nacional. E equipes com diversidade étnica aumentam esse valor para 35%, em comparação com seus concorrentes homogêneos. Em seu livro *The Difference*, Scott Page explica por que o progresso e a inovação talvez dependam menos de pensadores solitários com um enorme QI do que de várias pessoas trabalhando juntas e capitalizando sua individualidade, e mostra como grupos que apresentam perspectivas diversificadas têm um melhor desempenho do que especialistas que pensam igual. É como John Seely Brown, ex-diretor da Xerox PARC, explica: "Os avanços costumam acontecer nos espaços entre as produções(...) Essas produções começam a colidir, e, com tal colisão, coisas radicalmente novas começam a acontecer."

Historicamente, os europeus estudaram o valor de equipes intergeracionais mais que qualquer outro povo, e sua pesquisa sugere que, quando trabalhadores mais velhos fazem parte de equipes cujos membros têm idades variadas, não só as equipes, mas os trabalhadores mais novos das equipes são mais produtivos, o que indica o possível efeito de transbordamento de misturar idosos com jovens. Por exemplo, o estudo de uma bem conhecida fábrica de BMW descobriu que as equipes que eram predominantemente jovens se moviam mais rápido, porém cometiam muitos erros. As equipes mais velhas se moviam mais devagar, mas os erros eram menos frequentes. As equipes de idade mista eram as mais produtivas. Outros estudos descobriram que equipes intergeracionais funcionam porque os funcionários mais velhos sabem como delimitar os problemas e preocupar-se com os resultados, ao passo que os mais jovens são mais rápidos e estão dispostos a assumir mais riscos em prol da inovação.

A publicação *The Economist* relatou que a Mercer, a maior consultora de recursos humanos do mundo, descobriu que as contribuições de trabalhadores mais velhos provavelmente são refletidas no desempenho do grupo, em vez de nas avaliações de desempenho individuais tradicionais (quantos aparelhos alguém faz por hora). "Parece que a contribuição de trabalhadores mais velhos se materializa no aumento da produtividade daqueles ao seu redor", afirma Haig Nalbantian, um dos sócios da Mercer.

Não fico surpreso com esses estudos e com o fato de que eles aumentam o valor dos idosos. A maneira como usamos nosso tempo é como vivemos nossa vida — e, em uma empresa, isso costuma ser determinante para seu sucesso ou fracasso.

NÃO É A SUA PRIMEIRA VEZ EM UM RODEIO

Se uma equipe é como uma orquestra, então um idoso pode ser um maestro que sintetiza as distintas melodias de vários músicos de uma só vez, criando um senso bem afinado de harmonia. Ele ou ela ajuda a criar o hábitat para equipes e reuniões saudáveis e produtivas, evitando que as equipes entrem em uma cacofonia de discórdia. É por isso que é tão incrível que jovens gerentes recebam tão pouco treinamento sobre liderança ou construção de equipes.

Cerca de 40% da força de trabalho norte-americana tem um chefe mais jovem (um número que está aumentando rapidamente), mas esse é um conjunto de estatísticas assustador. Quando o assessor de desenvolvimento de liderança Jack Zenger analisou os 17 mil líderes mundiais que passaram pelo seu programa de treinamento de liderança, descobriu que a idade média era de 42 anos. Ainda assim, nessas empresas, as pessoas geralmente se tornaram supervisoras por volta dos 30 anos e permaneceram nesse papel por 9 anos — ou seja, até os 39 anos —, mas nunca receberam outro treinamento antes do programa de Zenger. Esses são 12 anos traiçoeiros, entre os 30 e os 42 anos, durante os quais os jovens gerentes estão regendo a orquestra sem nenhuma orientação formal.

Como o papel do regente está sendo atribuído cada vez mais a líderes mais jovens com conhecimento digital, essa falta de treinamento formal está se tornando uma grande falha organizacional. É como dar as chaves do ônibus da excursão a alguém que nunca fez aulas de direção, embora seja ambicioso e inteligente. Como relatado no *Financial Times* e na revista *Fast Company*, os 3 mil gerentes da Uber foram "promovidos extremamente rápido e sem nenhuma instrução". Sessenta e três por cento dos gerentes da Uber nunca haviam liderado pessoas, e como dito por um líder sênior da Uber: "uma falta de gerência habilitada e trabalho de equipe foram os maiores problemas em uma empresa manchada por escândalo após escândalo." Como resultado disso, duas mulheres *baby boomers*, Liane Hornsey, como vice-presidenta sênior e diretora das relações humanas, e Frances Frei, como vice-presidenta sênior de liderança e estratégia, foram trazidas para tentar resolver o problema. Mas essa falta de liderança experiente e os processos prejudicaram a empresa, a marca e seu antigo diretor executivo.

É nessa falta de orientação formal de várias empresas jovens que entra uma das principais responsabilidades — e oportunidades — dos Idosos Modernos com seu papel instrutivo, quer por meio do treinamento formal de liderança que podemos oferecer ou por meio de conselhos espontâneos que podemos dar na hora. A Uber está no processo de correção de seu curso, mas existem várias outras empresas de tecnologia que mal sabem que têm um problema.

Os idosos são tanto maestros como meteorologistas emocionais, cujo padrão certeiro de reconhecimento lhes permite enxergar muito antes de seus colegas as nuvens da tempestade que está surgindo no horizonte. Às vezes, o papel do Idoso Moderno em uma jovem empresa digital é dar um aviso ou postar um "alerta de embarcação pequena" ao jovem líder que não é tão sensível à fricção ou fissões em sua equipe que estão borbulhando abaixo da superfície e prevendo a erupção a seguir. Às vezes, esse sistema de mau tempo está puramente associado com a desarmonia entre os cofundadores (felizmente, esse não foi o caso na Airbnb). Noam Wasserman, professor da Faculdade de Administração de Harvard, descobriu o seguinte: "Com base na pesquisa com 10 mil fundadores, 65% das *startups* fracassaram por causa de conflitos entre os cofundadores." Em muitos casos, isso pode ser resolvido com a chegada de um Idoso Moderno.

A solução número um que os pesquisadores encontraram para resolver o problema de jovens líderes mal-preparados foi aprender e desenvolver um treinamento para os jovens chefes. Esse é um dos motivos pelos quais Brian Chesky me pediu para criar um programa de liderança e desenvolvimento (L&D) da gerência menos de seis meses depois que entrei para a empresa. Embora o principal foco fosse como poderíamos ensinar jovens de 28 anos a liderar jovens de 24 anos, alguns desses líderes também estavam realizando reuniões com funcionários mais velhos, como Q, a quem mencionei no início deste capítulo. E, embora Brian presidisse reuniões eficazes, participei de várias reuniões nos meus dias iniciais que foram presididas por um jovem líder que, obviamente, não tinha experiência na arte de presidir uma reunião de trabalho eficaz. No âmago de nosso programa de L&D estavam temas como: "Como forjamos uma aliança com alguém que se opõe a nós ou à nossa ideia?" ou "Como podemos ler as emoções em uma sala de reuniões quando estamos liderando um grupo?"

Tenho certeza de que muitos de vocês, Idosos Modernos, em um ambiente de trabalho repleto de jovens gerentes, gostariam de desenvolver um programa de treinamento similar. Mas aqueles que não puderem criar um programa formal, aprendam algo com Karen Wickre, mencionada no Capítulo 2, que teve sete gerentes jovens diferentes no Google durante seus nove anos ali. Karen dominou a arte de servir de mentora em particular. Certa vez, ela sentou-se com um de seus chefes, que havia sido tão opressor que fez com que Karen chegasse a fazer terapia, e lhe deu alguns conselhos úteis sobre como ele poderia ser mais eficaz. Quando posicionou seu conselho como algo que poderia ser útil para a carreira de seu gestor no longo prazo, ele se dispôs a escutá-la, em vez de encarar o *feedback* de Karen como uma defesa de algum problema de desempenho do qual ele estava tentando acusá-la. De modo similar, nunca dei conselhos a jovens gerentes que estavam presidindo reuniões na mesma hora. Em vez disso, eu lhes perguntava se estavam dispostos a receber algum *feedback* e encontrava um momento tranquilo e em particular para compartilhar alguns pensamentos que poderiam ajudá-los a ser mais eficazes. Repetindo: como somos mais velhos e talvez estejamos menos propensos a nos envolver com competição de carreira com gerentes mais jovens, eles podem estar mais dispostos a escutar nossas observações construtivas.

IE POR ID

No passado, "conectado" no trabalho queria dizer que tínhamos um Rolodex lotado. Hoje, isso quer dizer que temos vários modos tecnológicos através dos quais nos comunicar. Mas, embora os contatos — e as maneiras de contatá-los — tenham seu valor, a verdadeira definição de "conectado", que é uma capacidade empática de estar em harmonia com os outros, costuma perder-se na confusão. E isso pode fazer com que percamos a capacidade humana de conversar presencialmente. Essa forma de conexão cara a cara nos ensina o contato visual, como nos concentrar no que a outra pessoa está dizendo sem realizar várias atividades e como ler a linguagem corporal. E como nosso sexto sentido costuma estar mais afiado, isso também melhora nossa capacidade de ter empatia e intimidade, e até mesmo a bela arte da intuição. Nossos neurônios-espelhos trabalham juntos quando nos sentamos de frente uns para os outros.

Muitos Idosos Modernos conseguem ler seres humanos como um músico consegue ler partituras ou escalas. Muitos jovens, por outro lado, conseguem ler a tela de seu iPhone e entender como ele funciona por dentro melhor do que conseguem ler a face e as emoções da pessoa que está sentada ao seu lado. Estudos mostram que os *millennials* consultam seu smartphone 153 vezes por dia, enquanto os *boomers* fazem isso apenas 30 vezes. O resultado é que os *millennials* conseguem ser muito ágeis no uso de emojis para expressar um estado emocional, mas perdem na conexão interpessoal cara a cara que cria a verdadeira fluência emocional. E cuidado com suas mensagens digitadas às pressas no smartphone; o "?" fica bem ao lado do "!", o que pode, sem querer, transformar uma pergunta em uma exclamação furiosa em termos de como ela é recebida. A eficiência pode resultar em deficiência, não é?!

Na Airbnb, eu estava cercado por pessoas que tinham um bom conhecimento digital e que talvez não percebessem que ter "conhecimento emocional" era exatamente o que poderia lhes ajudar a se tornar grandes líderes. Então, surgiu uma pergunta na cabeça deste velho tecnofóbico: *Você trocaria um pouco da sua inteligência digital (ID) por um pouco da minha inteligência emocional (IE)?* Embora eu nunca tenha feito essa pergunta diretamente, esse contrato de troca implícito gerou benefícios tanto para mim, visto que me tornei mais fluente em tecnologia, quanto para os jovens com quem eu trabalhava, que aprenderam a ser mais fluentes na interação humana. Eu aprendi mais sobre o Snapchat e o WeChat, e meus jovens colegas aprenderam a cochichar como antigamente.

No início do filme *Um Senhor Estagiário*, a jovem CEO Anne Hathaway não quer que Robert De Niro seja seu estagiário porque aquele Idoso Moderno era "observador demais". Porém, ser "observador demais" foi parte do que me ajudou a ser bem-sucedido na Airbnb. Isso permitiu que eu criasse o que Stephen Covey chamou de "conta bancária emocional" com quem eu trabalhava. Não me importa se estamos no mundo B2B, B2C, C2C ou A2Z, todos os negócios são basicamente H2H (humano a humano), e quanto mais responsabilidade temos em uma organização, mais a IE se torna importante. Nosso contágio emocional aumenta à medida que subimos no organograma da empresa.

As habilidades interpessoais, como a colaboração e a empatia, exercem um grande impacto nos resultados da equipe e da empresa. Muitos escreveram sobre o Projeto Aristóteles, um projeto de dois anos do Google que queria determinar quais eram os ingredientes presentes nas equipes mais bem-sucedidas. De início, muitos achavam que a resposta teria alguma coisa a ver com os indivíduos membros de uma equipe. A sabedoria convencional dizia simplesmente que deveríamos procurar as melhores pessoas, as mais brilhantes, e certificarmo-nos de que o grupo fosse diversificado: um crânio que tem mestrado em administração, um engenheiro brilhante, um designer que tenha uma mente estética e alguns esquisitões brilhantes apenas para agitar as coisas.

Mas o que o Google descobriu nesse estudo histórico foi que as características individuais eram menos importantes que os costumes e as normas coletivas — tanto conscientes como inconscientes —, em especial aquele senso de "segurança psicológica" — ou "crença compartilhada, tida pelos membros de uma equipe, de que o grupo é um lugar seguro para se arriscar" — mostrou exercer o maior impacto na habilidade da equipe de colaborar e, consequentemente, na sua eficácia.

Como idosos, temos a capacidade de ser o que o autor Warren Bennis chamou de um "observador de primeira classe" (um termo que ele pegou emprestado do livro de Saul Bellow, *The Actual*). Isso quer dizer que prestamos bastante atenção ao que está acontecendo à nossa volta, em especial durante tempos de agitação. Os jovens talvez metabolizem alimentos mais rápido, mas os mais velhos metabolizam emoções mais rápido, em especial as negativas, e isso é especialmente útil na colaboração. Nesse sentido, os Idosos Modernos são como tradutores, ou seja, enxergamos coisas que outros não enxergam e traduzimos isso na sabedoria necessária para tomar decisões informadas sobre que curso de ação tomar.

Q, o engenheiro que mencionei no início deste capítulo, me ensinou algumas coisas sobre o poder da colaboração silenciosa e empática. E, com o passar do tempo, à medida que foi sentindo-se mais confortável com o método de inclusão singular da Airbnb, ele passou a se preocupar menos com sua idade. John Q. Smith (sim, esse é o verdadeiro nome dele — chega de codinomes) disse que os melhores tipos de colaborações são aquelas que acontecem naturalmente. Depois de fazer 50 anos, ele teve a oportunidade de ser tanto um gerente como um contribuinte individual, e viu muitos engenheiros *superstars* tendo dificuldades para fazer essa transição.

Ele disse: "Um contribuinte individual pode ter habilidades fenomenais de escrita de códigos e conseguir trabalhar sozinho ao tomar decisões como um contribuinte individual. Eles estão acostumados a ter o 'conhecimento perfeito' sobre um problema para tomar essas decisões. Mas, ao entrar na gerência, quase sempre precisamos tomar decisões com base em informações imperfeitas que dependem mais da colaboração. Se essa transição na tomada de decisões não for exposta, pode ser difícil para as pessoas perceberem por que estão tendo dificuldades — isso exige prática. De qualquer forma, isso pode prejudicar sua equipe. Assim, parte do que faço é ajudá-los a entender como tomar boas decisões com até 60% de informações, embora estivessem acostumados a ter 100% das informações necessárias quando trabalhavam com a escrita de códigos."

John descobriu que a melhor maneira de jovens engenheiros talentosos enxergarem como a colaboração funciona foi convidá-los para participarem de reuniões com ele, nas quais poderiam testemunhar a sinfonia de uma grande equipe. Depois, John ajudava-os a entender não só a conclusão a qual chegaram, mas também *como* o gerente chega a uma decisão específica mesmo sem informações perfeitas. Muitos dos princípios que descrevemos nas Práticas-modelo do último capítulo, tal como fazer boas perguntas, são fundamentais para o tipo de educação que John tenta oferecer a seus jovens colegas nessas conversas informais. Quando foi a última vez que você deu a um jovem líder promissor a oportunidade de se sentar na primeira fila para vivenciar a interação com uma equipe saudável e colaboradora?

SEU CONTRATO DE TROCA IMPLÍCITO

Embora trocar a IE pela ID seja o contrato de troca mais comum que os Idosos Modernos podem oferecer aos seus colegas mais novos, existem vários tipos de habilidades que podem ser trocadas em um hábitat diferente. O recurso mais óbvio com o qual podemos contribuir é nosso profundo conhecimento e nossas conexões com uma indústria na qual seus colegas mais jovens estão tentando fazer uma revolução.

A Dra. Bridget Duffy, de 57 anos, passou várias décadas bem-sucedidas na indústria de saúde e não demorou muito para tornar-se a primeira CXO (*chief experience officer*) dos Estados Unidos na Cleveland Clinic. Então, ela foi a cofundadora e tornou-se a CEO da ExperiaHealth, que foi comprada pela empresa pública Vocera antes de ser uma empresa pública. Nesse meio-tempo, Bridget se tornou membro da diretoria e presidente da diretoria da RockHealth, o primeiro fundo de risco dedicado à saúde digital. Não muito tempo atrás, Bridget estava perguntando aos jovens de 20 e poucos anos que administravam a RockHealth, a qual não tem fins lucrativos, onde ficava a máquina de fotocópias. Eles olharam para ela como se ela fosse louca. "Só tire uma foto do documento com o telefone e use um aplicativo para armazená-lo", disseram-lhe. Embora fossem totalmente respeitosos ao lhe dar orientações, Bridget não conseguia deixar de se sentir um pouco ingênua.

Porém, Bridget é a pessoa que os está ajudando a ver como podem revolucionar o mundo da saúde por entender as vulnerabilidades do sistema e ajudá-los a enxergar as nuances que nunca encontraram em uma busca no Google. Em todas as indústrias, a tecnologia é tão poderosa quanto a habilidade de possibilitar a conexão de humano a humano. No ramo da saúde, a tecnologia empregada corretamente possibilita relacionamentos confiáveis e sagrados que facilitam o tratamento. Os jovens gênios podem criar produtos tecnológicos incríveis, mas Bridget construiu uma ponte do epicentro da saúde digital, traduzindo esses produtos em soluções que afetam a vida de muitas pessoas.

Bem-vindo ao mundo dos mentores mútuos. No Capítulo 9, falarei sobre a ideia de como as empresas podem alimentar relações de mentores reversos nas quais jovens colegas ajudam funcionários mais velhos a aumentar sua ID.

Mas como este capítulo fala sobre a colaboração, reconheçamos que somos todos espelhos e reflexos uns dos outros. Quanto mais eu o ajudo a aprimorar uma habilidade sua, mais valioso você se torna em nossa empresa e mais suas novas habilidades podem ser aprendidas e copiadas por outros, aumentando ainda mais o valor. A transferência de sabedoria se sustenta por mais tempo quando não é unilateral, mas recíproca, quando todas as partes têm algo para oferecer e para aprender.

A beleza do contrato de troca implícito é que podemos firmá-lo com qualquer um que tenha algo diferente e complementar para oferecer, quer seja inteligência digital, conhecimento de cultura pop ou acesso a diferentes pessoas e redes. Talvez seja aquela colega de 25 anos que nem sequer trabalha no seu departamento. Você simplesmente sente uma boa vibração. Ela pode ajudá-lo a aprender 97% das funções do seu iPhone que você nem sabia que existiam, e você pode ensiná-la sobre 97% das emoções dos seus colegas que a deixam confusa.

Às vezes, esses contratos de troca são mais explícitos. Por exemplo: eu era o único hoteleiro da Airbnb por algum tempo e um dos únicos executivos que tinha alguma experiência com a indústria de viagens. Então, em troca de vários tutoriais digitais que recebi, me tornei um especialista na questão de como a indústria operava, o que ajudou várias equipes. Até hoje — depois de deixar minha função operacional em período integral e passar a ser um assessor estratégico que trabalha meio período —, costumo receber muitas perguntas de vários gerentes da empresa que estão tentando entender essa indústria.

De modo similar, meu amigo Fred Reid, de 67 anos, ficou feliz em trocar seu conhecimento tradicional da indústria por um curso intensivo sobre as tecnologias do futuro — e ele também tem uma história que segue em paralelo com a minha quando o assunto é revolução, porém não em hospedagem, mas em viagens aéreas.

Fred foi presidente tanto da Lufthansa quanto da Delta, e foi o CEO fundador da Virgin America. Ele também sabe algumas coisinhas sobre colaboração, visto que foi o coarquiteto da Star Alliance — a primeira aliança de múltiplas companhias aéreas que obteve uma marca de modo independente —, a qual tornou-se um modelo de colaboração da indústria de linhas aéreas. Mas, como eu, ele era um executivo da Bay Area que não sabia muito sobre a indústria da tecnologia quando foi contratado, no fim de 2014, por uma fábrica secreta no coração do Vale do Silício. Fred encontrou uma equipe incrível de engenheiros, gênios de software e baterias, e técnicos que estavam desenvolvendo uma forma totalmente nova de transporte humano: um veículo voador que decola direto para cima, vai para a frente e voa quase em silêncio com uma asa fixa, alimentado por baterias elétricas que não emitem poluentes e que contém um software e controles de voo sofisticados e nunca vistos. Se isso se parece com uma coisa que saiu de *Os Jetsons*, é porque saiu: o veículo pode decolar e aterrissar de uma quadra de tênis ou da entrada da sua casa. É como um táxi ou um Uber no ar.

A equipe da empresa por trás dessa nova forma de viagem aérea robótica, a Zee.Aero, e sua subsidiária, a Kitty Hawk (com o cofundador do Google, Larry Page, como seu investidor primário), precisava de um executivo experiente como Fred para ser seu especialista quando o assunto era complicados processos regulatórios governamentais para aviões em diversos países e o desenvolvimento de uma marca, o marketing e a estratégia de comunicações para esse novo empreendimento. E eles precisavam que ele fizesse isso em colaboração com uma talentosa equipe de liderança sênior, sendo que alguns dos seus membros eram trinta anos mais novos que ele. Como eu, Fred precisou pedir a ajuda de seus novos colegas, que eram mais jovens e digitalmente fluentes, para poder se adaptar a esse novo hábitat. Ele disse: "Eu estava muito ansioso quando cheguei para trabalhar no meio desse projeto secreto. E trabalhar com jovens *superstars* da Tesla, do Google, da NASA, da Boeing, da DARPA e de outras empresas renomadas. Assim, havia dias em que me sentia deslocado, mas, então, precisava me lembrar de que, naquela equipe de mais de cem pessoas, havia apenas uma que havia administrado uma empresa no nível de diretor de operações/presidente/CEO várias vezes. Essa pessoa era eu. Isso me lembrava de que eles precisavam de mim também."

Fred está aprendendo tanto quanto está ensinando a equipe de liderança e é valorizado pelo seu conjunto de conhecimento histórico e por estar aberto a novas ideias. Sem esse último ingrediente, ele não teria durado mais de uma semana em uma empresa que está criando carros voadores. Fred afirma: "Estou oferecendo minha experiência com satisfação em troca do que eles me oferecem: um encanto surpreendente e a habilidade de literalmente participar na construção da história — produzir um produto e serviço de grande utilidade para a sociedade ao redor do mundo."

Talvez você seja um executivo em nível intermediário com grande conhecimento em vendas de software de empresas que poderia ajudar alguns jovens revolucionários que não têm seu conhecimento sobre a indústria ou seu extenso Rolodex. Ou talvez você seja um gerente de organizações sem fins lucrativos que tem uma grande história em obter subsídios para financiar sua organização e poderia ser um enviado dos céus para uma organização de artes de grande potencial, porém, inexperiente, que tem uma linda visão, mas lhe falta conhecimento sobre como obter subsídios do governo ou de fundações para se financiarem. A chave é conhecer seu valor e estar certo de que seus colegas mais jovens conseguem enxergá-lo também. Tenha em mente, porém, que muitos negócios e indústrias concluem que os funcionários mais jovens têm o conhecimento mais atualizado, de modo que os funcionários mais velhos têm a responsabilidade de apresentar um conhecimento mais oportuno (conhecimento de indústria especializado, um conhecimento que os mais jovens não têm) junto com a sabedoria, que é atemporal.

Ainda assim, acredito que pontes são construídas entre gerações de modo natural quando ambos os lados percebem o quanto têm para aprender um com o outro. Afinal, quando a sabedoria flui em ambas as direções, há um grande benefício para a empresa que se manifestará na forma de ganhos em criatividade, produtividade e comunicação, sem contar a economia que ela terá por se depender menos do aprendizado formal e de programas de desenvolvimento. Criar conexões entre décadas, quando não gerações, entre aqueles que compartilham um empregador e uma missão pode resultar em inúmeras possibilidades.

O filósofo romano Sêneca escreveu: "Se a sabedoria me fosse oferecida sob a condição de que eu tivesse que mantê-la guardada e não divulgá-la a ninguém, eu recusaria. Nenhum prazer advém de possuir algo valioso a menos que possamos compartilhá-lo." Pense no seu ambiente de trabalho como uma festa à qual cada um leva suas receitas e seus pratos especiais para compartilhar. No próximo capítulo, pegaremos essa ideia e a aplicaremos na lição final: como podemos dar conselhos sábios àqueles que os procuram.

Práticas-modelo para colaborar

1. DESENVOLVA A SEGURANÇA PSICOLÓGICA.

Como o Google demonstrou com o Projeto Aristóteles, até as empresas mais voltadas a dados são influenciadas pelo básico da natureza humana. O fato mais negligenciado nos negócios é que todos nós somos humanos. Nossa capacidade de colaborar melhorará se criarmos normas em nossas equipes que ajudarão todos a sentirem que o grupo está ali para apoiar a todos na missão, em vez de prejudicar.

Estas são algumas normas de grupo que se mostraram eficazes:

- Tente encorajar todos a participar de discussões em grupo, em especial aquelas que representem vários grupos demográficos e pontos de vista.

- Lidere pelo exemplo, não interrompendo membros da equipe durante as conversas, e dê crédito às pessoas por suas ideias iniciais conforme você desenvolve tais ideias, por exemplo.

- Resolva conflitos entre grupos diferentes ou reúna pessoas que parecem estar chateadas umas com as outras para que possam resolver seus problemas cara a cara.

- Desenvolva a habilidade de compreender a linguagem corporal para ver quem está engajado e quem não está, o que talvez signifique que seja necessário conversar com essa pessoa em particular depois de uma reunião caso ela se sinta realmente não engajada.

- Quando discutir um assunto e uma pessoa mais jovem estiver mais familiarizada com as informações apresentadas, dê-lhe tempo suficiente para organizar as questões. Muitas empresas têm executivos seniores que entendem os assuntos pela metade tomando as grandes decisões de modo unilateral, esquecendo-se de que as pessoas mais jovens e que estão mais próximas à informação podem ser um recurso valioso.

- Use algumas das habilidades do capítulo anterior, fazendo perguntas genuínas de curiosidade catalítica.

2. FAÇA COM QUE A COLABORAÇÃO SEJA PARTE DA CULTURA.

Jonathan Rosenberg foi um executivo sênior do Google durante quinze anos, escreveu o livro *How Google Works* com o ex-CEO Eric Schmidt e agora está trabalhando com Eric em outro livro, que fala sobre o *coach* de liderança e mentor Bill Campbell. Um truque de colaboração que Jonathan aprendeu com Bill foi certificar-se de que todos os itens de ação no fim de uma reunião sejam compartilhados por duas pessoas, em vez de ser usado por uma só. Isso faz com que os membros da equipe trabalhem juntos entre as reuniões, cheguem a um acordo e apresentem suas descobertas ou soluções como uma frente unida.

3. ESTUDE UMA FERRAMENTA DE AVALIAÇÃO DE PERSONALIDADE QUE COMBINE COM VOCÊ.

Até a pessoa mais emocionalmente fluente entre nós pode se beneficiar de ferramentas de identificação de personalidade para nos ajudar a ler melhor outras pessoas e estabelecer conexões H2H mais fortes. Eu achei que elas são especialmente úteis para determinar como a química de uma equipe pode ser afetada pela mistura de vários tipos de personalidade naquele grupo. Primeiro, caso não saiba, consulte o RH para ver se o departamento tem uma ferramenta preferida ou se apresentará alguma no futuro próximo. Embora seja valioso aprender vários métodos, talvez você possa começar com uma ferramenta que tenha se tornado predominante em sua organização. Se ainda tiver opções disponíveis, listei no apêndice, na seção "Ferramentas de Identificação de Personalidade", algumas das melhores que vi em vários ambientes corporativos.

4. FIRME UM CONTRATO DE TROCA IMPLÍCITO (OU EXPLÍCITO).

Talvez haja uma pessoa específica — que seja jovem ou não — na sua equipe ou na sua empresa que parece saber bastante a respeito de algo sobre o qual você se sente perdido. Comece a estabelecer uma conexão com essa pessoa e, quando sentir que a confiança foi estabelecida, pergunte se ela poderia passar algum tempo lhe ensinando sobre esse assunto. Se essa pessoa for jovem, podemos chamá-la de mentora reversa, mas não precisamos rotulá-la. Eu recomendo que essa seja uma relação recíproca, que o obrigará a fazer a pergunta: "O que tenho a oferecer?" Um amigo meu faz uma pergunta ainda maior: "Se eu marcasse uma reunião com o mundo, o que gostaria de ensinar?"

Talvez seus dons não sejam tão óbvios para você, mas, de acordo com um relatório da *Harvard Business Review,* essas são algumas coisas que os *millennials esperam* de seus chefes e empresas: *ajude-me a percorrer o trajeto da minha carreira, dê-me um* feedback *direto, seja meu mentor e* coach, *desenvolva minhas habilidades para o futuro, desenvolva minhas habilidades técnicas na minha especialidade, autogestão e produtividade pessoal, liderança ou conhecimento funcional, e criatividade e estratégias de inovação.* Aposto que você tem algo a oferecer em pelo menos uma dessas habilidades.

Por fim, se você é como eu, talvez tenha um conhecimento da área em que atua que poderia ser valioso para uma empresa revolucionária. Talvez valha a pena explorar em um processo de entrevista para um emprego com um revolucionário se ele realmente valoriza seu conhecimento ou teme que você venha a atrasá-lo. Converse com seu potencial chefe ou com um líder bem mais velho e pergunte o seguinte: "Como minha experiência nessa indústria pode ser útil para vocês e para a empresa? E qual é o maior prejuízo que acham que ela pode causar?" Ser bem claro quanto a isso de início lhe dirá se você está entrando em um hábitat onde poderá ensinar, aprender e colaborar.

[7]

Lição 4: DÊ CONSELHOS

"As pessoas me perguntam qual é o denominador comum das pessoas mais sábias que encontrei. Isto é o que sinto, o que posso relatar: uma capacidade adquirida de ter poder e ternura em uma interação surpreendente e criativa. Esse jeito de ser é palpável e revigorante, e, de seu próprio jeito, chocante e difícil de entender. Entre outras coisas, transforma minha ideia de qual é a sensação do poder e por que ele existe. Essa é a maneira mais exata que encontrei para descrever a sensação que tenho, nesse ponto, da sabedoria encarnada, e é uma experiência tanto de presença física como de consciência e espírito."

—Krista Tippett

"O que lhe dá alegria no trabalho?"

Jessica Semaan, de 29 anos, era minha correspondente, meu espelho mais jovem. Mas, naquele dia de 2014, ela estava chorando, e não era de alegria. Ela estava quase deixando a Airbnb, sentindo-se acabada antes de completar os aterrorizantes 30 anos.

Jessica foi uma das primeiras pessoas que conheci na Airbnb. Ela e mais quatro funcionários foram designados para estar na minha Força-tarefa de Hospitalidade quando começamos a imaginar como a Airbnb se tornaria uma empresa de hospitalidade madura quando crescesse. Embora eu e Jessica tivéssemos um mestrado de administração em comum, era a poeta rebelde dentro dela que se parecia mais comigo. Jessica passou sua infância em meio à guerra civil em Beirute, sempre tentando ser a "boa filha" de uma jovem mãe narcisista. Ela subiu na esteira da conquista enquanto era jovem e vem aumentando a velocidade desde então, procurando obter cada vez mais sucessos como uma maneira de sentir-se valiosa. Ao longo de nossas conversas sobre criar uma equipe de hospitalidade na Airbnb, acabamos falando tanto sobre o amor, a vida e os temores quanto falávamos sobre o trabalho. Jessica me fazia lembrar de mim mesmo quando tinha a idade dela, alternando drasticamente entre a suprema confiança e as dúvidas esmagadoras. Depois de alguns eficazes meses na força-tarefa, ela deu sua atenção por tempo integral ao seu serviço como gerente da área de Experiência do Cliente.

Depois de um ano, recebi a responsabilidade de criar a primeira conferência mundial de anfitriões da Airbnb do nada — com um orçamento modesto e menos de cinco meses para planejá-la e executá-la. E Brian esperava que eu fizesse o Airbnb Open crescer a ponto de se tornar um festival de viagens que poderia rivalizar algum dia com as Feiras Mundiais do passado. Mas eu não tinha nenhuma pessoa em tempo integral para me ajudar a concretizar isso, e tudo aconteceu enquanto eu estava gerenciando mais quatro departamentos. Sem pressão! Havia ficado claro que eu precisava de um tenente, e parecia que Jessica era essa pessoa. Ainda assim, ali estava ela, desabando em lágrimas e me dizendo como sua relação tóxica com seu chefe havia lhe dado um tipo de amnésia — Jessica não conseguia se lembrar de por que havia entrado para a Airbnb.

Eu lhe fiz a pergunta que está no início deste capítulo, porque realmente acredito que nossa vocação na vida costuma vir do que naturalmente nos dá alegria. Quando Jessica respondeu, com um pouco de hesitação, que amava criar, compartilhei com ela minha experiência de que a criatividade floresce mais em um hábitat que enxerga e impulsiona nossos dons. E compartilhei meu conselho de que é fundamental buscar ativamente por tais hábitats e pensar em nossa carreira como uma maratona de aprendizado, em vez de apenas uma série de corridas que envolvem transações. Eu perguntei: "Antes de deixar a empresa, você estaria disposta a se juntar comigo nessa jornada para criar o Airbnb Open? Isso vai ajudá-la a se reconectar com a alegria de ser uma criadora e de trazer alegria aos outros. E te ajudará a acreditar em si mesma de novo."

Felizmente, Jessica concordou, e criamos um evento sensacional de três 3 que cujos 15 mil ingressos foram vendidos em meio dia a anfitriões que vieram de 40 países. Dois anos e dois festivais — em São Francisco e em Paris — depois, o Airbnb Open de Los Angeles atraiu 20 mil anfitriões e hóspedes de mais de 100 países e ganhou prêmios de melhor festival ou conferência experimental corporativa do mundo. Esse legado não teria surgido sem Jessica.

Jessica saiu da Airbnb logo depois de ajudar a produzir o primeiro Airbnb Open, deixando de ser um passarinho ferido para tornar-se alguém que tinha a confiança de que estava pronta para voar. Ela criou a The Passion Company, uma organização dedicada a ajudar pessoas a transformar os projetos que amam em uma carreira. O que Jessica amava era ajudar os outros a descobrir o que amavam. Ela também se tornou uma escritora, cuja prosa vulnerável e poderosa tocou o coração de muita gente. Não é nenhuma surpresa que, agora, Jessica esteja estudando para ser psicoterapeuta também. A vida dela se tornou uma jornada para ajudar as pessoas a acreditarem em si mesmas. E tudo isso começou quando Jessica voltou a acreditar em si mesma.

MONTANDO UM ESTANDE DE "CONSELHOS"

A colaboração é um esporte de equipe, mas o aconselhamento é um contra um. A palavra "conselho" pode nos lembrar de várias coisas: de um advogado, de um conselheiro, de um conselho especial que está investigando presidentes. Esqueça tudo isso. Ser um Idoso Moderno em uma empresa é sinônimo de aconselhar e tornar-se um "confidente" para seus colegas mais jovens.

Minha rede — de pessoas e de conhecimento — involuntariamente me transformou no bibliotecário da Airbnb. Acho que ajudou o fato de eu ter sido curioso minha vida inteira sobre pessoas e coisas, o que quer dizer que tenho bastante conhecimento e sou bem conectado. As pessoas me veem como alguém que sempre pode recomendar um livro ou um estudo acadêmico para ler, como alguém que pode conectá-los com um especialista que conheci. Às vezes, eu simplesmente sou um ouvinte simpático; em outras ocasiões, dou algum conselho sobre coisas como etiqueta no ambiente de trabalho ou sobre como as pessoas podem melhorar sua relação com os patrões. Em geral, digo-lhes coisas que não querem ouvir. Meu conselho não precisa ser particularmente profundo. O que parece simples para muitos de nós que têm algumas décadas de carreira nas costas pode iluminar a vida de alguém que está tateando pela luz. É como meu amigo Rob Goldman, vice-presidente do Facebook, disse: "Muitos desses jovens ainda não sabem qual é a aparência da excelência." Sem que me desse conta, eu estava criando um tipo de "escola de aperfeiçoamento" de membros *millennials*, ao passo que frequentava minha própria "escola de iniciantes" *boomer* e fazendo cursos intensivos do que significa trabalhar como um idoso em uma jovem *startup*.

Não sei se mais alguém na Airbnb foi "chamado para conversar" por um grupo mais diversificado de funcionários procurando a mais variada gama de conselhos ou de contatos. Esses colegas não eram meus colaboradores diretos. A grande maioria deles não estava nem nos departamentos que eu supervisionava. Eu me senti um pouco como a Lucy das tirinhas Peanuts, nas quais ela monta a sua versão de barraca de limonada ao ar-livre oferecendo "Ajuda psiquiátrica" por 5 centavos.

Como eu não era visto como concorrência ou como uma ameaça à carreira de nenhum desses colegas, eu costumava me tornar um confidente a quem eles se abriam de verdade, alguém que não apenas os ouvia, mas que lhes dava confiança. Sempre fiz o meu melhor para dizer um entusiástico "sim" a esses convites, visto que eram enriquecedores tanto para mim como para eles. Esse papel consumiu muitas horas extras, mas valeu a pena.

Se eu fosse traçar essas conversas através das várias ilhas (ou departamentos) da organização, você veria que eu havia me tornado a central na teia de relações e de conhecimento da empresa. Isso foi útil para mim como assessor dos fundadores, visto que eu tinha uma verdadeira noção do que estava acontecendo por baixo da superfície da empresa e de suas várias equipes. Enquanto os fundadores estavam pilotando o foguete — que estava dobrando de tamanho a cada ano —, era útil ter um Idoso Moderno a bordo para ajudá-los a ver como sua empresa estava evoluindo internamente.

O autor Neil Gaiman escreveu: "Sabemos que o Google pode nos apresentar 100 mil respostas. Um bibliotecário pode lhe apresentar a resposta certa."

O Google pode ser o melhor motor de busca do mundo, mas ainda não entende as nuances como um coração e mente humanos bem afiados. Às vezes, a melhor maneira de obter a sabedoria que procuramos não é através de um motor de busca, mas por meio de um sábio conselheiro ou assessor. Dessa forma, ser um Idoso Moderno também significa ser o "bibliotecário da empresa", cujo papel é ajudar os outros a peneirar os vastos recursos de conhecimento e sabedoria ao redor deles.

Então eu troquei minha roupa de CEO "sábio em cena" por duas novas: bibliotecário e confidente. Ser um "guia ao lado" me permitiu ajudar meus colegas mais jovens a entender melhor a si mesmos, a aprender com seus erros e, espero, a encontrar alegria nas etapas iniciais de sua carreira.

O valor de um sábio conselheiro capaz de transmitir um pouco de sua sabedoria adquirida com esforço a corações e mentes é tão grande, que algumas indústrias, como a consultoria gerencial, os negócios de construção e a arquitetura, adotaram o modelo de aprendizes que ajuda a incluir o papel do mentor no esquema da organização. Empresas inteligentes sabem que, embora seus concorrentes possam terceirizar "conselhos" de *coaches* externos, talvez ofereçam alguma sabedoria mais generalizada. Ser um sábio conselheiro pode ser muito mais eficaz quando este é um idoso sábio que está nas trincheiras todos os dias com aquele a quem aconselha.

O BIBLIOTECÁRIO: A COMBINAÇÃO DE CONTATOS COM O CONHECIMENTO PRÁTICO

Em parte, entrei para a Airbnb porque queria saber o que era o negócio de "efeito de rede mundial". Tal como o Facebook ou o eBay, a Airbnb se tornaria mais relevante ao passo que tivesse mais usuários, ou seja, quando tanto os anfitriões quanto os hóspedes estivessem usando o site com uma regularidade maior. No mundo de risco, eles usam o termo "liquidez" (o que é diferente da liquidez do fluxo de caixa) para descrever o cenário ideal quando há o suficiente de um efeito de mercado, tal como as pessoas escolherem uma plataforma como seu destino primário porque elas sabem que está repleta de outras pessoas.

No papel do bibliotecário da empresa, muitos Idosos Modernos têm um "efeito de rede pessoal". Porque, em geral, quanto maior é o tempo em que vivemos neste planeta, mais pessoas conhecemos.

E, em geral, quanto mais tempo vivemos neste planeta, mais lemos. Eu já li muitos livros (e tenho uma estranha afeição por guias oficiais), de modo que tenho uma biblioteca de informação e recursos no meu cérebro para oferecer a outros e para tentar usá-los bem também. Minha liquidez e valor para a empresa foram compartilhar generosamente meu conhecimento prático e meus contatos. Mas isso não beneficiou apenas meus jovens colegas, foi o que construiu meu capital social profissional internamente. E como a Airbnb foi se tornando uma empresa cada vez mais importante, isso construiu minha reputação externamente também, visto que eu havia me tornado o primeiro ponto de contato na Airbnb para todo tipo de pessoa que queria se conectar com a empresa.

Isso pode parecer inocentemente "analógico" na era dos motores de busca digitais. O Google não é a empresa bibliotecária suprema? É verdade, o Google pode buscar informações mais rápido e de modo mais expansivo que um ser humano, mas pode não entender o contexto de nossa busca, e seus resultados são tão bons quanto as palavras que digitamos no campo de busca. Em contraste com isso, quando estamos face a face com alguém, nosso cérebro recebe muitas outras informações para contextualizar nossa "busca" — quem está fazendo a pergunta, seu estado emocional (baseado em sua linguagem corporal e seu tom de voz), o que disseram nos dois ou três minutos anteriores ou em conversas anteriores — muito mais do que apenas algumas palavras digitadas em um campo de busca. Ademais, o Google não nos faz perguntas adicionais, tal como as pessoas fazem. O Google só consegue ver os padrões programados no seu algoritmo, ao passo que mentes maduras podem sintetizar as nuances de uma pergunta para ligar os pontos que, às vezes, não eram esperados. Ter um conjunto de dados mais amplo em nossa mente e experiência pode nos ajudar a apresentar respostas mais perspicazes.

Assim, no meu papel crescente como o idoso e criador de relacionamentos da Airbnb, eu poderia contar com os relacionamentos que estabeleci para que fossem um recurso de nossa equipe de recrutamento quando estivessem procurando por certos tipos de executivos de atendimento ao cliente. Eu poderia ser um recurso para a equipe de políticas quando a questão era criar pontes com órgãos reguladores e dentro da indústria de viagens. Eu poderia ser um recurso para a equipe de pesquisa, tirando proveito das conexões que fiz por meio de livros e artigos que escrevi na interseção da psicologia e negócios, para recomendar estudiosos que se especializaram na teoria da motivação ao explorar recompensas extrínsecas e intrínsecas para anfitriões. Eu poderia ser um recurso para a equipe de viagens de negócios por colocá-los em contato com gerentes de viagens corporativas com quem eu tinha o costume de trabalhar. Se tivesse metade da minha idade, como meus colegas da Airbnb, eu não teria nem 90% desses contatos ou conhecimento. Repito: a tração nas quatro rodas de minha mente costumava me surpreender com respostas a uma pergunta de um colega que poderia apresentar um contato que estava nas profundezas da minha memória. Sim, o LinkedIn, o Facebook ou o Google acabaram me ajudando a criar maneiras de apresentar meu colega ao meu contato, mas o dom da minha mente de bibliotecário de perceber as nuances ajudou a mim e à empresa várias vezes.

É claro que, quanto mais aumentamos nossa reputação de ter um "efeito de rede pessoal", mais as pessoas nos procurarão. E nosso valor para a empresa aumentará de acordo com a nossa disposição de: (1) compartilhar nossos contatos e conhecimento prático; (2) manter o sigilo e não sermos encarados como concorrência; (3) ser confiáveis e empáticos; (4) gerar verdadeiros insights, em geral por meio de perguntas; e (5) ter a capacidade de ser sintéticos, o "pensar de forma resumida" para ajudar os mais jovens a entender pelo que eles realmente deveriam estar procurando.

Se fizermos isso, é melhor estarmos preparados para responder às várias perguntas que nos serão feitas, o que pode significar que, em certo ponto, talvez tenhamos de estabelecer alguns limites ou filtros quanto a quem podemos ajudar. Ou não. Eu nunca cheguei a esse ponto, pois gosto muito de quão valorizado me sinto por atuar como uma conexão interna. Se você chegar a esse ponto, lhe darei alguns conselhos no fim deste capítulo sobre como você pode ampliar e editar seus conselhos. Mesmo que sua esfera de influência seja apenas as pessoas de seu departamento, mostrar essa disposição de servir aos outros aumentará sua reputação e relevância na organização.

O CONFIDENTE: A COMBINAÇÃO DE SIGILO COM CONFIANÇA

A definição formal de confidente é "uma pessoa com quem alguém compartilha seus segredos ou assuntos pessoais, confiando que ela não repetirá isso a outros". Mas, como aprendi com uma das minhas colegas da Airbnb, Lisa Dubost, em francês, essa palavra ("confident") também pode significar "uma pessoa que inspira confiança em nós", visto que tanto a palavra francesa como a portuguesa vêm do latim "confidens". Com o passar do tempo, comecei a perceber o incalculável poder de simultaneamente manter o sigilo e inspirar a autoconfiança; de ser tanto um ouvido de confiança como um "permissionário" — no sentido de que eu dava aos mais jovens na Airbnb a capacidade, a coragem e a permissão de verdadeiramente "ir em frente". Essa mistura de liderança se tornou um elixir positivo para mim. Combinar a fonte da sabedoria com a fonte da juventude criou um nível de intimidade, perspicácia e percepção que, para mim, foi sem precedentes. Quando expliquei isso a um amigo israelense, ele riu e disse que eu era apenas um tipo de cavalheiro.

Independentemente de como queira chamá-lo, esse elixir foi o que permitiu que eu aconselhasse meus jovens colegas em um nível mais profundo e significativo. O capitalista de risco Ben Horowitz, que tinha esse tipo de relação com Bill Campbell, o descreve apropriadamente quando, após a morte de Bill, escreveu em seu blog: "Quando eu tinha problemas na vida, o Bill era a pessoa para quem eu ligava. Eu não ligava para ele porque ele tinha a resposta para uma pergunta impossível. Eu ligava para ele porque ele entendia totalmente como eu estava me sentindo. Ele me entendia." Um idoso se concentra tanto na essência como nas ações dos seus protegidos, tanto no "ser" como no "fazer". Um idoso se concentra tanto em ajudar as pessoas a encontrar alegria como em encontrar seu próximo trabalho. E um verdadeiro idoso ajuda os mais jovens a pensar mais seriamente sobre a jornada da carreira de sua vida, não apenas nos desafios imediatos de seu atual trabalho diário. Os idosos fazem isso porque sabem que é o pacote completo que importa e perdura.

Ainda assim, mesmo no que possa parecer bastante como um papel muito sábio, os idosos ainda devem se apegar à sua curiosidade catalítica. Jonathan Rosenberg, do Google, me disse que Bill Campbell costumava dizer que a arrogância era inversamente proporcional à idade. "Ele (Bill) gostava de se tornar o mentor de alguém quando essa pessoa havia fracassado em algo recentemente e havia se tornado humilde o suficiente de novo para aprender." Ser um confidente significa encontrar esses momentos de ensino, quando podemos tanto irradiar a claridade como manter uma mente de iniciante para catalisar o espírito de aventura de um jovem. Pense em Obi-Wan Kenobi e em Luke Skywalker.

Luther Kitahata, de 52 anos, é um dos Obi-Wan Kenobis do Vale do Silício. Sua carreira também é um bom exemplo de uma vida fluida e de múltiplas etapas, sobre a qual lemos no Capítulo 3, no sentido de que sua trajetória foi menos uma linha reta e mais uma série de ciclos: primeiro, engenheiro de software, acrescente empreendedor, depois executivo, e, agora, sábio *coach* de liderança. Luther cofundou empresas entre seus 20 e 30 anos e então se juntou à equipe fundadora da TiVo, empresa pioneira de gravação de vídeos digitais (DVR). Depois de oito anos como o vice-presidente da Engenharia, liderando cada aspecto da engenharia da TiVo, Luther fundou e desenvolveu outras empresas, uma das quais foi adquirida pela TiVo dez anos depois que ele saiu. Hoje, Luther faz novamente parte da equipe executiva da empresa que está liderando o serviço da próxima geração, na qual estão pedindo para ele reinventar o Serviço da TiVo em resposta ao ambiente competitivo e de mudanças rápidas e para melhor integrar seus muitos produtos além da DVR.

Eu conheci Luther em um retiro de Sábios Líderes que eu estava cofacilitando em maio de 2017. Quando ouvi falar de sua resiliência como um líder engenheiro aos 50 anos de idade, fiquei impressionado. Mas fiquei ainda mais intrigado com o comportamento calmo e contemplativo de Luther (ele me lembrava um monge zen). Eu me aprofundei e descobri que ele era um cientista e um filósofo no coração. Descobri alguém que estava se fazendo grandes perguntas desde que era jovem, e que começou a fazer seu próprio trabalho de desenvolvimento pessoal quando tinha uns 20 anos. Ao passo que ele continuava a atualizar suas habilidades como engenheiro e permanecia relevante no mundo da tecnologia, também estava aprendendo mais 6 modalidades que, mais tarde, integraria a seus treinamentos. Quando fez 40 e tantos anos, Luther recebeu seu Certificado de *Coach* Profissional, o que lhe deu uma combinação única de ser um *coach* com treinamento formal e um executivo de operações experiente que se colocava no lugar de seus clientes.

Luther me disse: "Eu percebi que, por me empenhar em uma carreira de *coach* de liderança executiva, eu poderia combinar dois mundos — meus anos de experiência como executivo e líder no campo de alta tecnologia e minha paixão e anos de treinamento em desenvolvimento pessoal e como mentor. Parece que a força de trabalho do Vale do Silício está se tornando cada vez mais jovem à medida que envelheço. E, embora eu tenha tido a sorte de continuar a forjar uma carreira de sucesso no ramo da alta tecnologia, posso ver que a sabedoria obtida pela experiência é meu cartão de visitas de longo prazo. Eu encontrei meu nicho como Idoso Moderno."

Assim, aos 52 anos, Luther continua a se reinventar. Isso lhe permite dirigir a nova abordagem da TiVo de *inventar* produtos, além de orientar a *reinvenção* cultural que é necessária para que uma empresa evolua. O que é interessante é que sua abordagem para reinventar a TiVo envolve tanto confiança e relacionamentos quanto as tecnologias. Luther sabe que mudanças representam territórios inexplorados e que isso pode ser difícil, em especial para uma empresa que é um pouco da velha guarda, pelo menos segundo os padrões do Vale do Silício. Luther também sabe que a TiVo é um ponto de inflexão e que seu valor para a empresa é muito maior do que ajudar a criar inovações de engenharia. Assim, ele abordou o líder do RH e se ofereceu para colaborar com a mudança de indivíduos e equipes por meio de *coaching* em particular, além de liderar programas de treinamento de grupos.

Luther é um verdadeiro Idoso Moderno, em todos os sentidos. Ele está sempre evoluindo como pessoa e líder. É cataliticamente curioso e concentra sua mente de iniciante em aprender e em manter suas habilidades de *coaching* e engenharia afiadas. Luther se tornou um colaborador perito ao usar suas habilidades de QE, e, agora, quando a TiVo está entrando em uma nova era, ele está usando sua habilidade de fornecer sábios conselhos para inspirar outros enquanto alcançam novas alturas e se reinventam. Luther resume esse método de mudar em uma simples expressão (inspirada nas palavras de Aristóteles: "Nós somos o que fazemos repetidamente. Então, a excelência não é uma ação, mas um hábito"): "Nós somos o que praticamos, e sempre estamos praticando alguma coisa. Então, para fazer mudanças, precisamos praticar alguma coisa nova e diferente."

QUANDO O *PROFESSOR* ESTIVER PRONTO, O ALUNO SURGIRÁ

Como o poder está sendo desviado para as pessoas jovens cada vez mais rápido, precisamos criar exércitos de Luther Kitahatas que podem fornecer sábios conselhos a esses jovens líderes enquanto eles "*tomam decisões estratégicas em ambientes cada vez mais ágeis*".

Essas palavras em itálico vêm do título de um estudo marcante que a pesquisadora Kathleen Eisenhardt publicou há cerca de trinta anos, no qual ela descobriu que muitos líderes da indústria da tecnologia passam por momentos de indecisão em ambientes extremamente estressantes. A equipe busca o líder para tomar uma decisão, mas, em geral, o líder se sente paralisado por causa de dados ambíguos e falta de perspicácia. Porém, Eisenhardt também descobriu que as empresas que conseguiam evitar isso costumavam ter uma coisa em comum: a presença de confidentes experientes que agiam como uma caixa de ressonância para o líder; um conselheiro de confiança que tinha sabedoria para ajudar a "transmitir confiança e um senso de estabilidade" em tempos de incerteza, além da habilidade de encontrar pontos cegos devido a sua visão nova e imparcial. Em um ambiente competitivo e de rápidas mudanças, a velocidade da tomada de decisões pode fortalecer ou acabar com o desempenho de uma empresa, e isso também pode fazer a diferença entre uma organização com uma liderança forte e uma que está aleijada e confusa pela falta de decisão por parte de um CEO ou fundador. Isso também significa que jovens líderes, que têm a tendência de ser imprudentes e impulsivos, podem aprender a pensar mais e ser mais deliberativos em seu processo de tomada de decisões por conversar sobre suas opções com um conselheiro de confiança.

Mas os jovens realmente querem tal orientação? Uma pesquisa feita pela MTV em 2011 descobriu que 75% dos membros dos *millennials* querem um mentor, e 61% deles disseram que precisam de "orientações específicas de seus chefes para dar o seu melhor no trabalho" — duas vezes mais do que se vê entre os *boomers*. Outro estudo descobriu que a idade demográfica daqueles que mais querem um mentor é de 31 a 40 anos de idade, o que coincide com os "doze anos traiçoeiros" que mencionamos no capítulo anterior, nos quais jovens em cargos de supervisão trabalham sem treinamento formal. Assim, apesar dos estereótipos que sugerem que jovens querem fazer as coisas do seu jeito, o que eles realmente querem é orientação.

Porém, muitos Idosos Modernos, como Lenny Mendonca, um antigo parceiro consultor da McKinsey, que agora dá aulas na Faculdade de Graduação em Administração Stanford, sentem-se na obrigação de "pagar de volta" como confidentes de jovens, mas ficam surpresos ao ver como eles pedem conselhos informais. Então, nós, os idosos, talvez tenhamos de colocar uma placa de "Conselho", como aquela que Lucy fez nos quadrinhos. E talvez tenhamos de ganhar a confiança de nossos colegas mais jovens por lhes fazer perguntas que mostrem empatia, por mostrar vulnerabilidade, por descrever, em vez de dar receitas, e por provar nossa lealdade e compromisso com o sigilo.

Nas práticas-modelo no fim deste capítulo, nos concentraremos mais em maneiras de fazer com que confiem mais em nós e em como podemos entender melhor nosso papel como conselheiros e o que fazer para evitar que essas sessões de aconselhamento consumam todo nosso tempo. À medida que eu era abordado por cada vez mais funcionários da Airbnb, precisava responder às seguintes perguntas: "Como posso atender melhor a essa pessoa?", "Esse será um papel de aconselhamento constante ou não?" e "Vamos nos concentrar mais em um aspecto específico de seu desempenho ou em seu desempenho profissional como um todo?" Como meu papel como conselheiro era completamente informal e uma escolha minha, eu poderia otimizar meu conselho de uma maneira que atendesse ao jovem funcionário e me mantivesse ciente de meu próprio calendário limitado.

Às vezes, porém, o papel do idoso é maior que todo o restante em nosso arsenal. E é especialmente nessas épocas que percebemos nosso verdadeiro valor quando realizamos bem nosso trabalho como conselheiros. Por exemplo, quando conheci o cofundador da Airbnb, Joe Gebbia, pude ver que ele representava grande parte da alma da empresa. Na verdade, foi ideia de Joe chamar seu colega da Rhode Island School of Design, Brian, até São Francisco para entrar na vida empresarial e colocar colchões no chão de sua sala de estar. Juntos, esses dois falidos aspirantes a empreendedores os alugaram durante uma conferência de *design*, quando os hotéis da cidade estavam todos lotados, para que conseguissem pagar o aluguel. Foi assim que a Airbnb nasceu em 2007.

Em 2013, quando comecei a passar tempo com Joe, a pedido dele, havia ficado claro que ele era tanto um gênio do *design*, sempre pronto para ter sua próxima ideia, como um líder que valorizava um *feedback* sincero. Por meio de jantares, caminhadas e várias conversas profundas e aleatórias, Joe e eu encontramos nosso ritmo. Não demorou para que eu pudesse ver que eu seria um confidente de longo prazo e que nossa amizade seria para a vida toda. Afinal, a origem da palavra "mentor" vem do grego antigo e significa oferecer alguma coisa "duradoura". E parecia que esse seria o caso de minha relação acidental com Joe.

Ao passo que a Airbnb continuava a crescer, pude ajudar Joe a entender a relação entre o lado mensurável e o imensurável de um negócio. Nós conversamos bastante sobre a importância de falar a verdade aos funcionários e sobre como desenvolver uma cultura que se conectasse às maiores necessidades deles, de anfitriões e de hóspedes. Joe parecia imerso em meu livro *Peak* e em sua mensagem de que empresas que têm um alto desempenho criam um hábitat no qual os funcionários se sentem inspirados pela missão da organização, mas que também entendam seu impacto diário no apoio dessa missão. Munido com essas ideias e com meu total apoio, Joe fez um dos discursos mais abertos e sinceros que ouvi ao dirigir-se aos funcionários da Airbnb em nossa primeira conferência com todos os colaboradores, a One Airbnb. Mais tarde, Joe disse que se baseou em mim, como Idoso Moderno, devido aos meus anos de experiência administrando organizações maiores em combinação com minha liderança emocional e sexto sentido para a cultura da empresa.

Graças a suas grandes redes, os Idosos Modernos também podem servir de "cupidos", facilitando essas colaborações intergeracionais que resultam em verdadeiras inovações. Por exemplo, pense em como, à idade de 80 anos, o famoso cirurgião, inventor e viticultor Dr. Thomas Fogarty apresentou a CEO

Anne Morrissey, com 48 anos na época e veterana de muitas *startups* da indústria da saúde, à jovem empreendedora Jessie Becker, de 24 anos, para que Anne pudesse levar a promissora *startup* de aparelhos médicos de Jessie, a InPress Technologies, ao futuro.

Na última década, capitalistas de risco expressaram uma crescente preferência por manter os fundadores como líderes de seus negócios o máximo possível porque as empresas lideradas por fundadores têm tendência a serem mais inovadoras, têm melhores instintos para o seu mercado competitivo e têm a autoridade moral para fazer escolhas difíceis. Em muitos casos, como o do Facebook, do Snapchat e do Uber, isso quis dizer que os fundadores tiveram direitos de voto jamais vistos em comparação com líderes de empresas tradicionais. Mas esse tipo de consolidação de poder com empreendedores inexperientes pode resultar em cenários desafiadores, e com certeza não quer dizer que podemos parear fundadores com sábios conselheiros que poderiam ajudá-los a amadurecer e a crescer.

É difícil medir o impacto de um verdadeiro Idoso Moderno. É óbvio que não se trata de quantos aparelhos eles produzem individualmente por hora. Em alguns casos, pode se tratar de como eles ajudam a criar um hábitat para que as pessoas possam fazer o melhor trabalho de sua vida. Quando confiaram a mim o papel de assessor interno, pude auxiliar vários líderes promissores da Airbnb a enxergar seu valor singular na empresa, ajudando-os a garantir que não iríamos perder o grande potencial dos gerentes no frenesi de nosso crescimento.

Esses três brilhantes cofundadores — Joe, Brian e Nate — estavam fazendo algo histórico, além do simples crescimento fenomenal da empresa. Na história, é muito raro encontrar um trio de fundadores de uma empresa que cresceu tanto quando a Airbnb e que tenha trabalhado de modo tão harmonioso em seus papéis operacionais por décadas. Ser um revolucionário pode abalar as relações internas por causa de todas as distrações e pressões. Assim, essa não foi uma façanha insignificante. A Airbnb se tornou uma empresa melhor porque estava crescendo para se tornar uma empresa *mais sábia* de várias maneiras. Isso quer dizer que não ficávamos obcecados apenas com nossos resultados financeiros; analisávamos nosso impacto em longo prazo nas comunidades em que estávamos presentes e adaptávamos as políticas e os programas para serem uma força positiva. E, como havia muito menos drama de cofundadores do que na maioria das outras empresas, nossos funcionários podiam se concentrar em como essa *startup*, que havia se tornado uma das empresas de hospitalidade mais valiosas do mundo praticamente da noite para o dia, podia viver à altura de sua missão de ajudar seus clientes a "pertencer a qualquer lugar".

Não precisamos ter um papel sênior ou um título para "pendurar nossa placa". Como visto no Capítulo 4, Paul Critchlow serviu de confidente e bibliotecário mesmo sendo um estagiário. Embora possamos temer que nossa idade mostre que envelhecemos, nossa sabedoria faz a mesma coisa, em especial quando não estamos tentando "nos exibir". O filósofo chinês Lao-Tzu, autor de *Tao Te Ching*, escreveu: "O Sábio se apega a Aquele e, dessa forma, se torna o pastor do mundo. Ele não se exibe; assim, se torna proeminente. Ele não se coloca em um mostruário; assim, ele brilha. Ele não se gaba; assim, ele recebe crédito. Ele não elogia suas próprias ações; assim, ele existe por mais tempo. É só porque ele não compete que, assim, ninguém consegue competir com ele."

Espiritualmente radiante, fisicamente vital e socialmente responsável, o Idoso Moderno sente-se produtivo quando abre espaço para os mais jovens que ele para acelerar seu aprendizado por lhes fornecer sábios conselhos. Pierre Teilhard de Chardin escreveu: "O futuro pertence àqueles que dão às próximas gerações motivos para ter esperança."

Práticas-modelo para Dar Conselhos

1. CONHEÇA SEU PAPEL ESPECÍFICO COMO CONSELHEIRO.

Ao receber a oportunidade de dar conselhos, pergunte-se: "Como posso servir melhor essa pessoa?" Quanto mais a pergunta é voltada ao desempenho ("Eu não estou alcançando minha metas de vendas. O que posso fazer diferente?"), mais curto o seu envolvimento provavelmente será. Mas uma pergunta voltada ao desenvolvimento ("Como posso construir minha inteligência emocional para desenvolver uma relação melhor com todos os meus colaboradores diretos?") provavelmente perdurará, de modo que será preciso determinar se você tem tanto as habilidades como o tempo necessários para entrar nessa relação.

Outra maneira de encarar isso é ao perguntar-se: "Estarei primariamente transferindo conhecimento (voltado ao desempenho) ou facilitando a percepção (voltado ao desenvolvimento)?" Se não acha que tem as habilidades ou o tempo para o que for necessário, que outros recursos existem em uma empresa para ajudar esse jovem trabalhador? O supervisor direto dessa pessoa tem a capacidade de lhe fornecer essa assessoria? A equipe de RH pode ajudar? Existem sistemas de gerenciamento de desempenho, como os formatos de *feedback* 360 graus? Existem *coaches* internos ou externos? Existe outro idoso na empresa que está mais bem habilitado que você? E poderia haver uma reunião singular com essa pessoa na qual você deixa a ela uma pergunta que poderia ajudá-la a ser seu próprio *coach*?

2. APRENDA AS MELHORES PRÁTICAS DO ACONSELHAMENTO.

Se realmente quiser dar conselhos no ambiente de trabalho, existem diversas abordagens a serem consideradas. Eu gosto, em especial, do Coaches Training Institute, de modo que recomendo que acesse o site www.coactive.com (conteúdo em inglês). Você também viu que a "presença" é uma qualidade que acho que os Idosos Modernos incorporam. Existem alguns programas que se especializam na presença e na liderança: o Strozzi Institute (www.strozziinstitute.com) e o Leadership Embodiment (www.leadershipembodiment.

com) (ambos com conteúdo em inglês). Do meu ponto de vista, estas são dicas comprovadas do meu arsenal:

- *Escute* e *queira saber* a história e fique atento a qualquer preconceito. Faça perguntas que mostrem empatia e que o ajudarão a saber o que está abaixo da superfície. Ao mesmo tempo, tenha cuidado para não parecer que está entrando no território de um terapeuta. Se esse é o papel que alguém deseja que você exerça, e se estiver confortável com isso, então tudo bem, mas saiba que você também pode recomendar que a pessoa busque ajuda profissional ou outros recursos. O mais importante: mostre que você se preocupa ao ouvir com atenção. Um ótimo conselheiro dá sugestões, não ordens, e tem muito cuidado na hora de usar as palavras "deve" ou "não deve".

- Se achar apropriado, revele algo sobre sua história que ajude essa pessoa a entender que ela não é a única que está passando por determinada situação, mas não deixe sua história dominar a conversa. Mostre alguma vulnerabilidade, mas também ajude-a a ver como você resolveu esse problema e compartilhe essa sabedoria.

- Ao tratar cada pessoa de modo único, considere o ciclo de vida de uma relação constante entre um mentor e um orientado. No livro *From Age-ing to Sage-ing*, os autores Zalman Schachter-Salomi e Ronald Miller sugerem que costuma haver cinco etapas: (a) antes mesmo de tal relação ser cogitada, haverá uma apresentação casual ou informal durante a qual você poderá ver se essa relação será confortável; (b) o período de "agitação" é quando você vê pela primeira vez se essa conexão terá a profundidade e a elasticidade que ambas as partes estão procurando, o qual também é um bom momento para esclarecer as intenções e objetivos de ambas as partes; (c) o aumento de confiança ao passo que o orientado revela mais; (d) a transmissão de sabedoria por parte do mentor se torna mais evidente, visto que a quantidade de tempo que o mentor fala durante um encontro pode ser duas vezes maior que em comparação a encontros anteriores; e (e) a graduação, na qual ambas as partes reconhecem que essa parte da relação terminou. É importante deixar claro quando essa última etapa é alcançada, visto que muitas relações de orientação são arruinadas quando uma das duas partes sai sem deixar claro o fato de que estão prontos para que ela acabe.

- Mostre que você é leal. A principal maneira de fazer isso é ao comprometer-se com o sigilo de modo explícito. Uma das direções nas quais uma relação de orientação pode ir é no aconselhamento de carreira. Isso é complicado, visto que o orientado pode sentir-se receoso em expressar que pode estar considerando ou considerará a possibilidade de arrumar emprego em outra empresa. E pode ser um desafio para você manter essa informação em segredo, em especial se essa pessoa for um contribuinte valioso ou um líder. Mas saiba que, quanto mais ajudar essa pessoa a resolver seu problema de uma maneira que a deixe feliz, melhor será para a organização no longo prazo. É claro que se a pessoa que estiver orientando lhe disser algo que venha a ser uma ameaça real para a empresa ou envolver questões legais ou éticas sérias, talvez você precise de aconselhamento adicional.

3. PROCURE MANEIRAS DE AMPLIAR SEU CONSELHO.

Assim como gatos de rua voltam para comer o sachê que lhes oferecemos certo dia, você talvez descubra que os jovens estejam sendo magneticamente atraídos em sua direção se colocar sua placa como bibliotecário ou confidente. Você tem algumas opções se descobrir que a demanda pela sua sabedoria é maior que as horas disponíveis em sua agenda.

- Pense em formalizar seu papel como mentor com seu chefe para que isso se torne parte de seu trabalho, não como algo extra que você faz depois do expediente. Como descreverei no Capítulo 9, é hora de mais empresas considerarem copiar o modelo do Google de os engenheiros terem 20% do tempo para se concentrar em ajudar em projetos de inovação independentes da empresa e permitir que sejam colocados em prática por um idoso que claramente tenha mostrado sua capacidade como multiplicador de jovens talentos. Claro, isso talvez signifique que você tenha que diminuir em 20% suas outras atribuições, a menos que esteja disposto a acrescentar esses 20% aos seus 100% já existentes.

- Represente alguns idosos mais jovens. Se você já cultivou algumas relações efetivas de professor-aluno, alguns de seus alunos podem ter o interesse e a capacidade de se tornar mentores informais também. Então, ao ser abordado por novos alunos em potencial, fale sobre seu idoso mais jovem que tem mais tempo disponível que você e que dominou muitas das habilidades que você tem.

- Pergunte ao departamento de RH se ele apoiaria uma sessão de "orientação rápida", na qual possíveis mentores e alunos poderiam formar uma parceria com base na variedade de campos que os potenciais mentores acham que dominaram e podem transmitir.

- Transforme suas orientações em aulas. Michael Dearing, o executivo de longa data da eBay, ex-professor da Faculdade de Engenharia de Stanford e fundador da Harrison Metal, que investe em *startups*, descobriu que, cada vez que se encontrava com um aluno, uma enxurrada de memórias surgiam, visto que muitos dos problemas que esses jovens estavam enfrentando eram similares aos que ele vivenciou em seu passado. Ao perceber que estava sempre dizendo quase as mesmas coisas a seus alunos, Michael criou uma escola na Harrison Metal, cujo principal objetivo era formar uma turma de gerenciamento com de trinta a quarenta pessoas. Princípios, orientações e um kit de ferramentas de liderança eram oferecidos durante o período de doze horas de aula. Embora tenha sido muito bem-sucedido em seu negócio, Michael acredita que essa aula é o maior legado que ele deixará como Idoso Moderno.

Parabéns por ter lido os quatro capítulos com as quatro lições para Idosos Modernos. Acredito que aceleramos seu caminho rumo à sabedoria. Agora tornaremos as coisas mais pessoais passando para o Capítulo 8, no qual juntaremos todas essas lições e as aplicaremos para fazer a segunda, a terceira ou a quarta etapa de sua carreira prosperar.

[8]

Aprimore-se, Não Se Aposente

"Desde que tinha 6 anos de idade, eu tinha a mania de desenhar a forma dos objetos. Quando fiz 50 anos, publiquei uma infinidade de designs; mas tudo o que produzi depois de completar 70 anos não vale a pena ser contado. Foi aos 73 que comecei a entender a estrutura da verdadeira natureza... consequentemente, aos 80 anos, eu deveria ter feito ainda mais progresso; aos 90, eu esperava ter alcançado o mistério das coisas; aos 100 anos, eu decididamente deveria ter atingido um grau maravilhoso e, quando eu fizer 110 anos, tudo o que eu fizer, cada ponto e cada linha, será um instinto da vida — e perguntarei a todos os que viverem tanto quanto eu se não mantive a minha palavra."

—Hokusai, um artista japonês do século XIX

"Respirou tão pouco e já está chamando isso de vida?"

Minha amiga Vanda fez essa pergunta provocativa — uma linha de um poema de Mary Oliver — durante os dias iniciais do estouro da internet em 2002. Eu mal estava respirando, pelo menos financeiramente, quando minha empresa de hotéis foi atingida pelo primeiro de dois reveses financeiros "únicos" na mesma década. Desde então, prendi minha respiração como um nadador iniciante de nado sincronizado. Seis anos depois, parei de respirar. Literalmente. Com um tornozelo quebrado, uma perna infeccionada, alguns antibióticos ruins e viagens demais, acabei desmaiando no palco depois de uma palestra. Quando acordei, alguns minutos depois, percebi que não aguentaria mais um revés financeiro. Um grande desenvolvimento de noção dentro de alguns minutos que mudam a vida.

Nos dois anos seguintes, fiquei de luto por causa de uma série de suicídios de amigos de meia-idade que não perceberam que o "retorno" da vida pode começar a melhorá-la por volta dos 50 anos. Foi então que decidi que era hora de começar a respirar de novo. Mudei quase tudo na minha vida: vendi a empresa em que pensei que trabalharia até morrer, terminei um relacionamento de oito anos com minha parceira de vida e embarquei na jornada de renascimento que compartilhei neste livro.

Para alguns, 50 podem parecer muito, mas, se vamos viver até os 100 anos, não vivemos nem 40% de nossa vida adulta. Assim, em vez de pensar em aposentadoria ou ficar remoendo o passado, aprenda a lição do artista japonês Hokusai, cujas 100 escritas em blocos de madeira no Monte Fuji continuam a impressionar amantes da arte 200 anos depois de eles tê-las feito, quando tinha 75 anos. Apesar da idade avançada, Hokusai estava certo de que ainda não havia feito sua melhor obra de arte, e isso o motivava a continuar indo em frente. As obras-primas desse artista não só apresentam uma variada coleção de pontos de vista dinâmicos da montanha mais famosa do Japão como servem de metáfora para as muitas perspectivas que podemos empregar ao considerar nossa meia-idade.

Para alguns, 25 anos de experiência é um ano de experiência copiado 25 vezes. Outros acreditam que renascemos a cada dia e começamos com um novo ponto de vista. A cada dia, pegamos nossa experiência acumulada e a argúcia da retrospectiva e nos tornamos mestres melhores. A cada dia, podemos escrever um novo roteiro de para onde estamos levando "nossa única e preciosa vida".

DOMINANDO A ARTE DA AUTORREINVENÇÃO

Você já chegou ao "ápice" de sua carreira ou ele ainda está à sua frente? Em alguns pontos de nossa carreira — quer aos 50 ou aos 70 —, nos depararemos com uma encruzilhada que poderá parecer um beco sem saída. Talvez tenhamos sido demitidos, talvez tenhamos uma crise de saúde, talvez simplesmente nos sintamos esgotados. Temos uma escolha: nos aprimoraremos ou nos aposentaremos? Nem todo mundo percebe que tem essa escolha. Algumas pessoas acreditam que a aposentadoria em certa idade é uma conclusão predeterminada, mas havia uma época em que morrer em uma certa idade era uma conclusão predeterminada também. Porém, a medicina moderna moveu esses padrões dez ou vinte anos mais para a frente. A medicina moderna aprimorou-se. Os Idosos Modernos também podem fazer isso.

Até este ponto do livro, estive falando principalmente sobre como podemos nos reformar para permanecermos relevantes e valiosos em nosso trabalho ou nossa carreira atuais, mas este capítulo falará sobre algo um pouco diferente: o que fazer quando nos encontramos naquela encruzilhada em que a questão da aposentadoria se torna impossível de ignorar. Você aprenderá como tornar clara sua maestria e replantá-la em um novo jardim para que seja colhida por muitos anos à frente.

Os adolescentes recebem todo tipo de ensino preparatório para facilitar sua entrada no novo capítulo da idade adulta: anos de escola, programas de verificação, times esportivos, escolas de etiqueta (o que aconteceu com elas?!), testes simulados, testes de QI, conselheiros de carreira e diversas tutelagens. Mas não nos é oferecido muito para que nos preparemos para a encruzilhada com a qual nos deparamos quando chegamos às portas da terceira idade. E é por isso que quero que pense neste capítulo como seu mapa. Ou talvez devamos chamá-lo de projeto, tal como a autora Mary Catherine Bateson fez em sua inspiradora metáfora que sugere que edifiquemos nossos anos de crescente longevidade em nossa carreira de modo que talvez tenhamos de construir um novo cômodo em nossa casa.

Ela escreveu: "Acrescentar um cômodo à casa provavelmente mudará a maneira de os cômodos serem usados. A reforma no meio da carreira provavelmente é uma mudança mais dramática. Em vez de construir algo nos fundos, estamos mudando as paredes de lugar e criando um átrio no centro. O átrio está cheio de ar fresco e luz do sol, e apresenta a oportunidade de refletir em todos os cômodos que dão nele." Em outras palavras, a crescente longevidade que talvez tenha em comparação com seus pais ou avós não necessariamente significa dez anos a mais no fim de sua vida. Em vez disso, pode significar que você terá uma década a mais, ou um átrio, no meio da sua vida. Este capítulo lhe oferece o projeto arquitetônico do átrio do meio da sua vida, incluindo uma variedade de opções de como viver esses anos adicionais da meia-idade de sua vida.

POR QUE SE APRIMORAR?

Mas primeiro falaremos sobre o grande e velho elefante na sala: a aposentadoria. A palavra "aposentadoria" vem do idioma francês e significa "isolar-se". Obter refúgio contra um mundo complicado pode ser o caminho perfeito para algumas pessoas aos seus 50 ou 60 anos. Porém, para muitos, a mera ideia as faz tremer de medo. Para elas, e especialmente se forem obrigadas a encarar esse elefante antes de estarem prontas, os dias de ociosidade e a oportunidade de reflexão tranquila se parecem menos com um santuário pacífico e mais com uma extradição forçada ou um exílio violento. Felizmente, existe outra opção. E, na verdade, existem muitas razões para se aprimorar, em vez de se aposentar.

Um desses motivos é que isso é melhor para seu cérebro e seu corpo. De fato, no caso de funcionários saudáveis, aposentar-se até um ano mais cedo pode aumentar o risco de mortalidade. É como Chris Farrel escreveu no *New York Times*: "Os acadêmicos que estudaram a correlação entre a saúde e o trabalho na terceira idade disseram o seguinte: o trabalho lhes oferece rotina e objetivo, um motivo para se levantar de manhã. O ambiente de trabalho é um ambiente social, uma comunidade. Dependendo da nossa ocupação, fazer nosso trabalho envolve relacionar-se com colegas de baia, chefes, subordinados, irmãos e irmãs do sindicato, fornecedores, vendedores e clientes. O incentivo para que os funcionários invistam em sua saúde enquanto estão empregados é forte."

Assim, não é surpreendente que 70% das pessoas acima dos 50 digam que ainda gostariam de trabalhar meio período depois de se aposentar. Muitas fazem cursos no centro ou universidade comunitários locais, aprendem um idioma ou começam a ter um hobby (ou todos os três). Todas essas são maneiras de manter nosso cérebro ativo depois da aposentadoria.

Além disso, existem motivos práticos e financeiros para se aprimorar, em vez de se aposentar. Como descrito em *The 100-Year Life*, de Gratton e Scott, se achamos que viveremos até os 100 anos, devemos fazer planos para guardar 10% de nossa renda por ano se queremos nos aposentar com 50% de nosso último salário. Embora muitos de nós guardemos cerca de 5% por ano, se pudermos guardar 10%, com que idade poderemos nos aposentar? Perto dos 80.

Cacilda! Assim, nos aposentarmos aos 60, 65 ou até 70 anos poderá não fazer sentido para muitos de nós nesta nossa era de três dígitos de longevidade.

Ademais, quanto mais esperamos para obter acesso aos nossos benefícios da previdência social na aposentadoria, mais receberemos. Por exemplo, receberemos 76% mais em benefícios mensais, se esperarmos para nos "aposentar" quando tivermos 70 anos, em vez de 62. Se esperamos viver neste planeta por um longo período, poderemos fazer isso, e nos convém trabalhar um pouco mais e esperarmos para receber os benefícios da previdência social. Você poderá ler mais sobre isso na seção "Meus Dez Favoritos" do apêndice, na seção "Sabedoria da Internet".

A aposentadoria costumava ser uma transição simples e permanente — do serviço por tempo integral a serviço nenhum, com algumas limitadas opções. Mas, hoje, tornou-se mais um processo, ocorrendo de modo potencial, em várias etapas durante vários anos. E assim como existem mais opções para aqueles que escolhem se aposentar, também existem mais oportunidades para aqueles que decidem se aprimorar. Na verdade, há grande evidência de que mais pessoas com mais de 50 anos mudaram por completo de indústria ou de cargo. Quarenta por cento dos norte-americanos que ainda estão trabalhando aos 62 anos passaram a exercer uma nova ocupação em algum momento depois dos 55 anos, e aqueles que passaram a exercer uma nova ocupação escolheram permanecer no ambiente de trabalho por mais tempo que aqueles que permanecem na mesma indústria ou cargo ao ficar mais velhos.

Isso exige fortalecer novos músculos na meia-idade, além de novas expectativas. Por exemplo, a maior parte dos trabalhadores que muda de carreira mais tarde na vida recebe um salário menor quando começa de novo, e isso é especialmente verdade na indústria tecnológica, onde os salários tendem a chegar ao ápice quando os colaboradores estão com 45 anos. E, para alguns, o choque psicológico que vem com a redução de salário e de nível pode ser difícil de engolir. Mas, para muitos desses empregados de meia-idade, a redução no salário é menos importante que o tipo de flexibilidade de carga horária que alguns empregadores ou profissionais oferecem, e o fato de que eles podem trabalhar meio período ou ter mais tempo de férias. Prestar consultoria, trabalhar como autônomo ou trabalhos temporários são algumas opções viáveis para um número cada vez maior de pessoas entre 50 e 60 anos, e esse tipo de trabalho representa, no momento, 40% da força de trabalho norte-americana (31% em 2005).

Empreendedorismo, ensinar, treinar, fazer trabalho voluntário: esses são apenas alguns dos exemplos populares de muitas opções disponíveis àqueles que escolhem se aprimorar, em vez de se aposentar. Então, veremos agora como nos aprimorar e reinventar nosso conjunto de habilidades para encontrar e prosperar nesse satisfatório "bis da carreira".

O MESTRE DE SEU PRÓPRIO DESTINO

Talvez, só talvez, você esteja começando a acreditar que o mundo está em suas mãos, ou em seu átrio, na meia-idade. Talvez você tenha mais opções do que imaginava porque desenvolveu a habilidade da maestria, o que pode se aplicar ao aprender coisas novas.

Luis Gonzalez é um ávido leitor de livros de liderança de negócios, o que o ajudou a lidar com alguns "incêndios" no mundo corporativo. Mas, quando tinha 40 e poucos anos, Luis percebeu que seu sonho de infância de apagar incêndios de verdade ainda estava vivo nele. Luis era diretor de operações da Inktel, uma bem-sucedida empresa de central de atendimentos com mais de mil funcionários. Ele tinha uma ótima carreira e, com sua esposa, sustentava seus quatro filhos. Mas, quando seu "ninho" estava a ponto de ficar vazio, Luis se lembrou de algo que havia lido de Tandy Komisar, que foi exemplo para nós dois: "E então surge o maior risco de todos — o risco que passar a vida inteira fazendo o que não queremos, apostando que poderemos comprar nossa liberdade mais tarde." Quando era criança, Luis sonhava com uma carreira como bombeiro, mas o mundo dos negócios o levou em uma direção diferente. Contudo, Luis ainda desejava ajudar outros e gostou de servir como voluntário na Cruz Vermelha e de ajudar no resgate após um furacão no sul da Flórida.

Correr atrás de seus sonhos como bombeiro e deixar uma carreira de sucesso foi uma decisão desafiadora, considerando-se a segurança financeira da qual Luis estava abrindo mão e os riscos inerentes à profissão de bombeiro.

Além disso, aos 44 anos, ele estaria entrando em um batalhão de bombeiros com colegas que eram mais jovens que seu filho mais velho. Assim, enquanto estava gerenciando a Inktel, Luis passou por dois anos de treinamento intensivo, incluindo a escola de Técnico de Emergência Médica (EMT), a academia de bombeiros, a escola de paramédicos e, então, trabalhando como voluntário no corpo local dos bombeiros aos fins de semana.

Depois de dois anos de treinamento, e agora podendo ser contratado por qualquer corpo de bombeiros no sul da Flórida, ele ainda estava trabalhando como voluntário, e a Inktel ainda estava crescendo, mas Luis não estava se sentindo satisfeito. Certa noite, quando saiu para jantar com a família, uma emergência de trabalho fez com que ele deixasse o restaurante e dissesse: "Isso não pode mais acontecer." Então Luis finalmente decidiu usar bem todo aqueles rigorosos treinamento, estudo e prática. Ele entregou uma petição para entrar no corpo de bombeiros de West Palm Beach e, depois de um extensivo processo de contratação, tornou-se a pessoa mais velha a quem se ofereceu um emprego de bombeiro naquela cidade.

O corpo de bombeiros é um ambiente onde os novatos mantêm suas opiniões para si mesmos e seguem orientações. Porém, como Luis era mais velho que o capitão e que os chefes, trouxe uma perspectiva diferente ao núcleo. Ele mostrou ser um mentor de muitos colegas, o que fazia parte de sua maestria e sabedoria de liderança que havia forjado durante seus anos no mundo dos negócios. Como resultado, sua opinião e perspicácia eram procuradas por seus colegas e pares. Luis não havia se tornado bombeiro para aprimorar sua maestria em liderança, mas, assim como todos nós levamos nossa caixa de ferramentas de maestria conosco para toda parte, seus colegas se beneficiaram dela. No caso de Luis, tranquilidade e liberdade para aproveitar a vida superaram em muito o impacto financeiro. Sua maestria adulta está agora realizando seu sonho de infância.

Como verá em muitos dos estudos de caso que apresentarei neste capítulo, as sementes da vocação de alguém costumam ser plantadas no passado. Nossa experiência de vida acumulada nos dá uma pista de onde as sementes de nossa maestria podem estar. No meu caso, percebi que, desde minha infância e durante minha carreira adulta como empreendedor de hotéis, eu havia demonstrado sinais de ser um adepto de imaginar as necessidades dos clientes que não eram óbvias, de poder criar uma equipe coesa e de entreter as pessoas como um alquimista social, ajustando minhas antenas tanto internas como externas para aprimorar minha intuição. Costumamos nos distrair quanto a nossos talentos únicos no decorrer de nossa longa carreira, mas a realidade é que desenvolvemos alguma maestria nesse meio-tempo.

Este capítulo o ajudará a aprender como você também pode redirecionar sua maestria para encontrar novas oportunidades as quais nem sequer havia imaginado e, talvez, em lugares com os quais não esteja familiarizado. Como seu atento autor e "bibliotecário", também sugiro que leia o artigo "Switching Careers Doesn't Have to Be Hard: Charting Jobs That Are Similar to Yours", do *New York Times* de julho de 2017, listado nos "Meus Dez Favoritos" no verbete "Artigos" do apêndice. Esse perspicaz artigo, com suas tabelas e conselheiro de carreira automatizado, pode lhe dizer que tipos de serviços são mais similares e diferentes do que você está fazendo no momento e ajudá-lo a entender quais hábitos poderão lhe ser mais benéficos.

Agora que você desenvolveu alguma clareza quanto a seu senso de maestria, aplicaremos as lições que aprendemos nos últimos quatro capítulos com algumas histórias de Idosos Modernos que continuaram a *evoluir, aprender, colaborar* e *dar conselhos* — e conseguiram aprimorar a si mesmos e ao seu conjunto de habilidades para prosperar em sua reformulada carreira.

FAÇA SUAS HABILIDADES EVOLUÍREM

O pai obstetra e ginecologista e a mãe psicanalista de Pam Sherman tinham grandes ambições para sua filha mais nova. Assim, depois que Pam se formou na faculdade de direito e entrou em um prestigioso escritório em Washington, seus pais sentiram que ela havia ganhado a Copa do Mundo. Não importava que o sonho da Pam ainda jovem era ser atriz algum dia. Pam trabalhou como uma escrava no ramo do direito, até que, um dia, o escritório decidiu fechar suas portas de repente. Pam ficou envergonhada e com medo, o que a levou até a ficar se lamentando à noite.

Depois que o choque inicial passou, Pam decidiu parar de ficar encarando o fechamento do escritório como uma sentença de morte para sua carreira e começou a encarar isso como um sinal de que ela deveria se reconectar com seu sonho de infância. Ela pegou seu seguro-desemprego e algumas economias e começou a estudar atuação em Nova York e em Oxford, e não demorou muito para que se tornasse uma bem-sucedida atriz profissional em tempo integral.

Isso até que seu marido transferiu seu negócio para Rochester, Nova York, e Pam teve de evoluir de novo. Para restabelecer seus objetivos de vida para a terceira fase, ela foi trabalhar como jornalista para a empresa de mídia Gannett, com sua própria coluna, chamada "The Suburban Outlaw". Pam também foi abordada por um sócio do escritório Woods Oviatt Gilman, que perguntou se ela podia ajudar advogados a "fazer o que você faz: você sabe como conversar com as pessoas, encontrar suas histórias e deixá-las confortáveis". Pam aprimorou o currículo de uma aula de Atuação para Advogados que ela havia criado para o Departamento de Justiça e começou a trabalhar com escritórios de advogados, agências de *marketing* e, posteriormente, com empresas da Fortune 500. Seu trabalho cresceu bastante, e hoje ela está treinando líderes do mundo todo, ajudando-os a compartilhar sua missão e suas histórias com paixão, energia e compromisso — o que ela não poderia fazer se não tivesse sido advogada E uma atriz. É claro que Pam estava unindo sua experiência na área do direito com sua habilidade de entreter e conectar-se com as pessoas nesse novo campo.

Pam me disse: "Eu não tinha como saber disso na época, mas o fechamento da empresa e essa mudança acabaram sendo as melhores coisas que poderiam ter acontecido comigo, ampliando meus horizontes de maneiras que eu nem sequer poderia ter imaginado e me forçando a reinventar minha carreira de advogada à de atriz à de escritora à de consultora. Eu só precisava ser flexível e fluida no que se refere a como minha identidade mudaria. É como brincar de trocar de roupas quando se é adulta, e eu amo trocar de roupas." E, no início de 2018, Pam voltou aos palcos em um espetáculo sobre seu ídolo, a humorista norte-americana e dona de casa Erma Bombeck.

> **PERGUNTAS A CONSIDERAR:**
>
> 1. Há uma tendência ou indústria que o fascina? Como você pode começar a explorar isso mais a fundo?
> 2. Sua infância dá alguma dica de que nova carreira pode ser significativa para você e existe uma parte da sua identidade da qual teve que abrir mão para evoluir e chegar a ser uma nova pessoa?
> 3. Quais de suas habilidades de maestria são portáteis, independentemente de qual rumo sua carreira siga?

REPLANTE AS SEMENTES DA CURIOSIDADE

O aprendizado veio naturalmente para Sherry Lansing, de 73 anos, a magnata de filmes mais poderosa de todos os tempos e a primeira mulher a dirigir um grande estúdio. Mas primeiro Sherry foi professora, atriz e executiva de filmes antes de se tornar presidente da Paramount Pictures por doze anos. Embora o negócio dos filmes costume ter mais diversidade de gênero, os corredores do poder eram exclusivamente masculinos, até que Sherry chegou; talvez isso tenha sido o resultado de sua perspectiva única de que, durante toda sua carreira, como Sherry conta, ela foi a mentora ou estava sendo orientada por alguém sem nem mesmo saber. Como eu, ela amava o que estava fazendo, até que sua vocação se tornou um trabalho, e foi então que soube que era hora de ficar curiosa.

Aos 55 anos, Sherry começou seu processo de evolução interna. Ela sabia que faria uma transição, de modo que começou a se preparar. Sherry era bem-sucedida e tinha uma mentalidade filantrópica. Tinha um interesse em particular pela pesquisa contra o câncer, visto que havia sido professora de matemática e perdera sua mãe para o câncer. Sherry disse: "Embora eu ainda amasse o negócio dos filmes, não parecia que participar de outra reunião de roteiro seria tão interessante quanto aprender como curar o câncer."

Então, Sherry começou a se envolver com várias organizações sem fins lucrativos contra o câncer, mesmo enquanto ainda estava trabalhando na Paramount. Mas, embora ainda estivesse acostumada a ser a pessoa mais poderosa na sala quando estava em seu trabalho, Sherry estava disposta a ser "a pessoa mais burra na sala" quando a pesquisa de células-tronco estava sendo discutida. O mundo de Sherry aumentou bastante, visto que agora ela estava participando de reuniões com os cientistas mais inteligentes em suas áreas de atuação. Sherry tinha confiança o suficiente para ser inocente, era curiosa o suficiente para ser ocasionalmente valiosa e animada o suficiente para ser uma aprendiz pela vida toda.

Quando escolheu sair da Paramount, aos 60 anos, Sherry já havia plantado raízes bastante profundas em seu novo jardim — a liderança de organizações sem fins lucrativos e a filantropia especialmente voltada ao câncer —, de modo que a mudança não lhe pareceu abrupta. Para Sherry, havia sido uma transição natural, embora muitos de seus amigos de Hollywood tivessem ficado surpresos com sua decisão. A evolução interna costuma acontecer sem que outros percebam. É como foi detalhado em sua biografia, *Leading Lady*: "Depois de décadas atendendo a magnatas e a estrelas do cinema, de acertar orçamentos e analisar roteiros, ela se sentiu livre, como se ela tivesse trocado de pele."

Sherry afirmou: "Não precisamos encontrar uma causa, a causa nos encontra." E, então, nos tornamos especialistas no cultivo de uma mente de iniciante que gira em torno da nossa nova paixão.

Perguntas a considerar:

1. Pense nas pessoas do mundo cujo intelecto e maestria você mais admira. São cientistas que estão tentando encontrar a cura para o câncer? Líderes mundiais que estão tentando acabar com o genocídio? Escritores que ganharam o Prêmio Pulitzer? Qualquer que seja o caso, qual seria uma coisa que você gostaria que essas pessoas lhe ensinassem, e o que você pode fazer para aprender isso por conta própria?

2. Como você pode começar seu aprendizado furtivo mesmo antes de fazer aquela grande mudança para uma nova carreira?

3. Existem modelos de vida já idosos que obtiveram seu êxito primário mais tarde do que esperavam? Poderia lhes perguntar como eles alimentaram sua curiosidade para aprender mais tarde na vida?

REINCORPORE SUA NATUREZA COLABORATIVA

O manifesto de Betty Friedan, *The Feminine Mystique*, é amplamente creditado como sendo a força literária catalítica que deu o empurrão para iniciar a segunda onda do feminismo e o movimento das mulheres há cinquenta anos. Trinta anos depois, aos 72 anos, Friedan escreveu *The Fountain of Age*, no qual tenta suscitar o mesmo despertar para pessoas idosas e, em especial, destacar a natureza colaborativa e criativa do que as pessoas na segunda metade da vida têm a oferecer à sociedade (um link para a sinopse de seu livro está no verbete "Artigos" do apêndice, na seção "Meus Dez Favoritos"). Betty escreveu: "Em seu 'estilo tardio', artistas e cientistas tendem a ir além do tumulto e discórdia, dos detalhes que nos distraem e das diferenças aparentemente irreconciliáveis para unificar princípios que dão um novo significado ao que aconteceu antes e apresentar uma visão da agenda para a próxima geração. Assim, para mim, parece que a idade pode libertar a todos nós pessoalmente — e nossa sociedade que está envelhecendo politicamente — para uma nova integralidade, prevendo, nos esforços sérios ou aparentemente irrelevantes dos últimos anos, novas dimensões da vida para a próxima geração."

O empreendedor Ben Davis, de São Francisco, incorpora "a natureza colaborativa do que as pessoas na segunda metade da vida têm a oferecer à sociedade". Em 2010, Ben já era bem-sucedido, com 25 anos de experiência nas costas, trabalhando em projetos civis, mas a agência de serviços criativos que fundou em 1995 estava falhando enquanto Ben estava iluminado com uma nova ideia. Na verdade, ele havia se desgastado tanto com um cliente específico, a agência do governo que cuida das estradas públicas da Califórnia, a Caltrans, e com uma ideia visionária — a criação de uma obra de arte com um ambiente vivo que abrangia o lado ocidental da Bay Bridge de São Francisco —, que sua pequena agência estava praticamente no limite financeiro. Ben "via Deus nas infraestruturas e amava descobrir maneiras de celebrá-lo e glorificá-lo", mas Deus não pagaria o salário de seus funcionários. O fascínio de Ben com esse novo projeto sem financiamento estava surgindo às custas de seu negócio e de suas finanças pessoais.

Ele pensou em contratar um artista para fazer a instalação artística de luzes em um local, o que poderia ajudar as entradas esquecidas das pontes da Bay

Area (a Golden Gate é a estrela dessa região) a ganhar o amor e o respeito das centenas de milhares de pessoas que as viam todos os dias. Desde o momento da epifania de Ben de fazer a grande cerimônia de luzes, a *The Bay Lights*, em março de 2013, passaram-se apenas dois anos e meio. Mas, em 2014, sua agência criativa, a WPI, ganhou uma lápide para marcar sua "morte". Enquanto isso, Ben criou uma nova organização sem fins lucrativos, a Illuminate.org, que se dedicava a juntar grandes grupos de pessoas para "criar obras impossíveis de arte pública que, por meio da admiração, poderia liberar o melhor da natureza humana". Ele não poderia vender sua empresa porque havia drenado tudo dela para dar suporte à criação dessa nova organização sem fins lucrativos. Mas Ben não podia voltar atrás agora; ele havia encontrado sua "nova integralidade", e ela estava repleta de luz. Ele me disse: "Quando completamos 50 anos, nossa identidade pode nos paralisar. Às vezes, temos que deixar o passado para trás e cortejar o fracasso, flertando com o que é novo e apaixonante em nossa vida."

A escultura de luzes *The Bay Lights* exigiu uma colaboração sem precedentes. Felizmente, Ben também construiu uma rede sem precedentes de pessoas talentosas com quem contar. E foi abençoado com a parceira com o artista de luz de renome mundial, Leo Villareal, e uma excelente equipe de sonhadores e fazedores heroicos. A interpretação visual do Leo de fazer a Bay Bridge se tornar uma tela iluminada se tornou uma fonte de grande inspiração para todos os envolvidos.

E em uma visão compartilhada, diversas agências se juntaram para forjar um caminho para obter permissões onde não havia nenhuma. Do lado técnico, cada vez mais pessoas continuaram a se juntar à causa: engenheiros, eletricistas, especialistas em LED, programadores, gerentes de construção, gerentes de segurança, e assim por diante. No caminho, escritores, fotógrafos, cineastas, advogados, programadores, *designers* gráficos, corretores de seguros, criadores de 3-D, modeladores e outros aceitaram o desafio. Então, uma grande comunidade de moradores e amantes da arte da Bay Area se reuniu, e em um ano, conseguiram mais de $8 milhões para fazer da monumental obra de arte uma realidade.

O mais impressionante para Ben foi a fé e a generosidade de toda uma comunidade — literalmente milhares de pessoas — que altruistamente investiu em uma visão sem garantias. Ele disse: "Essa é a verdadeira mágica da coisa.

Meu papel era ajudar a iluminar um raio de luz de fé que serviu como nosso princípio organizador para gerar colaboração entre agências do governo, tecnólogos, doadores e todo tipo de pessoas negativas que costumam conspirar para dizer 'não' a grandes ideias. A integridade da ideia foi o que ajudou a chegar a essa colaboração épica."

E não foi só a ideia. Depois de fazer 50 anos, a história de Ben de experiências aparentemente díspares foi o que o ajudou a construir esse músculo colaborativo por meio do qual pôde orquestrar esse esforço hercúleo, ao passo que, se tivesse tentado fazer isso vinte anos antes, provavelmente teria falhado. Sua história diversificada de trabalho tinha a colaboração como o elo comum, mas foi no momento em que aquelas luzes foram acesas pela primeira vez na Bay Bridge que Ben percebeu que seu currículo o havia preparado perfeitamente para aquele momento. E ser um pouco mais velho lhe deu a coragem, a perspectiva e a visão para ajudá-lo a guiar as pessoas de volta para a mentalidade de missão a longo prazo, em vez de concentrar-se em obstáculos de curto prazo que podem acabar com um projeto público ambicioso como *The Bay Lights*.

Ben acredita que "quando nos entregamos por completo para realizar uma visão transformadora, não podemos deixar de ser transformados pessoalmente pela experiência. Nossa vida, nossos caminhos, nosso senso de ser e o mundo a nossa volta foram transformados para sempre por causa do que realizamos juntos".

PERGUNTAS A CONSIDERAR:

1. Você tem um exemplo de colaboração que liderou e/ou foi a cola que manteve as partes juntas para que houvesse uma conclusão de sucesso?

2. Ao analisar seu histórico de emprego, como suas habilidades de inteligência emocional se desenvolveram para que tivesse uma intuição ou perspicácia aprimorada sobre a variedade de pessoas com que trabalhou? Como poderia usar esse talento de novas maneiras no futuro?

3. Você tem uma visão para um projeto de paixão que seja tão iluminador e atraente que gere poderosas alianças e harmonia entre partes distintas?

ENSINE, TREINE, DÊ CONSELHOS

Mike Rielly pensou que ficaria trabalhando com golfe durante sua vida inteira. Isso era parte de seu histórico familiar. Depois de se formar em Stanford, Mike entrou na agência de esportes IMG, onde, aos 23 anos, começou a representar jogadores do PGA Tour. Ele passou os 20 anos seguintes subindo de nível até chegar a ser vice-presidente sênior, gerenciando o grupo de serviços dos campos de golfe da IMG no mundo todo, passando muito do seu tempo na Ásia e ajudando a vender a carreira de pessoas notáveis como Arnold Palmer, Gary Player, Greg Norman, Nancy Lopez, Nick Faldo e muitos outros. Mike era quase um conselheiro de orientação de carreira para os atletas, em especial quando estavam pensando no jogo pós-competitivo da "aposentadoria".

Então, seu mundo mudou. O icônico fundador da IMG, Mark McCormack, morreu, e a empresa caiu nas mãos de um grupo de investimentos que tinha um ponto de vista bem diferente do negócio. Durante vinte anos, Mike teve uma ótima experiência com Mark, o qual havia sido seu mentor, de modo que essa mudança foi um choque, o que forçou Mike a considerar suas alternativas de carreira. Ele escolheu aceitar um lucrativo pacote de indenização para ter tempo para considerar o que fazer em seguida.

Contudo, Mike se encontrou um tanto vulnerável agora que sua identidade profissional havia mudado e seus cartões de visita da IMG haviam sido descartados. Ele se mudou para sua terra natal, Los Angeles. Porém, a cada mês que passava, Mike ficava cada vez mais ansioso, porque o dinheiro da indenização estava se esgotando. Ele sabia que precisava encontrar uma nova carreira — mas qual? Então, lembrou-se de que, na oitava série, ele queria ser professor quando crescesse, de modo que decidiu criar e dar uma aula de desenvolvimento de negócios esportivos na University of San Francisco. Reconhecendo que tinha talento com jovens, e que precisava de uma formação avançada para ensinar em uma grande escola de administração, Mike se matriculou em um programa líder de graduação em administração de esportes da Universidade de Ohio, onde tinha o dobro da idade da maioria de seus colegas de turma.

Depois de se formar, Mike começou a ensinar na Faculdade de Administração Haas da UC Berkeley. Ele amava trabalhar com os alunos e descobriu que seu talento em ajudar os jovens a pensar em suas carreiras não era tão diferente do que vinha fazendo para os golfistas profissionais; ainda eram as mesmas sementes, mas em um solo diferente. Seus contatos na indústria dos esportes e seu conhecimento prático do funcionamento interno de tudo, da faculdade aos programas atléticos profissionais e às agências de esporte, significavam que Mike poderia dar a seus alunos graduandos e graduados um assento na primeira fila para entender o negócio dos esportes.

Por fim, Mike deixou de ser professor e hoje é o CEO da Educação Executiva da UC Berkeley. Ele conta: "Como um agente esportivo, eu estava no negócio de recrutar, vender e atender atletas profissionais. Agora estou fazendo o mesmo, mas em uma indústria totalmente diferente. Eu recruto membros do corpo docente, analisando empresas e pessoas para fazerem parte de nossos programas, e atendo a membros do corpo docente e participantes, tudo isso enquanto ouço com empatia, tentando entender e satisfazer suas necessidades únicas. Eu entendi que as habilidades que desenvolvi na IMG como um 'conselheiro de carreira' para atletas profissionais me ajudaram perfeitamente aqui na UC Berkeley. É muito enriquecedor ter esse tipo de impacto em jovens adultos no início de suas carreiras no meu papel como professor, e um impacto similar em executivos de nível sênior no meu papel como CEO. Acho que o tema da minha carreira — minha maestria — é ajudar outros a atingir seu verdadeiro potencial por meio da orientação de carreira."

Não é nenhuma surpresa que vários Idosos Modernos tenham escolhido redirecionar sua experiência e sabedoria para compartilhar sua maestria como professores, consultores ou treinadores. Lisa Pearl, por exemplo, passou grande parte do início de sua vida adulta na escola para obter uma formação em direito e um doutorado. Ela tinha uma visão clara — trabalhar no setor social sem fins lucrativos — e foi atrás disso. Durante treze anos, Lisa trabalhou no Museu Memorial do Holocausto dos Estados Unidos, em Washington, onde tinha diferentes papéis de liderança. Em cada um deles, Lisa pôde criar equipes de alto desempenho, desenvolver programas, implementar sistemas operacionais, liderar mudanças e experimentar quase todos os aspectos da gerência sem fins lucrativos. Ela também foi *coach* e mentora de vários membros do pessoal e de colegas. Lisa achava o trabalho extremamente satisfatório e tinha sorte de trabalhar com outras pessoas que tinham paixão pelo que faziam.

No entanto, ela me disse: "Há alguns anos, comecei a sentir uma mudança. Eu não sei se foi a 'crise da meia-idade' da qual as pessoas falam. Mas perdi o interesse no meu trabalho e me sentia perdida na minha jornada de vida. Eu sentia que meu tempo estava acabando e queria exercer mais impacto."

Então, Lisa decidiu se tornar *coach* de liderança certificada e encontrar sentido na vida ao ajudar os outros a viver seu pleno potencial. Tal como acontece com tantos outros Idosos Modernos, usar seu dom natural para dar sábios conselhos nos ajuda a nos sentirmos tanto úteis quanto relevantes, o que, de fato, somos. Lisa falou: "Se me dissesse vinte anos atrás que eu me tornaria *coach* de liderança, eu teria gargalhado. Eu passei tantos anos estudando, desenvolvendo diferentes habilidades e tentando fazer a diferença neste mundo! No fim das contas, minhas habilidades mais valiosas eram as que faziam parte do meu DNA — liderar, treinar e inspirar outras pessoas a fazer mais. É aí que causo um maior impacto. Nessa jornada, dei a volta no circuito inteiro e acabei exatamente onde deveria estar. Hoje, sinto que tenho bastante sorte de viver minha verdade. Esse é um sentimento muito satisfatório."

PERGUNTAS A CONSIDERAR:

1. As pessoas vêm lhe pedir conselhos? Por que elas vêm até você? Qual é o seu "ingrediente secreto"? Como você pode desenvolver essas habilidades de novas maneiras?

2. Você se lembra de Luther Kitahata, da TiVo, mencionado no capítulo anterior, o engenheiro que também era *coach*? Será que você poderia compartilhar sua maestria ao oferecer treinamento e conselhos de modo mais intencional dentro da empresa onde você está atualmente?

3. Você poderia usar suas habilidades para ensinar e aplicá-las em um novo hábitat? Quais setores da indústria mais lhe interessam, e com quais conhecimentos e experiências você poderia contribuir?

REORGANIZE-SE COMO UM
AGENTE DE MUDANÇAS

Você é um Idoso Moderno em formação. Aprendeu como refinar sua maestria para se preparar para uma mudança de carreira perfeita e recompensadora na meia-idade. Nas próximas páginas, falaremos sobre um cardápio de opções de qual pode ser sua nova carreira.

Começaremos com como você pode fazer a diferença na sua comunidade e no mundo. Muitos *boomers* e membros mais velhos da geração X dizem que querem trabalhar em algo que tenha um significado pessoal mais profundo, que os conecte com algo maior que eles mesmos. Um estudo da MetLife Foundation/Civic Ventures descobriu que cerca de 9 milhões de norte-americanos entre as idades de 44 e 70 anos já se encontram no que foi chamado de um "bis da carreira", o qual combina o objetivo, a paixão e o salário. E outros 31 milhões dizem gostariam de fazer isso no futuro.

O que é encorajador é que muitos empregadores estão se juntando a esse movimento, ajudando a preparar sua força de trabalho que está envelhecendo para que ela possa servir a um bem maior. Esses colaboradores reconhecem que é de seu interesse servir de plataforma de lançamento para empregados que podem fazer a diferença em suas comunidades. É tal como Julie Wirt, diretora de *design* de aposentadoria global da Intel, disse: "Não queremos ser apenas um bom lugar para trabalhar. Também queremos ser um bom lugar no qual se aposentar."

O adequado nome Encore.org (do inglês "bis") esteve na vanguarda desse movimento, juntando Idosos Modernos conscientes a organizações sem fins lucrativos pelo país inteiro. Desde 2009, milhares de "pré-aposentados" — incluindo 200 funcionários aposentados da Intel — entraram no programa Encore Fellows. E uma das executivas seniores da Encore, Marci Alboher, até escreveu o *The Encore Career Handbook* (O Manual de Carreira da Encore) para ajudar outras pessoas a entender como encontrar um bom trabalho que contribua com o mundo.

Peter O'Riordan é um membro do Encore Fellow que foi responsável por um negócio de $1,4 bilhão da Cisco Systems e gerenciou equipes de centenas de engenheiros. Ele esteve na empresa por dezenove anos, até que escolheu participar de uma demissão geral da empresa quando tinha 44 anos. Muitos outros ex-executivos da Cisco apresentaram Peter ao programa Encore, onde ele pôde apoiar uma organização sem fins lucrativos com sua experiência em liderança. Ele escolheu a Breakthrough Silicon Valley, uma organização que ajuda alunos do ensino médio que querem ir para a faculdade a encontrar seu caminho até o ensino superior. Eles têm um índice de aceitação de 96%, impressionante considerando-se que essas crianças vêm de famílias cujos pais nunca foram para a faculdade.

Peter disse que foi necessária uma grande evolução para deixar de liderar grandes equipes com grandes orçamentos para apoiar o diretor-executivo de uma organização sem fins lucrativos de doze pessoas com um orçamento anual de $1,6 milhão. Peter disse: "Eu reconheci que era muito importante não me posicionar como 'o cara que sabe tudo', mas vir com uma mentalidade humilde na qual eu reconhecia que tinha algumas habilidades, mas também pouco conhecimento de como essas habilidades poderiam ser aplicadas em um contexto totalmente diferente."

Às vezes era frustrante, visto que Peter sentia que não podia usar toda sua maestria. Mas seu papel de assessor do diretor-executivo e de outros era perfeito para um Idoso Moderno como Peter — ele podia fazer perguntas bobas, visto que não estava trabalhando em seu hábitat tradicional. Ele disse: "Dar conselhos era mais fácil porque eu não estava trazendo a bagagem de ser um especialista no assunto em questão. Eu tinha uma visão nova do assunto, o que significava que eu podia dar conselhos novos sobre ele. Eu me esforcei ao máximo para nunca dizer: 'Bem, quando eu estava na Cisco, nós....'"

Se esse parece um caminho interessante para você, alguns dos outros recursos que poderia considerar são servir de voluntário no Corpo de Experiência da AARP em escolas públicas urbanas e no Stanford's Distinguished Careers Institute (DCI) ou na Advanced Leadership Initiative (ALI) de Harvard, que ajudam líderes comprovados a encontrar uma maneira de exercer impacto social em suas comunidades.

> **Perguntas a considerar:**
>
> 1. Existe uma causa que seja tão significativa para você que poderia quase lhe compensar fisicamente se você oferecesse sua maestria a uma organização sem fins lucrativos ou a um empreendimento social devotado a essa causa?
> 2. Você tem economias suficientes para ter liberdade para se empenhar em um "bis" na carreira em que poderia ganhar um salário menor?
> 3. Existem vagas remuneradas disponíveis em empresas de sua comunidade com uma poderosa missão social ou organizações empenhadas em servir a um bem comum?

REPLANTANDO-SE COMO EMPREENDEDOR

Aprender a surfar quando eu tinha uns 50 e tantos anos exigiu uma mentalidade evoluída e de crescimento, um pouco de coragem e, acredito, um bom físico. Eu não só pareço tolo na maior parte do tempo, como isso também pode ser perigoso. Mesmo assim, gosto de surfar e acho que isso pode ser uma boa metáfora para uma inovação revolucionária. Um empreendedor procura um "inchaço" no horizonte que se parece mais com uma tendência que com uma modinha, se prepara para pegar a onda, e — diferentemente do tênis ou de andar de esqui — não é possível reservar um horário na quadra, não existe um manual a ser seguido e não se compra nenhum ingresso para entrar. A falta de regras define tanto o surfe como o empreendedorismo. No meu caso, surfei em duas tendências de longo prazo na indústria da hospitalidade: os hotéis boutiques e o compartilhamento de lares, este último depois dos meus 50 anos. O surfe exige ajustes adaptativos: a habilidade de se harmonizar com a onda. Quando ficamos mais velhos, fazemos ajustes para nos adaptar às forças propulsivas do mercado para ver por quanto tempo poderemos surfar.

Talvez muitos de vocês estejam pensando: *E se eu pegasse as habilidades que usei em uma carreira ou empresa mais tradicional e as aplicasse para me tornar meu próprio patrão?* Caso já se tenha feito essa pergunta, você não foi o único: a Kauffman Foundation relata que a porcentagem de todos os empreendedores que têm 55 anos ou mais cresceu de 15%, em 1996, para 26%, em 2014, e que os empreendedores mais velhos têm duas vezes mais chances de ser bem-sucedidos em seus negócios que os empreendedores mais novos. Isso não quer dizer que todos eles estejam ficando ricos (na verdade, o National Bureau of Economic Research descobriu que norte-americanos mais velhos que saíram de um emprego tradicional para serem seus próprios patrões tiveram uma queda de renda anual de $18 mil). Mas o que eles recebem é mais paz mental e senso de autonomia para controlar seu destino, em vez de deixar seu destino nas mãos de seus empregadores. É por isso que 25 milhões de norte-americanos entre 45 e 70 anos querem começar seu próprio negócio.

O *New York Times* relata: "Existem muitas evidências que sugerem que esse crescimento tardio não é uma anomalia. Um estudo de 2016 da Information Technology and Innovation Foundation descobriu que os investidores chegam a seu ápice aos 40 anos e tendem a ser bastante produtivos na última metade de sua carreira. De modo similar, os professores do Instituto de Tecnologia da Georgia e da Universidade Hitotsubashi, no Japão, que estudaram dados sobre proprietários de patentes, descobriram que, nos Estados Unidos, o inventor médio envia sua requisição ao escritório de patentes aos 47 anos, e que as patentes de maior valor vêm de inventores mais velhos — aqueles com mais de 55 anos."

Gary Wozniak, de 62 anos, foi um acionista de sucesso com vício em drogas. O vício fez com que ele acabasse em uma prisão federal por três anos e meio com uma sentença criminal, e quando ele, saiu com quase 40 anos, percebeu que não poderia sequer conseguir um serviço como balconista em uma empresa de locação de carros. Sem muitas perspectivas de carreira, Gary, agora em recuperação, tornou-se empreendedor, administrando uma rede de pizzarias e clubes de saúde, tornando-se um corretor de imóveis comerciais e gerenciando um negócio de consultoria para pequenas empresas. Mas seus esforços empresariais foram destruídos na Grande Recessão. Gary se aprimorou e lançou a RecoveryPark e a RecoveryPark Farms, uma organização sem fins lucrativos que ajuda a treinar a força de trabalho de adultos que saíram da prisão e uma organização com fins lucrativos dedicada ao desenvolvimento da agricultura em dezenas de acres de um terreno que estava vazio no centro da área urbana de Detroit. Nas últimas décadas, Detroit perdeu dois terços de sua população, o que significa que vários bairros estão vazios. No lado leste do bairro de Chene Ferry, onde a RecoveryPark está localizada, 97% da população partiu, de modo que Gary e sua equipe de ex-presidiários e funcionários que estão se recuperando do vício em drogas têm uma grande herdade, e a RecoveryPark Farms agora fornece produtos frescos para cerca de 100 dos melhores restaurantes de Detroit.

O negócio de Gary é uma das 250 *startups* que vivem em uma incubadora de negócios chamada TechTown em um prédio industrial de Detroit onde o Corvette foi projetado. Gary me disse que não poderia ter feito sua empresa crescer sem o suporte que recebeu da TechTown, que o ajudou a refinar seu modelo de negócio, melhorar suas ofertas aos investidores e a conectar-se com outros empreendedores que compartilhavam as melhores práticas. O declínio da indústria automobilística de Detroit e a subsequente revitalização dos prédios abandonados da área são uma ótima metáfora e uma grande inspiração para aqueles de nós que desejam se transformar na segunda metade de nossa vida. A TechTown em si foi o produto empresarial do Idoso Moderno Randal Charlton, que convenceu a liderança da Wayne State a ajudá-lo a montar essa incubadora em especial para empreendedores que estivessem no segundo, terceiro ou quarto ato de suas carreiras. O intercâmbio de sabedoria e orientação que vem de se estar rodeado por colegas empreendedores faz parte do apelo de uma incubadora. Assim, dê uma olhada na sua comunidade e veja se ela tem uma.

A parceria entre a AARP e a Small Business Administration pode ser outro recurso útil. A organização e a agência federal, as quais possuem escritórios locais em todos os estados norte-americanos, oferecem oficinas e seminários online adaptados às necessidades locais. E a AARP também faz eventos de lançamento todos os anos e tem até sua própria incubadora, a The Hatchery. Ou junte-se a muitos outros empreendedores mais velhos que vão à Silicon Valley Venture Summit e à conferência de aceleração de inovações, a Aging2.0. Por último, recomendo bastante que assista ao TED de Paul Tasner sobre como ele começou um negócio aos 66 anos (listada no apêndice sob "Vídeos/Palestras").

> **PERGUNTAS A CONSIDERAR:**
>
> 1. Quais habilidades da sua carreira tradicional são mais fáceis de ser transferidas para um novo negócio que você poderia lançar?
> 2. Como você pode dar pequenos passos em direção ao início de um negócio para ver se acha que conseguirá equilibrar a emoção com a ansiedade?
> 3. A quais recursos poderia recorrer para ensiná-lo e potencialmente ajudá-lo a fundar sua *startup*?
> 4. Você já considerou oportunidades com franquias? Quais são os caminhos mais populares para empreendedores acima dos 50 anos?

REALOCANDO-SE COMO UM EXPATRIADO

Quando a qualidade do Wi-Fi e do sistema de saúde melhoraram em países subdesenvolvidos, mais norte-americanos pensaram em passar seus últimos anos além da fronteira. A quantidade de trabalhadores aposentados que recebem os benefícios da previdência social no exterior subiu 22% de 2009 para 2015, mas calcula-se que esse número seja ainda maior, visto que muitas pessoas ainda recebem seu cheque pela caixa-postal dos Correios dos Estados Unidos.

Qual é a vantagem de se mudar para a Costa Rica, Portugal ou Tailândia? Em primeiro lugar, não é caro. Os imóveis podem ter de metade a um terço do valor dos imóveis dos Estados Unidos, e o custo de vida é infinitamente menor (visto que o produto interno bruto per capita pode chegar de metade a um terço daquele dos Estados Unidos). No meu papel na Airbnb como o líder encarregado de todos os anfitriões ao redor do mundo, conheci vários norte-americanos que escolheram se semiaposentar fora dos Estados Unidos e comprar uma casa ou propriedade que pudesse ser alugada para férias, usando a Airbnb como uma fonte do seu pé-de-meia de aposentadoria para financiar sua longevidade estendida.

Além disso, há o ótimo clima, a cultura e o fato de que aprender um idioma mais tarde na vida mantém nossa mente ativa. Viver no exterior faz com que muitos idosos se sintam jovens, e hoje está mais fácil do que nunca conversar por Skype, WhatsApp e todos os outros tipos de meios de comunicação através de fronteiras e fusos horários. Também existem muitas carreiras — da consultoria ao *coaching* de vida a escrever ou editar — que podem ser realizadas a distância.

Minha antiga parceira de restaurantes, Julie Ring, de 66 anos, deixou São Francisco para consumar seu caso de amor com o México. Ela comprou uma casa em Manzanillo quando tinha 52 anos e, 10 anos depois, se mudou para viver por lá. Sabendo que se tornaria uma expatriada, ela simplesmente requisitou um visto de residência permanente, o que não foi difícil, e preencheu formulários para trabalhar no México. Muitos de seus amigos trabalham para empresas norte-americanas por meio período ou prestam consultoria nos Estados Unidos, são pagos em dólares e ainda aproveitam o baixo custo de se viver no México. Julie vive confortavelmente com $30 mil por ano, ao passo que, se ela morasse na Bay Area, precisaria ganhar um salário de seis dígitos. Ela vende pinturas, dá aulas ocasionais de culinária e gosta de permanecer ativa em sua comunidade local, até iniciando um programa de reciclagem e uma operação de esterilização de animais. E agora seu pai, de 93 anos, e sua irmã e cunhado se mudaram e moram perto dela. Julie disse: "Fico feliz de ter planejado minha vida desse jeito. Sou rica de outras maneiras além do dinheiro. Tenho certeza de que as coisas mudarão quando meu pai falecer, mas, por enquanto, essa é uma época linda e maravilhosa. Posso me enxergar morando no México pela vida toda, não apenas em Manzanillo. Ajijic pode ser meu próximo passo."

Você verá no apêndice que recomendei o International Living.com como um site que pode ajudá-lo a imaginar como seria viver em outro lugar do mundo que seja exótico e acessível.

> PERGUNTAS A CONSIDERAR:
>
> 1. Quando era criança ou jovem adulto, você tinha o sonho de morar no exterior algum dia?
> 2. Você já sabe algum idioma estrangeiro que está louco para usar ou há algum que sempre quis aprender?
> 3. Poderia pensar em tirar umas férias em um lugar específico pelo qual se interesse e, enquanto estiver ali, conversar com expatriados que se mudaram para aprender mais sobre o custo dos imóveis e sobre maneiras pelas quais você poderia obter renda adicional se se mudasse para lá?

REINICIANDO DEPOIS DE UMA PAUSA

Existem vários motivos pelos quais poderíamos dar uma pausa na nossa carreira: ter filhos, cuidar de pais idosos, voltar à escola, fazer uma grande mudança na nossa carreira ou sermos demitidos. Alguns desses são planejados, e outros não. Mas, independentemente do motivo da pausa, talvez nos sintamos um pouco ansiosos se estamos tentando subir na jangada de novo à medida que ela desce o rio. É então que a mentalidade de crescimento, mencionada antes neste livro, se torna útil. Embora possa parecer que o mundo está conspirando para que nos *provemos*, devemos nos concentrar em como podemos nos *aprimorar*, mesmo que estejamos fora da caixa de areia por um bom tempo. A maestria não tem uma data de validade, e os seres humanos podem ter uma mentalidade de crescimento até a morte. Um dia de cada vez, poderemos ver nossa confiança reemergir.

Diane Flynn, de 55 anos, trabalhou no Boston Consulting Group, estudou na Faculdade de Administração de Harvard e passou 10 anos trabalhando na Electronic Arts como *marketing* sênior, e não tinha a menor intenção de fazer uma pausa na sua carreira. Diane tinha energia, estava concentrada e se sentia positivamente desafiada em seu trabalho. Mas ela também tinha dois filhos em casa e bastante estresse por causa de uma sinusite crônica. Diane finalmente decidiu que deveria desistir de alguma coisa, mas não seria de sua família. Então, fez o que disse que jamais faria: ela fez uma pausa na sua carreira. Essa pausa se estendeu por dezesseis anos e um terceiro filho. Apenas para esclarecer, ela interrompeu apenas o seu salário, o que não é algo que todos podem fazer. Diane tinha a sorte de ter o suporte financeiro do seu marido, o que lhe permitiu trabalhar incansavelmente como voluntária, servindo em diretorias e dando assessoria no Hospital Infantil de Stanford. Diane tinha bastante flexibilidade e pôde comparecer a todos os recitais de dança e jogos de futebol de seus filhos.

Em 2014, ela teve a oportunidade de voltar para o trabalho. Seu instinto inicial era não voltar por tempo integral, de modo que ela se comprometeu com 25 horas semanais. Depois de um mês, Diane percebeu o quanto era bom vestir uma blusa engomada e passada, sair de casa e lidar com desafios significativos de trabalho. Ela também gostava de trabalhar com jovens que a mantinham atualizada e que a lembravam de manter-se próxima de seus filhos adultos que já tinham saído de casa até então. As habilidades tecnológicas da Diane floresceram, e ela gostou do salário. Mas também percebeu que não estava preparada para um ambiente de trabalho que era tão diferente daquele que ela havia deixado havia dezesseis anos.

Diane me disse que, apesar de ter um histórico e um grande interesse em tecnologia, ela se sentia mal-equipada e despreparada, em especial no que se refere a todas as ferramentas tecnológicas do ambiente de trabalho que não existiam quando ela fez a pausa em sua carreira — LinkedIn, a mídia social, ferramentas colaborativas (Google Suite), gráficos de apresentação, tecnologias de vídeo (Zoom, Google Hangouts, Skype, WebEx) e ferramentas de comunicação que são usadas com frequência, como o Slack e o Telegram. "Fiquei encorajada com a rapidez com que me atualizei", ela se lembra, "mas também senti um interesse esmagador de colegas da minha comunidade em voltar para um serviço pago, quer por causa de necessidades financeiras, estímulo intelectual ou conexões sociais. Isso me fez pensar que havia uma oportunidade de ajudar mulheres interessadas em voltar ao mercado de trabalho". Felizmente, havia quatro mulheres igualmente impetuosas que se sentiam como Diane, e, juntas, fundaram a ReBoot Accel.

A ReBoot Accel oferece um conjunto de programas para atualizar e conectar as mulheres e fazê-las voltar para o mercado de trabalho ou correrem atrás de seus objetivos. Enquanto este livro estava sendo escrito, já haviam sido atendidas mais de mil mulheres no Vale do Silício, em Chicago, Seattle, Boston, Atlanta, Detroit, Houston, Nova York e Los Angeles, e estava se espalhando pelo país. A ReBoot também utiliza uma enorme e crescente fonte de talentos que vem sendo amplamente ignorada. De acordo com um estudo publicado pelo Centro para a Inovação de Talentos em 2010, 43% das mulheres pausam suas carreiras e 90% querem voltar a elas. Isso representa 3,3 milhões de mulheres por ano apenas nos Estados Unidos.

Diane conclui: "O principal desafio é que essas mulheres experientes na ReBoot Accel — a maioria das quais tem formação superior — têm muito a oferecer, mas têm uma autoconfiança muito baixa. Elas não percebem que sua experiência (remunerada ou não), suas conexões e habilidades interpessoais são de grande valor para os funcionários. Diferentemente de muitos jovens que acabaram de se formar da faculdade, elas conseguem trabalhar de modo autônomo, trazem certo grau de dignidade à mesa e são mestras em multitarefas. Além disso, têm sabedoria, maturidade, boa comunicação e habilidades de persuasão, são leais, empenhadas e costumam apresentar o maior índice de retenção de trabalho."

Martin Ewings está no negócio de identificar talentos como parte da consultora de recrutamento mundial Experis. Ele diz que cada vez mais empregadores estão recorrendo à nova fonte de talentos de trabalhadores "bumerangue", que se aposentaram e, mais tarde, decidiram procurar um novo emprego em outro lugar, ou ex-funcionários de empresas que perceberam, depois de se aposentar ou deixar a organização por outra empresa, que ainda gostariam de ajudar na empresa de vez em quando.

Esses trabalhadores mais velhos, que fizeram uma pausa, são um meio valioso para aumentar as habilidades e orientar a força de trabalho existente e tendem a ser fortes em "lealdade e compromisso". Mas Ewings também discorda da suposição de que funcionários mais velhos não conseguem aprender novas habilidades. Em vez disso, ele acredita que eles costumam ser classificados com base em sua experiência anterior de trabalho, quando, na realidade, uma consideração igualmente importante são seus traços de personalidade inerentes. Martin disse: "Existe uma variedade de capacidades quase não ensináveis que têm mais a ver com a pessoa do que com sua idade: impulso, adaptabilidade, resiliência e curiosidade ou a disposição de aprender coisas novas. Essas capacidades não estão relacionadas com a idade e são mais difíceis de recrutar do que a experiência, mas estamos começando a ver organizações que estão se tornando mais abertas à ideia de procurar candidatos que se mostraram mestres nessas quatro capacidades." Ewings contou que a melhor maneira de determinar se um candidato tem essas qualidades é lhe pedir para descrever um momento no qual foi apresentado a um desafio ou problema que estava fora de sua zona de conforto, o que fez para encontrar uma solução — e, em especial, o que aprendeu com isso.

Ewings também me disse que, embora se costume considerar os funcionários mais velhos como tendo habilidades desatualizadas, até alunos da faculdade que aprendem uma linguagem de programação em seu primeiro ano de faculdade podem descobrir que ela está fora de moda ao se formarem. A transformação digital não é nova, mas o ritmo da mudança não é como nada que já vimos, de modo que aqueles que serão bem-sucedidos são os que estão sempre aprendendo. E o aprendizado adaptável não é uma habilidade exclusiva dos jovens.

Existem empregadores que lidam bem com a idade por aí? Sim, e podemos encontrar alguns deles no RetirementJobs.com, que fornece avaliações ponto a ponto de funcionários que têm mais de 50 anos em empresas tão diversificadas como a Amazon, Home Depot, Marriott International e Aetna. O site também tem programas certificados para empregar funcionários mais velhos que passaram por um rigoroso processo de análise. Algumas das empresas que buscam o padrão incluem a AT&T, CVS Pharmacy, Fidelity Investments e a Wells Fargo.

Mesmo com os empregadores que lidam melhor com a idade, devemos estar preparados para responder às seguintes perguntas que se aplicam a nós: "Por que você está mudando de ramo ou de indústria nesse ponto de sua carreira?" ou "Tem certeza de que quer trabalhar de novo?" ou "Parece que você já foi um empreendedor antes, mas isso não deu muito certo. Como podemos ter certeza de que você realmente se comprometerá se o contratarmos?"

E devemos estar preparados para fazer nossas próprias perguntas. Essa é a pergunta que Sheryl Sandberg, diretora de operações do Facebook, disse ter sido a mais impressionante que um entrevistado já lhe fez: "Qual é o maior desafio com o qual vem lidando e como posso ajudá-la a resolvê-lo?" Lembra-se de Peter Kent, mencionado no fim do Capítulo 3? Ele inverteu sua entrevista de emprego com a fundadora e CEO trinta anos mais jovem do que ele, Joanna Riley, fazendo com que se tornasse uma oportunidade para que *ele lhe ensinasse* algo, embora ele fosse a pessoa que estava à procura de um serviço. Até em uma entrevista de emprego os Idosos Modernos deixam sua sabedoria falar por si só.

Perguntas a considerar:

1. Que recursos existem que podem ajudá-lo a reconstruir sua confiança caso já esteja fora do mercado de trabalho por algum tempo?

2. Como poderia resumir a história de sua vida de um modo que mostrasse a um empregador em potencial que você desenvolveu a mestria na vida baseando-se em seu currículo e em outras experiências de vida?

3. Como você pode ajudar a pessoa que o está entrevistando a perceber que você está lá para ajudá-la a resolver um problema com base em seu histórico de experiências?

RECONSIDERANDO UM ANO DE FOLGA

Em seu livro de 2010, *Composing a Further Life: The Age of Active Wisdom*, Mary Catherine Bateson escreveu: "O que seria preciso para oferecer a vários adultos um ano (ou até dois) de folga em algum lugar por volta dos 50 ou 55 anos, um ano que poderia desafiá-los a repensar sua vida e voltar ao trabalho com energia renovada e motivação?" É daí que vem sua metáfora do átrio da meia-idade mais no início deste capítulo.

A vida adulta pode se parecer com uma frase enorme, sem conjunções e sem pontuação. Vender minha empresa de hotéis no ponto mais baixo da

Grande Recessão, no início dos meus 50 anos, não fazia parte de meu plano de negócios ou de vida. Mas era claro, como evidenciado pela minha insuficiência cardíaca mencionada no início deste capítulo, que era hora de pedir tempo e liberar um espaço na minha vida para respirar.

Eu me inspiro nos australianos, que sempre gostaram de viajar. Um tanto remota no mundo, a cultura australiana é conhecida pelas suas perambulações mundiais tanto cedo como mais tarde na vida. Na verdade, o governo australiano obriga os empregadores a dar uma Long Service Leave (Longa Ausência do Serviço), que costuma ser dois meses de férias adicionais para cada dez anos de serviço contínuo. Os australianos mostraram que não é necessário estar na faculdade ou ter acabado de se formar para tirar uma folga estendida.

Quando os jovens tiram uma folga antes ou depois da faculdade, chamamos isso de "ano de folga". Mas por que apenas os jovens de 18 ou 22 anos podem incluir essa vírgula quando mal acabaram de começar a escrever sua frase corrida da vida adulta? O que dizer dos adultos formados que só precisam de um pouco de espaço para parar, apertar o botão de atualizar ou aprimorar-se? Felizmente, à medida que cada vez mais pessoas estão se libertando do modelo de vida de três etapas do qual falamos no Capítulo 3, a ideia de um longo ano sabático na meia-idade está ganhando mais força. É como Holly Bull, presidente do Centro para Programas Interinos em Princeton, New Jersey, o primeiro serviço de consultoria sobre anos de folga que está funcionando por mais tempo nos Estados Unidos, disse em um artigo do *New York Times* (no "Meus Dez Favoritos" do apêndice em "Artigos"): "Costumamos trabalhar com alunos, mas estamos vendo um número cada vez maior de adultos mais velhos que ainda não se aposentaram por completo. Eles estão procurando uma nova direção e se perguntando o que querem fazer pelo resto da vida."

Ainda assim, quase todos os recursos associados a ajudar pessoas a planejar e realizar seus anos de folga ainda são dirigidos a jovens adultos que querem aprender um ofício, participar como voluntários ou simplesmente viajar como um nômade mundial (possivelmente se hospedando em alguns lares acessíveis da Airbnb no caminho). Ademais, apenas 12% dos empregadores dos Estados Unidos oferecem licenças sabáticas não remuneradas, de modo que a única oportunidade que aqueles que estão na meia-idade costumam ter para isso é quando estão entre empregos.

À medida que eu estava escrevendo este livro e conversando com alguns amigos da minha idade sobre como eles planejaram passar suas próximas décadas, fiquei abismado com o nível de angústia que existe sobre como financiar a aposentadoria e com a desorientação de como se sentir relevante novamente antes da aposentadoria. Uma pessoa disse: "Quando eu tinha uns 40 anos, meu patrão me disse de modo implícito para deixar a tomada de decisões porque meu conhecimento era muito antiquado. Isso acabou comigo. E eu me esgotei aos poucos porque estava trabalhando bastante, mas não estava me sentindo engajado. Então, meu patrão me demitiu com a indenização durante um ano ruim para a empresa. E agora estou pronto para rodar por aí para saber o que o futuro me reserva. Eu gostaria de que existisse um lugar para o qual eu poderia ir para descobrir isso. Estou acabado, cansado."

Deixado, acabado, esgotado, demitido... o que dizer de abençoado? Epifania. E se eu criasse uma Academia do Idoso Moderno, a primeira desse tipo no mundo, onde as pessoas, em geral entre 45 e 65 anos, pudessem ter a experiência de um ritual de passagem e iniciação para essa nova era? Um lugar onde lagartas de meia-idade pudessem se tornar borboletas Idosas Modernas. Um lugar onde as pessoas pudessem ter a Satisfação de Cair Fora em vez do Medo de Perder. Um lugar onde as pessoas poderiam compartilhar histórias do que as trouxeram a esse átrio da meia-idade junto com seus sonhos de onde ir em seguida. Um lugar onde novas habilidades pudessem ser desenvolvidas — com aulas e palestras sobre tudo, desde começar um novo negócio à autoestima e técnicas de como cuidar de si mesmo, a entender melhor a tecnologia, a simplesmente entender melhor o que traz satisfação nessa etapa da vida. Nunca subestime o valor da sabedoria e da curiosidade, em especial quando elas são oferecidas no ambiente seguro de pessoas com experiência compartilhada.

A primeira Academia do Idoso Moderno abriu no modo beta em janeiro de 2018, em El Pescadero, Baja California Sur, apenas a uma hora do Cabo San Lucas, no México. Os pilares da fundação do programa vêm deste livro: evoluir, aprender, colaborar, dar conselhos. Os participantes recebem um certificado de "Gestão de Mentalidade", que inclui habilidades que podem ser significativas em qualquer momento da vida, em especial neste. A missão da

Academia é inspirar a habilidade de reenquadrar toda uma vida de experiência e reconhecer a maestria, a relevância e o valor de uma pessoa no ambiente de trabalho moderno. Mais informações estão disponíveis no site www.modernelderacademy.org. Você provavelmente já pode imaginar uma viagem em seu carro que consome um tanque de combustível. O modelo de uma vida de três etapas nos ensina que essa é uma viagem de um tanque só, de modo que podemos nos encontrar rodando no vapor quando percebemos que são necessários dois tanques de combustível para nos levar em uma satisfatória jornada de toda uma vida, em especial quando vamos viver dez ou vinte anos a mais do que esperamos. O objetivo da Academia é servir de posto de gasolina, onde você pode ter uma experiência "Ahá!", bem como receber uma planta arquitetônica de como criar seu próprio átrio da meia-idade. Quer possa ir à Academia do Idoso Moderno ou não, criar uma comunidade de pessoas da sua idade que pensam como você — que podem compartilhar suas histórias, medos, sonhos e planos — é uma das maneiras mais eficazes de reconstruir sua confiança e de encontrar sua alegria ao embarcar nesse próximo capítulo de sua vida e carreira.

Perguntas a considerar:

1. Parece que sua carreira é uma frase corrida? Ou até uma frase parada? Como você pode fazer uma pausa para considerar suas opções e se conectar com uma comunidade de pessoas que entende pelo que você está passando e lhe dar suporte para continuar aprendendo e crescendo?

2. Você pode criar uma comunidade de pessoas que querem experimentar a "Satisfação de Cair Fora" compartilhada e ajudar um ao outro a esclarecer o que realmente importa nessa época da vida de vocês?

APRIMORAR-SE SIGNIFICA RECONECTAR-SE

Se este capítulo lhe ensinou alguma coisa, é que você deve ter várias opções. Mas essas opções de aprimoramento exigem se reconectar consigo mesmo, com outras pessoas e, definitivamente, com aquelas que são mais jovens que você. Se estiver querendo permanecer relevante como um Idoso Moderno, você precisará saber onde a maestria está firmemente embutida em sua caixa de ferramentas. Você precisará se conectar com outras pessoas, quer seja como Ben Davis, usando suas habilidades de colaboração para criar obras de arte públicas singulares, ou como Diane Flynn, que está ajudando mulheres a voltar ao trabalho para aprender umas com as outras. Quer por se conectar com pessoas novas que estão enfrentando as mesmas circunstâncias ou por se reconectar com pessoas que conhece desde a infância, você provavelmente já desenvolveu uma boa rede de relacionamentos para apoiá-lo. Mas você precisa estar disposto a pedir ajuda.

E não se esqueça de que você provavelmente precisará reconectar-se com aqueles que são mais jovens do que você — um grupo que pode incluir seu próximo chefe. É hora de superarmos o preconceito da geração contra coisas como o palavreado, as tatuagens, as roupas ou o estilo de cabelo de colegas mais jovens. Muitos de nós com mais de 50 anos ainda somos muito "quadrados" (uma velha expressão *boomer* favorita) sobre esse tipo de coisa. Mas lembre-se de que as pessoas da geração de seus pais provavelmente fizeram suposições injustas sobre você também, e que você pode ser um antropólogo cultural em um novo hábitat por transformar o medo e o julgamento em curiosidade e crescimento.

Imagine-se com 100 anos olhando para trás na sua vida até agora. Imagine que você foi abençoado com uma visão 20/20 pelas últimas poucas décadas de sua vida. Você pode ver as bifurcações na estrada e as escolhas que fez. Em retrospectiva, pode parecer óbvio que deveria ter explorado um pouco mais quando disse "sim" de coração para um caminho que o assustou.

Mas, agora, com 100 anos, você não tem a oportunidade de voltar atrás, o que causa um pouco (ou mais que um pouco) de arrependimento. Três das palavras mais tristes no idioma português são: "quem me dera". O autor Frederic

M. Hudson disse que a meia-idade é o tempo entre a tolice e a sabedoria, sem muita personalidade própria. Ainda assim, essa é a época quando sua personalidade, sua maestria, seu senso de legado são todos forjados para a segunda metade de sua jornada.

Albert Schweitzer não viveu até os 100 anos, mas chegou perto: quando morreu, em 1965, tinha 90 anos. Ele foi uma pessoa que evoluiu, ou se aprimorou, muitas vezes na vida. Era um organista de concertos que se tornou um pastor e estudioso de teologia. Quando fez 30 anos, decidiu estudar medicina e cirurgia para poder se tornar um missionário médico na África. E realizou vários concertos de órgão na Europa para financiar o hospital que construiu na África Equatorial Francesa, agora conhecida como Gabão. Nesse meio-tempo, Albert foi um filósofo do espírito e disse em seus livros (sim, ele foi escritor também) que a civilização moderna estava em decadência porque ela não tinha a vontade de amar. Sua filosofia foi definida como a "reverência pela vida" ou aceitar a compaixão como puder. Albert ganhou o Prêmio Nobel da Paz aos 77 anos.

Schweitzer lhe dá um conselho para a meia-idade: "A tragédia da vida é o que morre dentro do homem enquanto ele vive." E continua: "Na vida de todos, em algum momento, nosso fogo interno se apaga. Ele é então aceso quando encontramos outro ser humano. Todos nós devemos ser gratos às pessoas que reacenderam nosso espírito interno." Com quem ou com o que você se conectará para reacender sua chama interna?

[9]

Dividendos da Experiência: Incluindo Idosos Modernos nas Organizações

"Os valores da juventude têm a ver com posse, consumo, expressão e individualidade; os valores que sustentam a dignidade na idade e na morte têm a ver com relações, conexão, compartilhamento e participação — motivadores muito mais poderosos para a mudança social."

—Charles Leadbeater, autor britânico

"Mas ela se enquadra na cultura?"

Não muito tempo atrás, um jovem amigo de outra empresa tecnológica me fez essa pergunta complexa quando recomendei uma mulher de 40 e tantos anos para um trabalho. Embora eu acredite que sua intenção — determinar se ela se enquadraria de modo eficaz à sua cultura empresarial única — fosse sincera, ele podia ter simplesmente perguntado: "Ela é o tipo de 'cara' com quem queremos tomar uma cerveja?" Na década passada, centenas de livros de liderança exaltaram as virtudes de se investir em uma cultura corporativa, assim, não é nenhuma surpresa que essa pergunta aparentemente inocente seja feita em entrevistas de emprego e em processos de recrutamento corporativo do mundo todo. Porém, talvez com demasiada frequência, é um código para: "Nós contratamos pessoas como eu." Então, quer se trate de gênero, raça ou idade, é uma forma de preconceito inconsciente que pode resultar em culturas homogêneas — sendo esse o motivo pelo qual procuramos eliminá-la de nossas conversas sobre recrutamento na Airbnb.

Felizmente, devido às bem propagadas fusões culturais de demasiadas empresas tecnológicas jovens, esta se tornou uma pergunta ou comentário proibido na hora de avaliar a possibilidade de um candidato entrar em muitas empresas. Hoje, a pergunta costuma ser cada vez mais se a pessoa poderá ser um "acréscimo cultural" ou se ela se "enquadra aos valores fundamentais" — uma nítida melhoria, supondo-se que tais valores não tenham nenhum preconceito inconsciente.

A PricewaterhouseCoopers (PwC) costumava referir-se a si mesma como "o lugar para *millennials* trabalharem" com uma força de trabalho "chocantemente jovem". O apelo direto dessa empresa pela juventude foi parar nos tribunais com um processo coletivo. Na incansável busca por jovens que os ajudem a se sentir como se estivessem escorando sua ID (inteligência digital), muitas empresas se colocaram em risco, não só de enfrentar ações penais, mas de criar ambientes de trabalho exclusivos que marginalizam mulheres, minorias e, sim, trabalhadores de meia-idade.

Muitas empresas concentraram admiravelmente seus recursos em tornar-se mais diversificadas e inclusivas no que se refere a gênero e raça, mas muitas ficaram para trás quando o assunto é a idade. Em uma pesquisa de 2015 sobre diretores executivos mundiais, a PwC descobriu que 64% das empresas têm diversidade formal e uma estratégia de inclusão, e 85% dos CEOs acham que isso foi bom para eles. Entretanto, apenas 8% dos 64% incluíram a idade como uma dimensão de sua estratégia. Em uma época em que a falta de trabalho está aumentando, em parte devido às novas políticas restritivas de imigração, ao passo que simultaneamente existe uma força de trabalho demograficamente mais velha que diz que deseja adiar a aposentadoria, é chocante ver que tão poucos líderes de empresas pensam de modo mais abrangente no quesito idade e sobre como podem atrair e reter tanto os mais inteligentes como os mais sábios.

Algo igualmente confuso é que muitas empresas não têm uma estratégia de longevidade, um plano inclusivo que as torna uma empregadora-modelo para o grupo demográfico que mais cresce na população do ambiente de trabalho: funcionários com 50 anos ou mais. Mas, e lembre-se de minhas palavras, assim como a Revolução Industrial resultou na criação de um novo conjunto de leis e padrões para o ambiente de trabalho mais de 100 anos atrás, a Revolução da Longevidade — este fenômeno é caracterizado por cada vez mais pessoas viverem até os 100 anos de idade — trará um novo conjunto de leis e princípios incertos quanto à idade que definirão o ambiente de trabalho do século XXI. As empresas que prosperarão serão aquelas que proativamente criarem esse novo ambiente de trabalho adaptado para o Idoso Moderno antes de seus concorrentes.

Infelizmente, porém, muitos patrões são tão ambivalentes no que se refere a trabalhadores mais velhos quanto Bert Jacobs estava em relação a minha exposição como Idoso Moderno no início deste livro. Sua ambivalência costuma ser resultado de uma série de mitos e estereótipos com pouca evidência para apoiá-los. Assim, muito do que pensamos sobre a produtividade está atrelado ao modelo da era industrial. Por exemplo, as empresas calculam quantos aparelhos um trabalhador consegue produzir em um turno de oito horas, pelo menor custo por trabalhador, sem calcular os efeitos positivos do excedente da "produtividade invisível" que um montão de sabedoria oferece ao ambiente de trabalho.

As organizações precisam criar descrições de trabalho para Idosos Modernos que levem em consideração esse "Dividendo da Experiência": o efeito holístico positivo que líderes experientes podem ter sobre aqueles a sua volta. Até agora, este livro descreveu o valor e as virtudes de diversas culturas e como emparelhar sábios Idosos Modernos com jovens da geração do milênio inteligentes e ambiciosos, o que pode ter resultados simbióticos. Este capítulo foi escrito para CEOs, líderes de RH e outros que ajudam a escrever o livro de receitas de recrutamento na sua empresa e que desejam obter os muitos benefícios de uma força de trabalho multigeração.

Se você for uma dessas pessoas, a bola está nas suas mãos.

ACABANDO COM ESTEREÓTIPOS QUANTO À IDADE

Antes de falarmos sobre como os gerentes e as empresas podem criar o tipo de políticas e culturas organizacionais nas quais Idosos Modernos podem prosperar, destruiremos alguns dos mitos e estereótipos sobre trabalhadores mais velhos que estão impedindo que eles sejam contratados ou que sejam mantidos em seu cargo. O seguinte se baseia na extensa pesquisa dos acadêmicos Richard Posthuma, Michael Campion e outros.

1. **Desempenho Ruim e Menos Motivação:** *Trabalhadores mais velhos têm menos habilidades, em especial com tecnologia, são menos motivados, trabalham mais devagar e são menos produtivos que os trabalhadores mais jovens.* Várias pesquisas indicam que isso é mentira por dois motivos: (a) o desempenho no trabalho não costuma diminuir com a idade. Na verdade, ele melhora, em especial se fizermos uma medição holística no que se refere ao efeito nas equipes; (b) existe muito mais variação no desempenho entre os funcionários baseando-se em diferenças de habilidade ou saúde do que entre idades. Ademais, dados de Aon Hewitt e Gallup indicam que trabalhadores que têm 55 anos ou mais têm mais empenho e motivação do que os mais jovens, com 65% dos colaboradores desse grupo demográfico obtendo altas pontuações em medidas de engajamento, em comparação com os 60% dos trabalhadores em geral. De fato, nenhuma outra faixa etária apresentou um nível de empenho mais alto que a dos trabalhadores mais velhos. (O estudo definiu empenho como falar de modo consistente e positivo sobre o patrão, ter um desejo intenso de fazer parte da organização e exercer um esforço adicional para contribuir para o sucesso do negócio. Você quer funcionários assim, não quer?)

2. **Resistência a Mudanças:** *Trabalhadores mais velhos são mais difíceis de treinar, são menos adaptáveis, menos flexíveis e mais resistentes a mudanças. Em resultado disso, trabalhadores mais velhos resultarão em um retorno menor do investimento em coisas como treinamento e não se adaptarão bem às mudanças de procedimento ou gerenciamento.* Os pesquisadores Posthuma e Campion não encontraram ne-

nhuma evidência convincente de que fosse este o caso. Na verdade, o estudo de Zenger e Folkman, citado no Capítulo 4, descobriu que trabalhadores mais velhos têm mais confiança e, portanto, estão mais abertos a *feedback*. Parte dessa suposta resistência a mudanças é uma profecia que se cumpre em si mesma, visto que muitos programas de treinamento corporativo excluem funcionários de longa data ou trabalhadores mais velhos, uma vez que seu foco está mais em novas contratações e nos jovens.

3. **Têm Menos Condições de Aprender:** *Trabalhadores mais velhos são mais lentos e têm menos condições de aprender — em especial quando o assunto é tecnologia — e, assim, menos potencial para o desenvolvimento profissional.* O resultado da pesquisa sobre a validade desse estereótipo é incerto, mas existe evidência confiável de que trabalhadores mais velhos aprendem novas informações um pouco mais devagar do que trabalhadores mais novos em parte porque eles já têm mais conhecimento em seu cérebro. Existe evidência convincente de que trabalhadores mais velhos podem aprender melhor com métodos de treinamento diferentes dos que são usados com trabalhadores mais novos. A chave é avaliar a agilidade ou a capacidade de aprendizado e estar aberto a novos conceitos, o que é fundamental em um ambiente que está sempre mudando. É irrefutável que, com a idade, a sincronia dos dois hemisférios do cérebro aumenta, facilitando o "pensamento lateral" — nossa habilidade de sintetizar e fazer conexões entre conceitos distantes, o que pode ajudar na hora de resolver problemas.

4. **Duração Menor:** *Trabalhadores mais velhos não "duram" tanto (devido a problemas de saúde ou aposentadoria voluntária) e, portanto, fornecem menos anos durante os quais o patrão poderá colher os benefícios dos investimentos de recrutamento e treinamento.* As pesquisas indicam que isso não é verdade. Trabalhadores mais velhos têm uma tendência menor de se demitir do que os mais jovens e, assim, na verdade, duram no trabalho tanto quanto. O banco de dados de Aon Hewitt revelou que quase metade dos funcionários com menos de 50 anos diz que está pensando em outra oferta de trabalho ou está

ativamente procurando outro emprego. Em contraste com isso, menos de 3 a cada 10 funcionários com mais de 50 anos disseram que estão procurando por emprego ou estão abertos a ofertas de serviço. Com o custo de rotação estimado de $8 mil a $30 mil por colaborador, contratar e reter trabalhadores mais velhos pode ser benéfico para o balanço final de uma empresa.

5. **Mais Caros:** *Trabalhadores mais velhos são mais caros porque eles recebem salários mais altos, usam mais o plano de saúde e estão mais perto da aposentadoria.* Não existe uma pesquisa convincente para validar isso, mas existe um indício de que trabalhadores mais velhos têm salários um pouco mais altos, embora isso esteja mais relacionado à experiência no serviço — e, assim, com o seu valor para o empregador — do que com a idade. Mas o efeito econômico de seus índices menores de ausência ajuda a compensar isso. Ademais, alguns trabalhadores mais velhos na verdade preferem trabalhar por meio período e por um salário menor por parte do seu patrão se isso lhes der o benefício de maior flexibilidade de tempo. E, na indústria da tecnologia, os dados mostram que o ápice de lucro vai até os 45, e começa a cair a partir de então.

6. **Confiam Menos:** *Trabalhadores mais velhos estão menos dispostos a confiar ou não conseguem confiar em seus colegas e causam mais conflitos que os trabalhadores mais jovens.* Mentira. Muitas pesquisas mostram que trabalhadores mais jovens e mais velhos demonstram a mesma disposição de confiar, mas os trabalhadores mais velhos têm, na verdade, maior capacidade de regular suas emoções e resolver problemas interpessoais com mais eficiência. Mas as pesquisas mostraram que trabalhadores mais velhos se importam mais com a justiça, de modo que, como empregador, você talvez precise ser mais transparente.

7. **Menos Saúde:** *Trabalhadores mais velhos têm menos saúde que os trabalhadores mais jovens e, por isso, são menos produtivos, estão mais propensos a tirar dias de folga por causa de doenças e provavelmente incorrerão em maiores custos com planos de saúde.* Mentira. Traba-

lhadores mais velhos e mais jovens são igualmente saudáveis (tanto física como psicologicamente), pelo menos no dia a dia. E, na verdade, em média, trabalhadores mais velhos tiram menos dias de folga que os mais jovens. E, como os custos com planos de saúde são substancialmente afetados pelo número de dependentes na política de seguro familiar, um funcionário mais velho e solteiro, ou um casal cujos filhos já saíram de casa, pode resultar em menos custos com planos de saúde do que uma jovem família. Ademais, para aqueles que estão trabalhando até mais tarde na vida, a Medicare pode cuidar de trabalhadores até a idade de 65 anos.

8. **Desequilíbrio entre Trabalho e Família:** *Trabalhadores mais velhos têm mais dificuldade de equilibrar o trabalho e a vida pessoal e, assim, estão mais propensos a priorizar a família sobre o trabalho.* Mentira. Trabalhadores mais velhos e mais jovens passam pela mesma quantidade de estresse para equilibrar o trabalho e a família e relatam níveis similares de equilíbrio.

O que é perturbador é que adultos mais velhos, na verdade, confirmam esses estereótipos ageístas mais do que jovens adultos. Assim, como podemos banir esses conceitos errados de nós mesmos e dos ambientes de trabalho? Primeiro, precisamos estar cientes de nossos preconceitos e reconhecer quando eles estiverem vindo à tona. Nesse caso, até pequenas mudanças semânticas podem ajudar; se eu mudar a expressão "Trabalhadores mais velhos" em cada um dos estereótipos listados anteriormente para "Trabalhadores experientes", isso pode alterar a percepção de uma pessoa quanto a sua tendência. A verdade é que trabalhadores *Mais velhos* costumam ser trabalhadores *Experientes*.

Em segundo lugar, aqueles em posições de liderança precisam adotar e modelar práticas para educar seus funcionários — de todas as idades — a valorizar os trabalhadores mais velhos e criar uma cultura de respeito e inclusão, em vez de ageísmo. É como Peter Cappelli, professor de administração e coautor do livro *Managing the Older Worker*, disse: "Cada aspecto da realização do serviço melhora quando envelhecemos. Eu achava que haveria uma mistura maior, mas não há. A justaposição entre o desempenho superior de trabalhadores mais velhos e a discriminação contra eles no ambiente de trabalho simplesmente não faz sentido." Outros acadêmicos podem implicar com a palavra "Cada" no começo dessa citação, mas existe um sentimento crescente entre os pesquisadores de que desvalorizamos a experiência de trabalhadores mais velhos nas últimas décadas.

Se os funcionários puderem reverter suas práticas de ageísmo e criar um ambiente de trabalho onde os trabalhadores mais velhos sejam celebrados, em vez de marginalizados, essa mistura de experiência e juventude pode gerar produtividade, lucros e inovação maiores. Em troca, os trabalhadores mais velhos terão de abrir mão de seu apego ao *status* e, às vezes, começar a encarar a si mesmos como estagiários e mentores. Lembre-se: a sabedoria é mais poderosa quando é trocada livremente entre as gerações.

AS DEZ MELHORES PRÁTICAS PARA SE TORNAR UM EMPREGADOR QUE ABRACE A IDADE

Tambores, por favor. Eu lhe mostrarei uma série de práticas para empregadores que podem gerar uma vantagem competitiva para que você possa atrair e reter funcionários experientes. Começaremos com algumas das práticas mais fáceis e iremos subindo até aquelas que exercem maior impacto à medida que chegamos até o número um.

10. Concentre-se em Dados Quando o Assunto É Entender Sua Força de Trabalho

Se for como a maioria dos empregadores, você provavelmente mantém dados (em geral, particulares) sobre os vários grupos demográficos da sua força de trabalho. Mas o que você faz com esses dados? E que informações adicionais poderiam ser úteis para entender o estado da mente (ou do corpo) das várias faixas etárias dos seus funcionários? Você examinou os dados de saúde e ausência das faixas etárias em ordem para proativamente apoiar boas estratégias de saúde? Você verificou bem até que ponto sua empresa é ou não é diversificada no quesito idade? Às vezes, as questões de diversidade racial e de gênero são mais óbvias porque a evidência visual é mais fácil de ser discernida. Mas ninguém usa um broche na camisa para informar sua idade, de modo que pode ser preciso ter dados de perfis de idade para ajudá-lo a lidar com desafios demográficos.

Empresa de software colaborativo localizada em São Francisco, a Atlassian está no ramo de ajudar as empresas a entender o valor de sua diversidade demográfica para a eficácia. Eles mostraram que o desempenho da equipe aumentou em 58% com a introdução de um membro diversificado da equipe e, ainda assim, perceberam que seus próprios relatórios de diversidade não abrangiam questões como a diversidade de idade — nem analisaram o verdadeiro nível de colaboração que existe em determinados níveis de equipe. Assim, a Atlassian decidiu dançar conforme a música e liberou dados não só sobre a diversidade de idade da empresa, mas sobre como eles pertencem a grupos subrepresentados que estão espalhados entre as equipes da empresa. Em 2016, eles liberaram informações que mostravam quantas mulheres, pessoas com mais de 40 anos e membros de minorias raciais ou étnicas estavam em cada equipe dentro da empresa.

Outra questão que vale a pena explorar nesses dados foi a satisfação do funcionário. Algumas empresas descobriram que, enquanto estão lutando para preencher a cota de recrutamento com funcionários jovens, seus funcionários experientes e de longa data estão sentindo-se negligenciados. Empresas inteligentes trabalham para evitar isso por dividir dados anuais ou trimestrais de satisfação do funcionário para avaliar seu empenho, felicidade e risco de partida em grupos de diversas idades. As empresas mais inteligentes perguntam a seus colaboradores sobre as políticas de flexibilidade com horário ou se os planos de aposentadoria existentes satisfazem as necessidades de seus funcionários mais experientes. Mas as empresas realmente fantásticas vão além do exercício de coleta de dados e criam mudanças significativas. A importância do que medimos é diretamente proporcional a quanto isso ajuda os líderes a estabelecer *benchmarks* que poderão ser incorporados nos futuros alvos corporativos. Quanto mais comunicamos esses alvos externamente — talvez por postá-los no site da empresa —, mais mostramos quão publicamente empenhados estamos em criar um ambiente de trabalho mais diversificado e inclusivo. Pense em fazer o teste da Lista de Verificação de Aceitação da Idade da

Mercer para determinar quantos programas diferentes de aceitação da idade você está oferecendo no momento e como isso se compara com outras empresas: <https://survey.mercer.com/Survey.aspx?s=2c381537060843c3a66bdc-5f1647d537> (conteúdo em inglês).

9. Crie um Grupo Interno de Afinidade Baseado na Idade

Quando tinha uns 65 anos, Gretchen Addi estava cercada de funcionários que tinham a idade de seus filhos na renomada empresa de design mundial IDEO. Gretchen já se destacava entre seus jovens colegas quando entrou na empresa com 40 e tantos anos e então passou por uma série de experiências de vida que muitos dos seus colegas não necessariamente entendiam, como cuidar de seus pais idosos, o que parecia que apenas a distanciava mais. Ela se sentia respeitada na empresa, que era inteligente o bastante para permitir que Gretchen trouxesse sua designer de 90 anos, Barbara Beskind, a bordo para uma série de projetos focados na criação de produtos tecnológicos para idosos. Ainda assim, Gretchen reconheceu que se sentia sozinha e um pouco isolada às vezes, porque não tinha um meio formal de compartilhar suas experiências sobre ser uma trabalhadora mais velha na "terra dos jovens".

Gretchen não está sozinha. Eu ouvi histórias como essa vez após vez de amigos, ex-colegas e leitores. Só na Airbnb, tive conversas particulares com pelo menos 12 funcionários acima dos 40 anos que gostavam de trabalhar na empresa, mas que se sentiam párias sociais porque a ideia de enturmar-se com seus colegas não era sair com eles depois do trabalho para uma noite de karaokê. Felizmente, essas conversas inspiraram duas colegas minhas — Elizabeth Bohannon e Desirree Madison-Biggs — a terem a coragem de criar um dos primeiros Grupos de Recursos dos Funcionários baseados na idade em uma empresa de tecnologia de tamanho considerável no Vale do Silício. O grupo, chamado S@bedoria_na_Airbnb, está aberto para qualquer funcionário acima dos 40 anos — e qualquer um que esteja comprometido com o objetivo que é se obter um ambiente de trabalho que aceite a idade.

Grupos como esse podem ser uma fonte inestimável de apoio mútuo e orientação que melhora a qualidade de vida desse grupo demográfico de trabalhadores. E, ao ajudar esses funcionários a sentirem-se mais valiosos e incluídos, esses grupos podem ter um grande efeito positivo na cultura geral da empresa. Ainda assim, enquanto 90% das empresas da Fortune 500 têm Grupos de Recursos dos Funcionários, apenas uma pequena fração delas têm um grupo de afinidade que atende a seu grupo demográfico mais velho. Parabéns à MasterCard pelo seu grupo Trabalhadores com Experiência de Valor Acumulado (WWAVE), à Aetna pelo seu BoomERGroup, à American Express pela sua Rede de Funcionários de Gerações, e ao Bank of America/Merrill Lynch pela sua Rede Intergerações. E tiro o chapéu para as empresas de tecnologia que seguiram a tendência com Grupos de Recursos dos Funcionários, como o Uber Sage e o Google Greyglers.

Para que um grupo assim seja eficaz, em geral, ele precisa: (a) conectar a missão a um desafio do negócio, de modo que o grupo não se sinta frívolo ou irrelevante; (b) oferecer um benefício tangível aos funcionários para atrair e reter membros; (c) criar alvos e uma definição de sucesso claros; e (d) incluir líderes seniores como patrocinadores para mostrar que a empresa leva seu compromisso a sério. Com o S@bedoria_na_Airbnb, uma das primeiras coisas que fizemos foi emitir uma declaração da missão. Ela era: "para aumentar a ciência do valor da conexão entre gerações no trabalho e por meio da nossa comunidade (incluindo a comunidade de anfitriões e hóspedes da Airbnb). Ajudaremos a Airbnb a tornar-se uma empresa-modelo para o século XXI, onde a idade será aceita como qualquer outra diversidade e onde funcionários maduros se sentirão valorizados pela sua experiência, sua sabedoria, seu conhecimento e sua orientação."

Você pode replicar esse modelo em praticamente qualquer organização, e pode se surpreender com a facilidade que é obter uma cota de seus colegas. Quando o S@bedoria_na_Airbnb foi apresentado pela primeira vez na empresa, no verão de 2017, esperávamos que talvez de vinte a quarenta funcionários participassem, mas, dentro de alguns meses, havia mais de cem, o que fez desse um dos maiores Grupos de Recursos dos Funcionários da empresa. Que tal criar um grupo S@bedoria na sua empresa? Eu criei um kit de ferramentas para grupos S@abedoria de afinidade que você pode baixar no site www.WisdomAtWorkBook.com (conteúdo em inglês).

8. Estude Melhores Práticas de Outros Empregadores

Você não precisa reinventar a roda. Existem várias fontes de informação excelentes sobre o que outras empresas estão fazendo para criar um ambiente de trabalho repleto de reciprocidade entre gerações. Ruth Finkelstein é o dínamo e a força motriz por trás da Academia do Crescimento da Idade da Universidade de Columbia e dirige o programa Prêmios para Funcionários que Envelhecem com Sabedoria. Você pode consultar quais são os vencedores desses prêmios entregues em Nova York para criar uma lista de verificação de opções de políticas que aceitam a idade para considerar: se ela fornece suporte a funcionários que estão cuidando de parentes idosos ou criando programas de aprendizado para trabalhadores mais velhos ou desenvolvendo treinamento específico para lacunas de habilidade para trabalhadores de longo prazo.

O livro de Peter Cappelli e Bill Novelli, *Managing the Older Worker*, apresenta as melhores práticas de diversas empresas, como o programa de "migração" da CVS Pharmacy, que oferece aos trabalhadores mais velhos com expediente de meio período da região nordeste a oportunidade de poder trabalhar no inverno na Flórida (quando existe a necessidade de mais pessoal porque a região está sendo invadida por visitantes). A Iniciativa da Força de Trabalho Madura da Conference Board oferece um banco de dados com as melhores práticas em tópicos como planejamento de sucessão para trabalhadores mais velhos, como treinar jovens gerentes para administrar funcionários experientes e métodos apropriados para recrutar pessoas de mais idade.

7. Faça com que Seu CEO Destaque a Importância da Diversidade de Idade

Aaron Levie, de 31 anos, é cofundador e CEO da empresa de empreendimento de nuvem Box e um dos maiores jovens da geração *millennial* de alto perfil de uma empresa que vale mais de $1 bilhão. Na grande conferência anual da Salesforce, a Dreamforce, Levie posicionou-se publicamente quanto à diversidade de idade quando disse no palco que misturar funcionários mais jovens e mais experientes resulta em uma dinâmica saudável e eficaz. "Sempre queremos poder ter esse tipo de tensão, onde temos pessoas que enxergaram algo muito antes de nós e onde nós temos novas ideias, e estamos tentando misturar os dois — é assim que obtemos uma inovação realmente revolucionária."

Levie reconhece que a Box se beneficia de ter algumas cabeças grisalhas no pessoal — pessoas que costumavam trabalhar em empresas como a Oracle e, assim, entendem o processo legado de vendas de clientes empreendedores —, mas as coloca junto com jovens idealistas. Levie continua: "O que realmente importa para os indivíduos experientes é entender que o motivo de terem entrado em uma *startup* é trabalhar de modo diferente. Em nosso caso, à medida que avançávamos e abalávamos a indústria do software de gestão de conteúdo, contratamos alguns líderes que tinham experiência no mercado, mas que entendiam que ele estava sendo reinventado para a nuvem e aparelhos móveis." Foi disso que precisei me lembrar como um executivo de hotéis de longa data na Airbnb.

O subproduto da Universidade Oxford do Reino Unido, o Animal Dynamics, é administrado pelo cofundador e CEO Alex Caccia, que foi rápido em perceber o quanto ele amava o fato de que quase um quarto de seus engenheiros e consultores tinham 65 anos ou mais, o que gerou um ambiente de trabalho mais maduro e tranquilo. Ele citou um engenheiro que estava fazendo 70 anos e lembrou-se de um jornal que havia lido por volta de 1950 que tinha um artigo sobre *design* análogo. Alex me disse: "É muito inspirador para jovens engenheiros ver que aqueles que são algumas décadas mais velhos que eles ainda são curiosos e se animam com perguntas e quebra-cabeças interessantes. Isso nos ajuda a perceber que esse trabalho pode ser uma vocação, não apenas uma maneira de ganhar um dinheiro rápido com uma IPO."

O CEO da Airbnb, Brian Chesky, falou publicamente sobre o fato de que nossos anfitriões de compartilhamento de lares mais eficazes são mulheres solteiras com mais de 60 anos, o que foi uma surpresa para uma empresa que simboliza a nova economia compartilhada do milênio. Ele também apoiou bastante a ideia de trazer Michael e Debbie Campbell, conhecidos como "Nômades Seniores" pelo *New York Times* por terem sido os hóspedes de tantos lares da Airbnb ao redor do mundo, à nossa sede para um estágio sênior de dez semanas para serem a "voz do cliente". Quando líderes seniores em uma empresa, em especial jovens CEOs de empresas tecnológicas, aceitam a diversidade etária interna e externamente, isso contagia o mundo de modo positivo e incentiva outros líderes a fazer o mesmo.

6. Crie as Condições para que a Mentoria e a Mentoria Reversa Prosperem

A aliança intergeracional está no âmago da cultura que valoriza os Idosos Modernos. Ela exige uma mudança da física para que a sabedoria flua em ambas as direções — às vezes dos mais velhos para os jovens e, às vezes, para cima, dos mais jovens aos mais velhos. Com frequência, como você leu nos capítulos anteriores, essa transferência para cima da sabedoria significa ajudar nativos digitais a ensinarem aqueles com 40 anos ou mais a usar seus *smartphones* de modo mais eficiente ou as manhas dos novos sites de mídia social. "Afinal, os *millennials* cresceram com computadores e são 'consultores naturais'", disse Debra Arbit, CEO da BridgeWorks, que ajuda empresas a lidar com diferenças entre gerações. Ela afirmou o seguinte para o *New York Times*: "Os trabalhadores mais jovens dos Estados Unidos já foram consultores pessoais de tecnologia em suas próprias famílias, de modo que essa é uma função que eles estão bem confortáveis em exercer."

Às vezes, as empresas formalizam esses programas, como Jack Welch fez quando a General Electric se tornou a primeira empresa a publicar seus programas de mentoria reversa há quase vinte anos. A Iniciativa de Mentoria Reversa da empresa de seguros Hartford foi tão bem-sucedida, que fez com que duas patentes fossem escritas e registradas devido a sua colaboração intergeracional. O Barclays Bank, no Reino Unido, criou seu programa de Aprendizado Bolder para trabalhadores com mais de 50 anos que gostariam de ser treinados novamente em novas tecnologias por funcionários mais jovens que eles. A Huntington Ingalls Industries, maior empresa de construção de embarcações militares dos Estados Unidos, oferece programas de orientação intergeracional para sua força de trabalho de diversas idades (38% dos seus 22 mil empregados são *baby boomers*, 40% são *millennials* e 20% são da geração X) e aceitam funcionários de qualquer idade em sua Escola de Aprendizado certificada. E depois que a IBM recentemente identificou áreas da empresa em que poderia haver um grande atrito devido a aposentadorias, a resposta da empresa foi criar "grupos de orientação" para relacionamentos de seis meses para ajudar a acelerar o processo do aprofundamento da sabedoria institucional.

Do meu ponto de vista, a construção de pontes entre gerações é mais eficaz quando é informal e baseia-se nos valores e cultura da empresa. Assim, ela será mais natural e parecerá menos um casamento arranjado. Eu descobri que a mentoria recíproca — onde eu aprendo com um *millennial* sobre um assunto e ele aprende comigo sobre outro — cria uma relação mais dinâmica e interessante. Meu ponto forte pode ser seu ponto fraco, e vice-versa. Uma das maneiras de as empresas nutrirem esse tipo de relação é por conectar aqueles que estão entrando na empresa com "colegas de recém-contratados" — e incentivar os recém-contratados a escolherem um colega que seja de uma geração diferente, visto que, em primeiro lugar, aqueles que se voluntariam para ser um colega provavelmente têm uma mentalidade de crescimento ou de aprendizado, e é provável que isso resulte em conexões produtivas que durarão por anos. Liz Wiseman escreveu em seu livro *Rookie Smarts: Why Learning Beats Knowing in the New Game of Work* que a Intel criou uma intranet para parear opções de mentores interestaduais e internacionais com base nos interesses em comum dos participantes.

5. Ajude os Funcionários a Obter uma Aposentadoria Financeiramente Segura

Você prepara seus funcionários para as consequências financeiras e sociais da aposentadoria? São muito poucas as empresas que adaptaram a educação que fornecem a seus colaboradores para atender às necessidades em evolução de uma força de trabalho que está envelhecendo. Na revisão anual dos planos e necessidades dos funcionários, publicada em agosto de 2017, do Transamerica Center for Retirement Studies, 81% das empresas disseram que apoiam seus funcionários que continuam trabalhando depois dos 65 anos de idade, e 69% dos funcionários sabem que seus funcionários precisam trabalhar além dos 65 anos porque não economizaram o suficiente para satisfazer suas necessidades de aposentadoria. Ainda assim, só 31% dessas empresas oferece a flexibilidade de tempo integral para parcial como uma opção. E apenas 27% incentiva seus funcionários a participar do planejamento para o futuro, de como poderão se aposentar com mais facilidade no quesito financeiro. Muitos patrões não estendem os benefícios da aposentadoria a funcionários que trabalham meio período. É óbvio que existe um desacordo entre o que os patrões sabem e o que oferecem aos seus funcionários, embora encarem funcionários antigos como uma ótima fonte de treinamento e os que trabalham meio período como apoio para a empresa quando há um pico de demanda. Isso é especialmente verdade no caso de pequenas empresas que têm uma probabilidade três vezes menor, em comparação com empresas maiores, de sentirem a responsabilidade de ajudar seus funcionários a obter uma aposentadoria financeiramente segura.

Felizmente, existe uma opção que beneficia a todos: uma retirada gradual do ambiente de trabalho costuma ser a melhor solução, tanto financeira como emocionalmente, para funcionários leais e de longa data, e um contrato de trabalho flexível costuma estar no topo da lista do que os pré-aposentados desejam de seus patrões. Essa também é uma boa maneira de um funcionário garantir que o conhecimento institucionalizado de longa data não vá embora a cada mês com base na tradicional aposentadoria abrupta. Existem diversas melhores práticas para solucionar isso: patrocinar programas inovadores de pré-aposentadoria que ajudem os que se aposentarão a saber que podem voltar a trabalhar durante períodos de pico sazonais; ou, como os empregadores da Stellcase e da Scripps Healthcare fizeram, criar planos de aposentadoria intencionalmente graduais que gerenciem fundos de aposentadoria para permitir de modo eficaz que o funcionário que trabalhe meio período ganhe um salário e benefícios integrais; ou dar aos funcionários a opção de entrar em programas como o Encore.org, que lhes permite ganhar dinheiro e aplicar sua maestria em organizações sem fins lucrativos e em empreendimentos sociais.

4. Desenvolva Programas para Contratar Trabalhadores mais Velhos

Para aqueles que estão vendo uma situação demográfica alarmante no futuro, é melhor estudar o Japão, onde o índice de desemprego é de menos de 3% e onde as empresas reduziram as horas de trabalho, os serviços oferecidos ou atrasaram a expansão por causa da falta de mão de obra. Diante de uma rotatividade elevada de empregados e de candidatos subqualificados para contratar, um número cada vez maior de empresas está priorizando a experiência e as habilidades de trabalhadores mais velhos na hora de contratar e promover, e transferindo alguns de seus investimentos de recrutamento da faculdade para programas que se concentram no grupo de pessoas que têm 50 anos ou mais. Também existem agências de recrutamento que estão começando a se especializar em trabalhadores mais velhos. As vantagens obtidas são muitas: mais eficiência ao recrutar, visto que os interessados estão mais propensos a aceitar uma oferta (porque realmente estão interessados no trabalho, e não apenas distribuindo currículos), um grupo maior de funcionários experientes que não estão apenas procurando gramas mais verdes, membros de equipe emocionalmente inteligentes (às vezes, com fortes habilidades de liderança e de aconselhamento), uma abundância de mentores e modelos, e disposição de flexibilidade de horário durante épocas mais tranquilas. E esses são apenas alguns dos muitos pontos positivos para uma empresa.

Várias empresas também estão ativamente recrutando aposentados ou semiaposentados para serviços temporários de meio período, e isso vai além de vagas para guias de museu ou guardinhas de trânsito, serviços que alguém poderia de modo estereotipado associar com trabalhadores mais velhos. Por exemplo, como maior varejista dos Estados Unidos, a Amazon costuma ter falta de pessoal durante picos sazonais e de feriados. Como quase um terço do negócio da empresa acontece no quarto trimestre, suas necessidades de pessoal estavam muito acima da sua mão de obra. Assim, há cerca de dez anos, a empresa desenvolveu uma iniciativa inteligente chamada "CamperForce" (descrita em um artigo da revista *Wired* de 14 de setembro de 2017), que recorre à população de aposentados nômades que viaja pelos Estados Unidos de trailer. Esses viajantes são perfeitos para as necessidades *on demand* da Amazon. Assim, os recrutas da CamperForce saem em missões de reconhecimento em mais de doze estados, montando mesas de recrutamento em destinos populares de trailers, como o Parque Nacional Yellowstone e Quartzsite, Arizona, onde dezenas de milhares de trailers acampam no deserto a cada inverno.

Outras empresas, como a Michelin, criaram programas de "Aposente e Aprimore", que oferecem a funcionários de longa data (em geral, acima de 65 anos) a oportunidade de realizar algum trabalho temporário após a aposentadoria. E existem vários serviços de bancos, como o Seniorbank.org, que fazem a ponte entre empregadores que oferecem vagas de meio período (e de tempo integral) a potenciais funcionários com 50, 60 e 70 anos.

Pitney Bowes, empresa de sistemas de correios localizada em Connecticut, contrata funcionários em período integral anualmente, não sazonalmente, e quase 20% deles tem mais de 50 anos de idade. Por todos os outros motivos que descrevi neste livro, a Pitney Bowes se concentrou em recrutar trabalhadores mais velhos por ser um grupo demográfico produtivo. Como descrito no livro *Managing the Older Worker*, a empresa tem o programa "Minha Próxima Fase" para ajudar os funcionários a pensar sobre suas transições, e seu Programa de Assistência de Educação para a Aposentadoria ajuda aqueles que têm mais de 45 anos a pagar por aulas de planejamento para a aposentadoria. A Pitney Bowes não faz isso para ganhar prêmios de organizações como a Fundação AARP, embora já tenha ganhado. Ela faz isso por ser uma empresa inteligente.

3. Repense Suas Definições de Produtividade e Reserve 20% de Tempo para Idosos Modernos

Ainda temos uma mentalidade da era industrial sobre a produtividade: quantos aparelhos de qualidade um funcionário consegue produzir rapidamente pelo menor custo de despesas gerais possível. Em algumas empresas, isso pune funcionários leais e experientes que tiveram muitos aumentos de salário durante um longo período. Ainda assim, seu impacto na produtividade pode ser muito mais abrangente do que o número de "aparelhos" que produzem. Existem diversos dados que mostram que a presença de trabalhadores mais velhos aumenta a produtividade de trabalhadores mais jovens *e* reduz sua provável rotatividade por causa do conselho e da orientação dos mais velhos. E (o que não é surpreendente devido a sua capacidade de colaboração) em pesquisas sobre vários tipos de colaboradores, os funcionários mais velhos tendem a responder "sim" com mais frequência à pergunta "Você ajudou alguém no serviço hoje?", em comparação com funcionários mais jovens. Então, é hora de criarmos uma unidade para medir o valor acrescentado por funcionários experientes.

Embora não seja difícil desenvolver ferramentas de medição de produtividade para mensurar esses efeitos, existem alguns substitutos que consideram os benefícios colaterais que funcionários mais velhos exercem sobre a equipe. Para citar um, nas pesquisas de satisfação dos funcionários, pode-se perguntar quais membros da equipe são mais valiosos para o desempenho da equipe. Algumas empresas pedem a seus funcionários para fazer um *ranking* dos membros de suas equipes do que mais colabora ao que menos colabora, e você pode até usar pesquisas de funcionários para ajudá-lo a identificar Idosos Modernos que se tornaram conselheiros informais por fazer perguntas como "Quem na empresa — além do seu patrão direto ou membro de equipe — você procura para pedir conselhos úteis?" ou "Quem na empresa é um modelo de sabedoria?"

Devido aos efeitos positivos da influência dos Idosos Modernos em seus colegas mais jovens, acho que é hora de pegarmos uma página do manual do Google, mais especificamente sua agora lendária regra dos 20%. Devido à cultura voltada à engenharia da empresa, e pelo fato de que as inovações costumam acontecer quando um engenheiro explora um projeto pelo qual ele é apaixonado no contexto do seu trabalho, o Google popularizou a ideia de fornecer ao pessoal técnico aprovado a dedicação de 20% do seu tempo em projetos exploratórios de sua escolha. Por que não oferecer aos Idosos Modernos da sua organização 20% do tempo dedicado ao seu papel para servirem como conselheiros de líderes mais jovens, ajudando-os a guiar seu crescimento e eficácia? Em alguns casos, um *coach* interno, que entende as dinâmicas únicas da empresa e que está lá todos os dias de trabalho, pode ser mais eficaz que um *coach* que vai ao escritório apenas durante alguns dias da semana ou uma vez por mês. A *Training Magazine* relatou que o treinamento e a orientação corporativos foram citados por líderes de RH como sendo a mais eficaz de 21 modalidades de treinamento diferentes oferecidas nas maiores empresas. Porém, o treinamento externo representa mais de $1 bilhão dos gastos corporativos anuais. Poderia melhorar seu orçamento um pouco por fornecer uma nova e enriquecedora via de carreira para alguns dos seus líderes mais experientes?

É óbvio que todos os tipos de detalhes precisam ser considerados aqui, e você precisará fornecer treinamento e ferramentas para estabelecer esses *coaches* internos para serem bem-sucedidos, mas existe a possibilidade de que esses funcionários já estejam servindo como conselheiros não oficiais durante meio período. Refletindo sobre isso, deixe-me apenas dizer que eu provavelmente teria permanecido mais por tempo integral na Airbnb se minha carga horária fosse reduzida em 20%, levando em consideração o papel que descrevi no Capítulo 7, quando atuei como bibliotecário e confidente.

2. Adapte-se para uma Força de Trabalho Mais Velha

Os números não mentem. Em 2002, 24,6% da força de trabalho dos Estados Unidos tinha 50 anos ou mais. Isso aumentou para 32,3% em 2012. Provavelmente, esse número será de 35,4% em 2022 e estará perto de 40% dez anos depois, à medida que mais funcionários estão permanecendo empregados por tempo integral por mais tempo e um número cada vez maior de funcionários espera trabalhar por meio período quando completar 70 anos. O que você está fazendo como patrão para se adaptar a essa tendência e garantir que seu ambiente de trabalho contribua e seja confortável para pessoas mais velhas? E, com 40% dos empregadores dos Estados Unidos relatando dificuldade para preencher vagas, o que você está fazendo por sua atual força de trabalho para que passe a depender menos de novas contratações enquanto tira vantagem dessa crescente fonte de trabalhadores experientes? Você já pensou em fazer uma rotação de serviços ou programas de monitoramento que permita que seus funcionários atuais exerçam novas funções com facilidade?

Para se inspirar, examine outros países, como a Alemanha, que se adaptou antes dos Estados Unidos por causa do envelhecimento acelerado de sua força de trabalho. Em 2007, os gerentes de uma fábrica de BMW no sudeste da Baviera entenderam que a idade média da sua força de trabalho passaria de 39 para 47 na próxima década. Então, esses líderes da BMW decidiram testar como uma linha de produção operaria dali a 10 anos; tudo, desde misturar equipes para garantir a diversidade entre gerações até instalar aparelhos ergonômicos para atender melhor as necessidades dos trabalhadores mais velhos: melhores assentos e mesas de trabalho, luzes mais claras, um piso mais acolchoado e telas de computador mais fáceis de ler. Eles também ofereceram várias oficinas para dar aos trabalhadores mais velhos a oportunidade de explicar o que era mais importante para eles e em que condições facilitariam seu melhor trabalho. Isso resultou em uma melhoria de produtividade de 7%, menos defeitos e em funcionários mais saudáveis apenas com a adaptação dos ambientes de trabalho, mais treinamentos sobre saúde e segurança e melhores relações entre as equipes.

De modo similar, a varejista suíça Migros — que emprega uma de cada 100 pessoas como a maior varejista do país — retém funcionários nos serviços que melhor se adequam a sua idade. Por exemplo, em vez de demitir um funcionário do almoxarifado com 60 e poucos anos que está tendo problemas para fazer força física, tal como o serviço exige, a Migros simplesmente o transfere para o departamento de atendimento ao consumidor, onde ele poderá ficar parado e não precisará ficar se levantando demais. De modo similar, o programa de Opções Flexíveis para Trabalhadores Horários da Marriott ajuda funcionários mais velhos a se transferir para vagas que exigem menos fisicamente por lhes ensinar novas habilidades.

Por fim, como mencionado em várias partes deste livro, uma das maneiras fundamentais pela qual os empregadores podem se adaptar à mudança dos grupos demográficos de seu ambiente de trabalho é formalizar o papel do *coach* ou mentor. Por exemplo, minha amiga Karen Wickre me falou sobre um assistente executivo sênior de longa data que se tornou um mentor pago que representava um grande grupo de assistentes executivos em uma empresa de tamanho considerável. E programas de aprendizado não oferecem apenas uma maneira de os Idosos Modernos transmitirem suas habilidades, sabedoria e conhecimento institucional para a próxima geração, eles também garantem que a sabedoria e o conhecimento continuarão a existir na empresa depois que a pessoa se aposentar.

O futuro chegou. É hora de criarmos vagas que nos deem um retorno sobre o investimento ainda maior com base na maestria dos Idosos Modernos por permitir a eles que a compartilhem com os outros.

1. Crie uma Estratégia de Longevidade para Seus Funcionários e Clientes

Deixe-me ser franco. Muitas empresas estão empacadas no século XX, quando pensávamos no ciclo de vida de nossa força de trabalho ou de nossos clientes. Conforme foi mencionado neste capítulo, apenas 8% das empresas que têm uma estratégia de diversidade e inclusão desenvolveram-na de modo mais expansivo, além dos grupos demográficos de gênero e raça/etnia para incluir a idade. Fica óbvio que tais empresas ainda não leram este livro. Mas você já leu. E chegou a hora de você criar uma estratégia abrangente de longevidade corporativa.

O que é uma estratégia de longevidade? Pense em outra oportunidade promissora de negócio, como na crescente classe média da Ásia. Se sua empresa for global e ainda não desenvolveu uma estratégia asiática, ela será considerada tola. De modo similar, quando falamos do fato de que dez anos a mais de vida significa que os funcionários permanecerão em seu trabalho por mais tempo e que os clientes estarão gastando dinheiro em compras de meia-idade mais tarde na vida, que inovações você poderia oferecer a seus funcionários e clientes mais velhos para diferenciá-lo de seus concorrentes?

Desenvolver um plano para oferecer uma saída honrosa para seus trabalhadores experientes não é o suficiente. O recrutamento, a retenção e o engajamento podem passar de táticos a estratégicos para a sua equipe de RH. Este livro está repleto de exemplos de práticas e programas que você pode incorporar a seu plano. De acordo com uma pesquisa de 2014 de profissionais de RH da Sociedade para a Society for Human Resource Management, apenas 6% diz que realmente implementou políticas e práticas abrangentes associadas a uma força de trabalho mais velha. Ainda assim, 73% dos profissionais de RH enxerga a aposentadoria ou a saída de trabalhadores mais velhos como "crise", "problema" ou "problema em potencial" nos próximos dez ou vinte anos.

Ademais, como sua equipe de *marketing* está repensando o valor de toda uma vida dos seus clientes principais, se eles viverão dez ou vinte anos a mais que as gerações passadas? Sem dúvida, os funcionários mais velhos entendem os clientes mais velhos. Eu vi isso na Airbnb quando alguns *designers millen-*

nials sugeriram que "ninguém mais usava *laptops*", então deveríamos fazer interfaces apenas para o formato móvel, mas eu sabia que nossos anfitriões mais velhos viviam e morriam por seus *laptops* e computadores de mesa porque o tamanho da fonte de aparelhos móveis pode ser um desafio de leitura. Tenho orgulho de que a Airbnb, que é considerada uma empresa que representa os *millennials*, tenha pensado em nossa relação com anfitriões e hóspedes de tal modo que isso influenciou como atenderíamos a *todos* eles — não só aqueles que tinham menos de 40 anos. E nos orgulhamos de que nossos anfitriões mais eficazes do mundo são aqueles que têm mais de 50 anos.

Para resumir: sua estratégia de longevidade não é só uma coisa que você faz para os outros sentirem-se bem; é uma boa estratégia de negócios.

O ENVELHECIMENTO É O PONTO CEGO DE SUA EMPRESA?

Eu passei dos 30 aos 40 anos preocupado com minha careca, que estava aumentando. Infelizmente, muitos líderes de negócios *millennials* talvez estejam mais focados em sua própria careca que no ponto cego de sua empresa. Jovens fundadores e líderes não pensam em seus funcionários mais velhos com tanta frequência. Isso talvez aconteça porque eles os lembrem de seus pais. Ou de sua mortalidade. Talvez isso aconteça porque eles não têm um contexto no qual possam entender a meia-idade ou além. Talvez isso aconteça porque, quando surge o tópico da diversidade, é muito mais legal e politicamente correto defender a diversidade de gênero ou racial primeiro. Isso parece justo; quer dizer, sejamos honestos, as pessoas mais velhas já tiveram sua oportunidade quando eram jovens, e, ainda assim, as mulheres e os negros dificilmente são vistos como parte da classe dominante. Além do mais, o ageísmo é um fenômeno relativamente novo. Assim, vamos resolver os outros dois preconceitos institucionalizados primeiro.

Esse é o pensamento da soma zero. Se não tivermos cuidado, o preconceito inconsciente pode se multiplicar como um câncer. Quando as pessoas têm o ponto de vista limitado de "querer trabalhar com pessoas como eu", será apenas um pulo de um bem-intencionado "Ela se enquadra na cultura?" para a exclusão e discriminação sistêmicas. A menos que esteja planejando ter apenas um funcionário — você mesmo —, então você e sua empresa precisam ser mais expansivos em seu pensamento inclusivo. Espero, agora que leu este capítulo, que você perceba que o "Dividendo da Experiência" é real e que ele está disponível para você. Então, o que você está esperando?

[10]

A Era do Sábio

"Eu ainda tenho todas as idades que já tive. Como já fui criança, sempre serei uma criança. Como eu já fui uma adolescente inquisidora, com uma tendência a mudanças de humor e êxtases, elas ainda fazem parte de mim, e sempre farão. Como já fui uma aluna rebelde, ainda há e sempre haverá em mim uma aluna que está exigindo uma mudança. Isso não quer dizer que estarei presa ou restrita a alguma dessas idades, mas que elas estão em mim e podem ser resgatadas; esquecê-las seria uma forma de suicídio; meu passado faz parte do que forma a Madeleine atual e não deve ser rejeitado ou esquecido."

—Madeleine L'Engle

"Essa barba me deixa mais velho?"

"Não, querido, ela o torna mais sábio", foi a resposta da minha amiga Vanda depois de me ver pela primeira vez com a cara repleta de fios grisalhos como a de Hemingway. Era verão de 2016, não muito depois de minha palestra em Tulum, e eu havia deixado de ser um funcionário por tempo integral da Airbnb. Sentindo-me mais jovem e mais sábio do que havia me sentido em anos, eu tinha acabado de passar algumas semanas em Baja, onde havia começado a compor mentalmente o que significa ser um Idoso Moderno. Eu sempre tentei esconder meus cabelos grisalhos — talvez mais de mim mesmo do que dos outros — mas agora eu os havia assumido. Talvez um pouco de cabelo grisalho seja a maneira de o Idoso Moderno anunciar a sabedoria que conquistou no mundo. Envelhecemos em público, mas nossos verdadeiros dons costumam ser particulares, ficam bem escondidos em nosso coração e em nossa alma.

Eu escrevo livros e dou palestras porque ambos me ajudam a dar um sentido à minha vida. Só então eu posso (assim espero) compartilhar qualquer sabedoria que seja obtida com outras pessoas. Eu não fazia ideia de que minha passagem pela Airbnb resultaria em um livro. Mas, apenas alguns anos depois de minha posse, fiquei "grávido" com a ideia de que um novo papel estivesse surgindo para Idosos Modernos no ambiente de trabalho... e bem na hora. Durante meus primeiros dias na empresa, fiquei fascinado e perplexo com o que eu estava observando e encontrando como um "mentário" na Airbnb — eu estava sentindo várias coisas, tentando ter um pensamento coerente. Mas logo comecei a entender tudo o que aprendi, senti e experimentei, e sabia que isso deveria ser compartilhado. Então, acho que este livro é a minha maneira de contribuir para a "economia compartilhada". Agora, depois de oferecer todos esses conselhos práticos sobre como usar e coletar os benefícios da sabedoria no trabalho, quero me despedir de você com uma coisa terna.

Se você tem a minha idade, existe a possibilidade de que viva mais trinta ou quarenta anos. E, se for parecido comigo, você provavelmente vai querer viver uma vida longa e que seja rica e significativa. Uma coisa que aprendi é que viver ricamente tem menos a ver com o balanço líquido do seu extrato bancário e mais com o valor das lições que você oferece àqueles que querem aprender contigo.

Eu amo este delicado provérbio africano: "Quando um idoso morre, é como se uma biblioteca tivesse pegado fogo." Muitas comunidades indígenas não conseguiriam conceber sua sobrevivência cultural sem idosos, da mesma forma que teríamos dificuldade de imaginar a vida sem livros, músicas ou filmes. Na era digital, as bibliotecas — e os idosos — não são tão populares quanto antes, mas ambos são condutores fundamentais para a sabedoria entre as eras. Se guardar sua sabedoria apenas para você, ela morrerá contigo. Mas se compartilhar seus dons que vêm com a idade com a próxima geração, essa sabedoria nunca envelhecerá.

Quanto mais vive neste planeta, mais você tem a oportunidade de deixar alguma coisa para trás. Se escolhermos ser assim, todos nós seremos idosos em formação.

A SABEDORIA NUNCA ENVELHECE

"À medida que ouvia as histórias das pessoas, escutei seu desejo por reciprocidade. Como professores e aprendizes, elas querem estabelecer relações de benefício mútuo, dar e receber. Elas fornecem sabedoria e experiência para a próxima geração e esperam uma perspicácia e perspectiva joviais em retorno."

— Sara Lawrence-Lightfoot

Costuma-se dizer que a juventude é desperdiçada nos jovens. Isso quer dizer que a sabedoria é desperdiçada com os idosos? Tudo depende de como escolhemos viver a segunda metade da vida: queremos praticar a gratidão ou correr atrás da gratificação? Aumentar nossa individualidade ou nos confinar em estereótipos ou normas sociais? Tentar obter e compartilhar conhecimento ou acumular recompensas materiais?

"Ancora Imparo" — "Ainda estou aprendendo" — foi escrito em cima da porta do estúdio de Michelangelo na nona década de sua vida. Todos nós precisamos nos lembrar disso, não é? O corretor de sucesso da Wall Street Eli Scheier passou por isso quando tinha 46 anos. Sem registro criminal, ele passou 24 horas na cela de uma cadeia rural pelo crime de posse de drogas e experimentou uma noite sombria da alma. Eli percebeu que sempre esteve procurando algo e que ainda não tinha nada duradouro para mostrar.

Eli deixou seu grande trabalho em Nova York e mudou-se para Israel para recorrer à sua sabedoria interior. Ele cuidou de 300 ovelhas como pastor, estudou a Cabala e reconectou-se com o que a natureza queria para ele. Depois de voltar para os Estados Unidos, Eli criou uma fazenda de vegetais orgânicos no interior de Nova York. Ele passou a ser conhecido como "O Jardineiro" e agora planta sementes nas pessoas como professor de ioga e psicólogo clínico, com uma especialidade em espiritualidade da mente e do corpo. Mas o que diferencia Eli é seu conhecimento de que tudo o que a semente se tornará já está dentro dela. O jardineiro simplesmente cria o ambiente para que a semente atinja seu potencial máximo. Eli ajuda as pessoas a enxergar que existe uma semente de sabedoria dentro de cada um de nós.

Por meio de algumas circunstâncias fortuitas, Eli acabou se mudando para Tulum e assistiu à primeira palestra que dei sobre ser um Idoso Moderno em 2016. Prestes a completar 50 anos, Eli não poderia ter ficado mais feliz. Como um mentor e um cavalheiro, ele incorpora o assunto do fim do Capítulo 8: alguém que ajuda a reacender o espírito dos outros usando sua própria sabedoria. Todos os e-mails de Eli terminam com esta expressão maia: "In Lak'ech hala Kiin" ("Eu sou o outro você"). Ele costuma me dizer: "Todas as pessoas que conheci eram como eu em algum ponto da vida", o que reflete outro marco do Idoso Moderno: a empatia.

O psicólogo Viktor Frankl escreveu: "Existe um espaço entre estímulo e resposta. Nesse espaço reside seu poder de escolher sua resposta. Na sua resposta reside seu crescimento e liberdade." A sabedoria está localizada no espaço onde os idosos retrocedem do momento para melhorar sua perspectiva. Mas o verdadeiro poder é liberado quando eles escolhem compartilhar essa perspectiva com outros.

A maioria de nós percebeu que, quanto mais velhos somos, menos temos o que provar e mais liberdade temos dos grilhões da convenção. Com essa liberdade, vem a energia que dá vida, uma generosidade de espírito invencível e um profundo desejo de retribuir.

O autor Allan Chinen escreveu que aqueles que estão na segunda metade da vida estão "obtendo suas inspirações transcendentais da parte mais tardia da vida e usando-as para ajudar a geração seguinte". Nessa idade, os idosos ganham uma terceira dentição metafórica — os dentes de um editor que consegue separar o que é irrelevante da alma de todos os assuntos —, tornando-se um sábio que consegue distinguir instantaneamente entre o significativo e o insignificante. Em nossos comportamentos diários como idosos, incorporamos as verdades abstratas da espiritualidade, ignoramos pequenas irritações e nos concentramos em ser gratos pelas inspirações em nossa vida. É por isso que sua voz, seu espírito e, sim, seus dentes (supondo que ainda os tenha... risos, risos) são mais necessários do que nunca.

UMA MAIOR LONGEVIDADE TEM UM OBJETIVO?

"Nossa longevidade existe, tem significado e gera valor porque ela fornece aos seres humanos um mecanismo para melhorar a vida de todas as idades. Esse mecanismo é um padrão de relações recíprocas que une as gerações. Longe de ser as dispendiosas sobras da sociedade, os idosos e a idade avançada que eles vivem são fundamentais para o bem-estar de todos."

—Dr. Bill Thomas, gerontologista

O autor Jared Diamond disse que a forma como uma sociedade trata seus idosos corresponde a sua utilidade percebida. Em outras palavras, quanto mais úteis eles são, mais serão respeitados e incluídos no tecido da sociedade. Historicamente, a utilidade dos idosos tinha a ver com sua habilidade de reconhecer padrões nas colheitas e no clima, localizar fontes e cozinhar alimentos, trocar conhecimentos com outras tribos, contar histórias para as crianças da vila e cuidar dos netos, e a bela arte de fazer cestos.

Muitas dessas habilidades não são mais valorizadas no Ocidente. Mas, sem dúvidas, existem muitas crianças que poderiam se beneficiar de mais amor, mais jardins que precisam ser cuidados, mais histórias esperando para serem contadas. Ser velho não precisa ser sinônimo de inutilidade. O psicólogo de desenvolvimento Erik Erikson acreditava que a segunda metade da vida é a época em que tecemos nossas experiências de vida em conjunto de um modo revelador e oferecemos esse dom da integralidade aos mais jovens. Os Idosos Modernos podem não saber fazer cestas, mas sabem tecer a vida, e em uma época em que os jovens procuram por cada vez mais significado, nosso dom é ainda mais valioso para a sociedade. Carl Jung sugeriu: "O homem não suporta viver uma existência sem significado." Com a segunda metade da vida estendendo-se por décadas a mais que se estendia há um século, é hora de explorarmos o objetivo e o significado da longevidade no mundo moderno.

Em uma coluna de 2016 do *New York Times*, o Dalai Lama (com Arthur Brooks) destacou um experimento no qual pesquisadores descobriram que os idosos que sentem que não são úteis para os outros têm quase três vezes mais possibilidade de morrer prematuramente, tal como aconteceu com alguns. "Isso se relaciona com uma verdade humana mais ampla", concluiu o Dalai Lama. "Todos nós temos a necessidade de ser necessários."

Em seu livro *The Joy of Old*, John S. Murphy e Frederic M. Hudson sugerem que existem três ápices na vida: o físico, que acontece quando temos uns 20 anos; o econômico, que pode acontecer quando temos uns 40 ou 50 anos; e o humano, que acontece mais tarde na vida. Durante nosso ápice físico, somos nosso corpo; durante nosso ápice econômico, somos nosso trabalho; e durante nosso ápice humano, somos nós mesmos. A sociedade costuma julgar as pessoas na segunda metade da vida baseando-se em um padrão que venera corpos jovens e dinâmicos e carreiras altamente rentáveis. Mas o verdadeiro valor dos idosos é sua humanidade e como eles melhoram a humanidade daqueles ao seu redor.

O CEO da Apple, Tim Cook, foi o orador da cerimônia de graduação do MIT em 2017, onde compartilhou a seguinte sabedoria: "Eu não estou preocupado com a inteligência artificial dar aos computadores a habilidade de pensar como humanos. Estou mais preocupado com as pessoas pensarem como computadores, sem valores ou compaixão, sem se preocupar com as consequências." Os Idosos Modernos podem trazer a humanidade a um mundo cada vez mais governado pela tecnologia. Murphy e Hudson concluem: "Na juventude, nós procuramos a perfeição. Na idade avançada, a integralidade." E, ao modelar essa integralidade, criamos uma comunidade mais integrada e engajada que consegue perceber que pode "viver de modo mais pleno e, então, morrer com mais disposição".

A SOBREVIVÊNCIA DO MAIS SÁBIO

"O que sobra depois de deixar o palco é uma imagem idiossincrática, em especial aquela apresentada nos anos posteriores. A imagem remanescente de alguém, aquela maneira única de ser e fazer, deixada na mente de outras pessoas, continua a exercer efeito sobre elas — em anedotas, reminiscência, sonhos; como uma voz exemplar, de orientação, ancestral — uma força potente trabalhando naqueles com vida para viver."

—James Hillman

"Eu sou o que sobrevive de mim." Essa é a famosa frase que Erik Erikson usou para descrever a guerra entre a "capacidade de criação e a estagnação" nessa última etapa de nossa vida. Nós criamos quando vamos além de nossas necessidades egoístas e servimos a algo maior que nós mesmos — quer sejam nossos filhos, a qualidade das nossas amizades, a saúde de uma instituição religiosa ou de caridade à qual nos dedicamos ou os jovens líderes que geramos. E costuma ser nossa sabedoria — de qualquer forma que ela se manifeste — que vive além de nós, como uma fragrância que perdura por muito tempo além da nossa época.

A acadêmica Else Frenkel-Brunswik descobriu que, com o passar do tempo, nos tornamos mais altruístas e mais generosos com a humanidade em geral. Ela foi aluna de Erik Erikson e ajudou a provar a "ampliação do raio social" que experimentamos ao envelhecer.

Uma jovem árvore cresce forte quando é plantada em uma área com árvores mais velhas, visto que as raízes da árvore jovem conseguem seguir os caminhos criados por elas. Com o passar do tempo, as raízes de muitas árvores se juntam umas às outras, criando uma base oculta, intrincada e interdependente debaixo da superfície, e a floresta se torna mais saudável e mais resiliente. O mesmo acontece com as pessoas; nós nos tornamos mais fortes quando estamos todos conectados. Então, como podemos criar uma "floresta" mais saudável mais tarde em nossa vida? Devemos nos tornar intencionais quanto aos caminhos que formamos para aqueles que vêm atrás de nós. Embora seja claro como podemos fazer isso com nossos familiares, como podemos fazer isso no trabalho, onde passamos a maior parte das horas em que estamos despertos? É plausível que o papel número um de um líder eficaz seja criar mais líderes eficazes, certo?

O Dr. Marshall Goldsmith é um dos mais renomados *coaches* executivos do mundo e autor de vários *best-sellers*. Aos 68 anos, depois de toda uma vida sendo um sábio mentor e bibliotecário, Marshall se tornou mais intencional sobre como ele sobreviveria. Ao pensar em seus heróis mais tarde na vida, Marshall descobriu que eles eram como Peter Drucker e Frances Hesselbein, duas pessoas que foram muito generosas em tudo o que lhe ensinaram, sem exigir nenhum pagamento. Assim, Marshall decidiu "adotar" 100 *coaches* em potencial, acadêmicos e líderes com quem ele poderia compartilhar sua sabedoria totalmente de graça, com uma condição: a de que eles a passassem para frente quando se tornassem idosos. Ele chama esse plano de legado de "Os 100 *Coaches* de Marshall Goldsmith" ou MG100, e ele foi selecionado pelo Thinkers50 como uma das ideias mais inovadoras do ano no mundo dos negócios. Marshall disse para mim: "Eu não tenho uma grande fortuna para dar, como o Bill Gates ou o Warren Buffett. Mas posso dar meu conhecimento."

Bill Plotkin, fundador do Instituto Animas Valley, é um psicólogo perspicaz, autor e agente da evolução cultural. Bill já orientou milhares de adultos em várias jornadas de iniciação da alma baseadas na natureza, incluindo uma adaptação contemporânea da missão da visão pancultural na natureza de seu Instituto Animas Valley. O ermo e a alma são ferozes, cruéis e, ainda assim, professores generosos — e fontes de sabedoria desconhecida. Diante desses desafios de sobrevivência de sua autoimagem e visão do mundo, é incrível os tipos de epifanias que seus participantes têm. Ele escreveu de modo eloquente o papel do sábio no complicado mundo moderno: "Quando estamos com um Sábio, provavelmente pensamos em um padrão de vida coerente e significativo, algo do qual fazemos parte, um sentimento de que as coisas farão sentido no fim, mesmo que não possamos articulá-las. Nós somos regenerados e fortalecidos pela presença viva de um Sábio, que torna nosso mundo menos confuso, ambíguo, caótico e desafiador." Embora a ideia de Bill de uma iniciação à jornada da alma seja muito extrema para alguns, como você pode criar um momento de ensino, compartilhar o que você aprendeu a um jovem rebento (sábio-ento?) e manter sua sabedoria viva?

Existe um pacto não pronunciado entre as gerações que afeta tudo, desde os genes aos valores. Nós somos como um tubo condutor para o futuro, mas estamos conscientes de que estamos formando o futuro? Toda vida está enraizada em nossos ancestrais. Assim, você e eu não somos apenas idosos em treinamento, mas também ancestrais em treinamento. Que dons vamos deixar para nossos descendentes?

Em seu livro *Boomer Reinvention*, o autor John Tarnoff apresenta uma eloquente metáfora de Carl Jung: "Imagine que você esteja parado do lado de fora em um dia ensolarado. Imagine-se como um relógio de sol. De manhã, quando o sol surge, você projeta uma longa sombra em uma direção. À medida que a manhã avança, sua sombra vai ficando cada vez mais curta até o meio-dia, quando você já não projeta mais sombra, estando o sol bem acima da sua cabeça." O que Jung queria dizer com isso é que, na meia-idade, podemos perder completamente o senso de quem somos porque estamos tentando viver a imagem que outra pessoa tem de nós. Mas, na tarde da vida, de acordo com Jung, algo novo acontece. Começamos a projetar uma sombra de novo. Tarnoff escreveu: "A principal diferença é que a sombra está se afastando de nós em uma direção diferente, em uma direção contrária àquela da manhã." Ele disse que podemos seguir essa sombra conforme ela se estende em um novo território, redefinindo-nos de uma nova maneira, expandindo-nos em uma nova e profunda direção. "Quando o sol se puser, e deixarmos de projetar uma sombra e nos misturarmos com a noite, teremos nos estendido plenamente, criando uma vida completa que reflete nossa transformação de aprendiz e experimentador para explorador e descobridor."

Isso expressa de modo belo minha mudança de CEO da Joie de Vivre para Idoso Moderno na Airbnb e me lembra de como o psicólogo G. Stanley Hall descreve esses dias de mais idade: "Nós raramente aceitamos algo magistralmente até que as sombras comecem a se inclinar para o leste, e, por uma estação, o que varia bastante entre as pessoas, nossos poderes aumentam à medida que as sombras aumentam."

DO JÁ ERA PARA O SERÁ

"A tarde sabe o que a manhã nem suspeitou."

— Provérbio sueco

Nós não lamentamos as amáveis imperfeições que começam a surgir com o passar do tempo em grandes maravilhas arquitetônicas. Nós não nos preocupamos com as rugas cosméticas que aparecem nas mãos da Mãe Natureza em marcos naturais antigos, como as fissuras em penhascos à beira-mar ou em nós de árvores gigantescas na floresta. Nem nos preocupamos quando uma confortável cadeira de couro adquire uma bela pátina desgastada. Então, por que ficamos incomodados com nossas próprias manchas e pontos senis? Sua pátina pode ser tão intrigante e requintada como a fachada de um templo maia em ruínas ou como os rochedos das geleiras canadenses. Sim, esses marcos físicos são um sinal de que deixamos nossa juventude para trás. Mas, quando envelhecemos, precisamos lidar com tudo, incluindo a passagem do tempo.

Quando eu era adolescente, a diferença entre alguém de 13 e 19 anos parecia tão insuperável quanto o Grand Canyon. Porém, 6 anos entre dois Idosos Modernos com seus 50 anos podem ser arredondados. Nessa idade, as pequenas diferenças não parecem tão alienantes e, na verdade, nos fazem sentir mais conectados.

Eu já fui chamado de *"millennial* perene" porque estou sempre focado no que virá a seguir. Não me importo em andar pelo desconhecido — quer seja uma sala repleta de jovens estranhos ou o beco de alguma cidade — porque eu não vejo o perigo, eu vejo a oportunidade. Talvez seja uma intervenção divina, ou uma habilidade sintonizada, ou simplesmente uma crença quase religiosa de que o passado me preparou para o futuro. Qualquer que seja o caso, sempre criei um espaço vazio e inexplorado em minha vida para que a Oportunidade entre no meu caminho, tal como entrou depois de meus anos pós-Joie de Vivre. Essa é uma mudança radical para um cara que estava acostumado a acreditar que uma agenda cheia era a marca de uma pessoa valiosa.

Quem dentre nós não olhou para o passado com saudades? É natural refletir sobre o passado de vez em quando. Mas muita reflexão nostálgica e anseio pelo que é familiar pode nutrir um caso de amor prejudicial com o "Já era". O desafio é transcender nosso senso de história e autoimportância e nos transferir para um hábitat onde há um público que deseje receber a sabedoria do nosso passado, mas onde também podemos enxergar além, com otimismo e expectativa, para se apaixonar pelo futuro. Embora nosso corpo possa ranger um pouco, nossa alma ainda consegue dançar loucamente em um universo maior. Ou, como Ingrid Bergman sugeriu: "Envelhecer é como subir uma montanha: ficamos um pouco sem fôlego, mas a vista é muito melhor!"

No pico dessa montanha, temos a perspectiva de ver não só o que "Já era", mas o que "Será". Mas apenas se "Quisermos isso". E devemos nos cercar de outras pessoas que tenham uma mentalidade de "Será". O autor Terry Jones sugeriu, em *Elder: A Spiritual Alternative to Being Elderly*, que todos nós temos uma "caixa de vida não vivida", quase como uma cápsula do futuro que devemos abrir mais tarde na vida. Quem poderá ajudá-lo a explorar essa caixa de vida não vivida que está esperando para ser aberta?

Se você é pai, a resposta mais óbvia é seus filhos. E, se tiver sorte, isso lhe dará uma segunda juventude mais tarde na vida (e talvez alguma ajuda em seus últimos anos). Aos 75, Rebecca Danigelis sentia-se como uma Já era. Depois de 50 anos devotados à indústria da hospitalidade, durante os quais nunca perdeu um dia de serviço, ela foi demitida sem cerimônias. Rebecca criou dois filhos, sendo mãe solteira, com o pequeno salário que ganhava com seu trabalho de operação e gestão de serviços de limpeza de hotéis. Seu filho, Sian-Pierre (SP) Regis, sabia que sua mãe não era uma Já era. Mas Rebecca viveu uma vida dedicada a seus filhos e ao seu trabalho e, assim, nunca teve tempo para sonhar com o Será. Depois de perder seu serviço, SP, colaborador da CNN para *millennials* e entretenimento, incentivou sua mãe a embarcar na aventura de fazer tudo o que ela sempre quis fazer... como ordenhar uma vaca em Vermont, saltar de paraquedas no Havaí, reencontrar-se com sua filha e entrar no Instagram — onde Rebecca tem agora 70 mil seguidores, um pouco mais que seu filho, que conhece mais a mídia social.

SP e Rebecca criaram uma campanha Kickstarter de sucesso para financiar sua jornada de desejos, a qual logo se tornou uma realidade. Seu vídeo curto descrevendo seu *tour* já teve quase 40 milhões de visualizações no Facebook, e seu documentário chamado *Duty Free* entrará em cartaz em breve. Mal posso esperar para ver esse filme, visto que seu tema tem a ver com este livro: o compartilhamento da sabedoria entre uma Idosa Moderna e um *millennial*; uma perspectiva para a segunda metade da vida que está repleta de esperança e expectativa pelo futuro; a realidade de que qualquer um pode aprimorar-se para uma bem-sucedida "segunda fase" — e que esteja ajudando a criar alguma segurança financeira em uma sociedade que reduziu bastante a rede de segurança para seus membros mais velhos.

Idosos Modernos como Rebecca perceberam que a vida é uma série de limiares, transições e reinvenções. Nós essencialmente morremos e nascemos de novo várias vezes na vida. Ou, como os japoneses dizem, caímos sete vezes, levantamos oito vezes.

Se vivermos até os 99 anos, inspiraremos 798.912.000 vezes. Quantas dessas vezes serão conscientes? O que você faria diferente se soubesse que já passou dos 798.900.000 e tem apenas mais 12 mil? Quanto menos tempo temos, menos nos preocupamos com todas essas inspirações passadas. À medida que avançamos em direção à linha de chegada, pensamos menos no tempo que passou e mais no tempo que teremos. E até imaginamos o que "Será" escrito em nossa lápide. Eu quero que a minha diga: "Apaixonadamente viveu sua vida com graça e coragem... nessa ordem." E você?

"VOCÊ SABERÁ QUE A ENCONTROU QUANDO VÊ-LA"

"A liderança é como a beleza — é difícil de defini-la, mas você saberá que a encontrou quando vê-la."

—Warren Bennis

Como vivo metade de meu tempo em Baja, consigo ler bastante, o que foi muito instrutivo para a escrita deste livro. Eu li um volume acadêmico, o *Handbook of Wisdom*, enquanto estava na praia — um improvável encontro entre a areia, o oceano e um debate acadêmico com várias definições sobre sabedoria. É claro que não existe uma única e clara definição, mas gostei de um acadêmico que sugeriu que a sabedoria poderia ser definida na mesma linguagem famosa empregada pela Suprema Corte em 1964 para definir a obscenidade ou a pornografia: "você saberá que a encontrou quando vê-la." A sabedoria de um Idoso Moderno pode ser, de certa forma, intangível, mas a reconhecemos quando a vemos.

Parte de ser um Idoso Moderno é reconhecer a promissora sabedoria dos jovens quando a vemos. Durante minha chegada na Airbnb, Nick D'Aloisio, de 19 anos e possivelmente o empreendedor de capital de risco mais jovem do mundo, esteve na empresa por alguns meses como um "empreendedor fazendo residência". As gravadoras procuram adolescentes talentosos com vozes sedosas e os times da NBA procuram jovens jogadores de basquete que fazem belos arremessos. Mas não existe um histórico muito grande nesse sentido no mundo dos negócios. Ainda assim, não foi difícil ver o potencial de Nick, e não só porque ele vendeu sua primeira empresa para a Yahoo aos 17 anos, foi premiado como o "Inovador do Ano" pelo *Wall Street Journal* e foi honrado pela revista *TIME* na edição "Time 100" como um dos adolescentes mais influentes do mundo.

Sócrates enxergava a definição da sabedoria como ser capaz de reconhecer os limites de nosso próprio conhecimento, o que é difícil para muitos jovens empreendedores, em especial se eles só tiveram sucesso durante seus 20 ou 30 anos (ou, no caso de Nick, ainda mais jovens). A arrogância e a ignorância soam parecidas e, em muitas jovens empresas de tecnologia, elas parecem a mesma coisa. Mas eu pude ver de cara que esse não era o caso de Nick.

Nick era muito sábio para sua idade, em parte talvez pelo fato de que estava estudando ciências da computação *e* filosofia. É fácil para um Idoso Moderno lamentar o fato de que o poder continuará a ir para as mãos dos jovens ao passo que nossa sociedade se torna cada vez mais dependente da tecnologia. Ainda assim, por causa das conversas que tive com Nick, nunca me senti mais animado sobre nossa futura geração de líderes do que então. À minha frente estava um jovem que sabia muito mais que eu sobre todos os tipos de assuntos, apesar de sua idade. E, ainda assim, Nick ansiava e apreciava a sabedoria intangível que eu podia oferecer. Nick e eu aguardávamos pelas palavras um do outro.

Em algumas sociedades tribais, a palavra "juventude" é traduzida como "aquilo que ainda está úmido", cru e não testado, porém, dobrável e cheio de potencial. Podemos dizer que o legado de um Idoso Moderno, em especial no ambiente de trabalho, é como ele pode ajudar essa geração "úmida" a atingir seu pleno potencial.

Então, qual foi o meu legado na Airbnb? Coincidentemente, meu último dia como um funcionário oficial da Airbnb, quase quatro anos depois de ter iniciado minha jornada, bateu com a nossa reunião bianual de todos os funcionários de São Francisco. Nós chamamos esse festival do amor de "One Airbnb". Em 19 de janeiro de 2017, na última noite dessa reunião tribal de três dias, me ofereceram a oportunidade de proferir minhas palavras de despedida por 20 minutos a cerca de 3 mil funcionários de 22 escritórios ao redor do mundo. Nós, como empresa, havíamos chegado a esse ponto em apenas quatro anos — quando tínhamos apenas 400 funcionários.

Brian me apresentou e, de modo pungente, expressou o impacto que eu havia exercido sobre ele como líder. Embora tenhamos crescido como empresa desde que eu entrara, parecia que Brian tinha crescido mais. Então, ele me chamou para o palco, e, para minha surpresa, fui ovacionado espontaneamente. Como meu coração estava transbordando no momento, em vez de seguir meu esboço, comecei a falar citando Kahlil Gibran (autor de *O Profeta*): "O trabalho é o amor tornado visível." Então, sentindo a sobrepujante responsabilidade de ser a voz do idoso, falei sobre como nossa "pequena empresa de tecnologia poderia" ou precisava "continuar a ser hospitaleira, continuar a ser humana", visto que isso é o que verdadeiramente nos diferenciava no Vale, que é voltado aos dados, e na indústria de viagens online voltada a transações.

Ironicamente, fiz um discurso introdutório, porém, como Brian havia dito na abertura naquela noite, era eu que estava me formando. Senti que fazer um discurso seria o ritual perfeito para receber um novo tipo de graduação: o diploma do Idoso Moderno.

Ser um Idoso Moderno se trata de reciprocidade. Dar *e* receber. Ensinar *e* aprender. Falar *e* escutar. Todo mundo *envelhece*, mas nem todo mundo se torna um *idoso*. O primeiro simplesmente acontece (se tivermos sorte e saúde). O outro, temos de merecer. Por investir seu tempo na leitura deste livro, você dará o primeiro passo para merecer — e também para aceitar e celebrar — seu papel como um Idoso Moderno.

Um fim anuncia um início, assim, apresento-lhe este sábio poema como meu último presente a você nesta nova era de sua vida.

PARA UM NOVO INÍCIO

—John O'Donohue

Em lugares fora do caminho do coração,
Onde seus pensamentos nunca pensam em perambular,
Esse início esteve silenciosamente se formando,
Aguardando até que você estivesse pronto para emergir.
Por muito tempo, ele observou seu desejo,
Sentindo o vazio crescendo dentro de você,
Percebendo como você prosseguia,
Ainda incapaz de deixar coisas que ficaram pequenas demais para trás.
Ele viu você brincar com a sedução da segurança
E as promessas cinzentas que sussurraram o mesmo,
Ouviu as ondas da turbulência subirem e descerem,
Se perguntou se você sempre viveria assim.
Então, o prazer, quando sua coragem se inflamou,
E você pisou em um novo solo,
Seus olhos jovens novamente com energia e sonhos,
Um caminho de plenitude se abrindo diante de você.
Embora seu destino não seja claro
Você pode confiar na promessa dessa abertura;
Desenrole-se na graça do início
Que está em harmonia com o desejo de sua vida.
Desperte seu espírito de aventura;
Não se reprima, aprenda a encontrar a tranquilidade no risco;
Logo, você estará em casa com um novo ritmo,
Porque sua alma sente o mundo que lhe aguarda.

Apêndice

1. FERRAMENTAS DE IDENTIFICAÇÃO DE PERSONALIDADE
(mencionadas na seção Práticas-modelo do Capítulo 6)

Acredito que o sucesso de qualquer líder sábio seja, em grande parte, resultado de sua habilidade de entender personalidades. Aqui, compilei uma lista de ferramentas que achei particularmente úteis. Mas embora o entendimento das personalidades seja excepcionalmente valioso para a autoconsciência e a colaboração, tome cuidado para não usar essas modalidades como uma ferramenta cega para rotular os outros. Sua intenção pode ser pura, mas, para a pessoa que se sente rotulada, você pode parecer um psicólogo amador ou um sabe-tudo de primeira, o que pode diminuir a confiança e a compreensão, em vez de aumentá-las.

- Indicador do Tipo Myers-Briggs (MBTI): Essa autoanálise psicológica pode parecer um pouco clínica para alguns, mas é provavelmente a metodologia mais empregada, e existem vários recursos e livros que poderão ajudá-lo a interpretar os resultados. www.myersbriggs.org
- Descubra Seus Pontos Fortes: O popular livro de Tom Rath, com sua sequência chamada 2.0, é a base do pensamento por trás do trabalho da empresa Gallup. Esse é um método útil para entender as melhores palavras e descrições para definir a si mesmo e aos outros. www.strengthsquest.com
- Avaliações Hogan: Essa análise de personalidade mais profunda se concentra em três áreas: Valores (valores fundamentais e motivadores para os papéis de liderança), Potencial (pontos fortes e competências para a liderança) e Desafios (descarriladores e riscos de desempenho baseados na personalidade). www.hoganassessments.com
- DISC: Junto com o MBTI, essa é uma das ferramentas de avaliação mais populares que existe, porque é simples e não é ameaçadora. É especialmente útil em novos grupos para incentivar a colaboração. www.discprofile.com

- Código de Cores ou Verdadeiras Cores: Existem várias ferramentas que separam personalidades em quatro cores. Eu acho que elas são muito básicas e que se parecem mais com jogos de salão, mas elas vêm mostrando ser maneiras bem eficazes de as pessoas aprenderem sobre os vários estilos de personalidade caso não tenham experiência com isso. www.colorcode.com. e www.true-colors.com

- Eneagrama: Gosto do Eneagrama porque ele parece menos específico quanto à personalidade superficial e mais específico quanto às influências subjacentes. Embora o Eneagrama Riso-Hudson Indicador de Tipo (RHETI) seja a melhor ferramenta conhecida (www.enneagraminstitute.com), existem duas outras que lidam com nove tipos de personalidade no contexto de organizações de maneira mais focada: The Enneagram in Business: http://theenneagram inbusiness.com/, e o Integrative 9, https://www.integrative9.com/

2. MEUS DEZ FAVORITOS

Eu quero que você pense neste livro como um recurso que usará por anos a fio. Em cada uma das seções a seguir, listo meus dez favoritos para cada categoria. E quero que pense em mim como seu "Idoso Moderno" amigo que, ocasionalmente, lhe dá algum conselho sábio, quer seja uma citação inspiradora, um livro repleto de sabedoria, um artigo informativo, um vídeo interessante, alguma sabedoria da internet na forma de agradáveis blogs, boletins informativos, sites e até um "Cartão de Pontuação da Sabedoria"; bem como alguns estudos e recursos acadêmicos inteligentes e ótimas empresas que fornecem serviços úteis. Pense em mim como seu amigo e "bibliotecário", e saiba que, em futuras edições deste livro, esta lista evoluirá (assim como nós), de modo que estarei sempre aberto também às suas sugestões, as quais você pode enviar para info@wisdom@work.com.

CITAÇÕES

Que alívio saber que algumas de minhas citações favoritas que não se encaixaram bem nos capítulos poderão inspirá-lo aqui. Eu gostaria de imaginar um jantar apenas de idosos com James Baldwin; Winston Churchill; a fundadora da Gray Panthers, Maggie Kuhn; Mark Twain; Lillian Hellman e Sócrates: um banquete de comentários espirituosos! E se eu tivesse a sorte de comparecer, esse seria um que viria de mim e que poderia reverberar em você: "Minhas rugas representam afluentes do sábio rio da vida. Meus pés de galinha incorporam tudo o que vi e entendi. As linhas da minha testa marcam o estresse do passado que foi solucionado. As cavidades das minhas bochechas significam meus vales e redenções. Meu bigode chinês representa o número de vezes que sorri na vida. Minha face está cheia de traços distintivos, não de Botox."

1. "Qualquer mudança real envolve desligar-se do mundo tal como o conhecemos, a perda de tudo que nos deu nossa identidade, o fim da segurança. E em tal momento, incapazes de ver e não nos atrevendo a imaginar o que o futuro trará de agora em diante, nos apegamos ao que conhecíamos ou pensávamos que conhecíamos, ao que possuíamos ou sonhávamos que possuíamos. Ainda assim, é só quando o homem consegue, sem amargura ou autopiedade, entregar-se a um sonho que ele sempre amou, ou a um privilégio que ele sempre teve, que é posto em liberdade — que ele se liberta — para sonhos maiores, para privilégios maiores." — James Baldwin

2. "Ficamos felizes de mais maneiras quando envelhecemos do que quando somos jovens. O jovem semeia aveia selvagem. O velho se torna sábio." — Winston Churchill

3. "Nós não somos 'cidadãos seniores' ou da 'idade de ouro'. Nós somos os idosos, os experientes; nós estamos amadurecendo, nos tornando adultos responsáveis pela sobrevivência da nossa sociedade. Nós não somos bebês enrugados, sucumbindo ao trivial, desperdiçando nossos anos e tempo sem objetivo. Nós somos uma nova leva de idosos." — Maggie Kuhn

4. "Eu estou defendendo a terceira idade, mas não para facilitar as coisas. Eu estou fazendo isso em especial por imaginar o que aconteceu. Porque alguma coisa aconteceu. Alguma coisa aconteceu com nossos ancestrais, nossos idosos e com nossa honra. Temos trabalho a fazer, e temos a velha sabedoria para aprender onde costumava haver a sabedoria de antigamente, e não podemos consertar o que não entendemos. É para lá que estamos indo: para a dolorosa sabedoria. Vejamos se podemos aguentar o som, o som específico, de nenhuma palma batendo. Isso é um apelo e um plano para idosos em treinamento." — Stephen Jenkinson

5. "Às vezes, à medida que envelhece, a tinta velha em uma tela torna-se transparente. Quando isso acontece, podemos, em algumas telas, ver as linhas originais: aparece uma árvore através do vestido de uma mulher, uma criança se transforma em um cachorro, um grande barco não está mais em mar aberto. Isso é chamado pentimento, porque o pintor 'repintou', mudou de ideia. Talvez também seja uma maneira de dizer que a velha concepção,

substituída por uma escolha posterior, seja uma maneira de ver e, então, de ver novamente. Isso é tudo o que quero dizer sobre as pessoas neste livro. A tinta envelheceu, e quero ver o que havia ali para mim certa vez, o que existe para mim agora." — Lillian Hellman

6. "Eu gosto de falar com pessoas bem velhas. Elas caminharam antes de nós por uma estrada pela qual nós talvez tenhamos de caminhar também, e acho que faríamos bem em aprender com eles como é isso." — Sócrates

7. "Quando a frente fria dos grupos demográficos se encontra com o ar quente dos sonhos não realizados, o resultado será uma tempestade de objetivos do tipo que o mundo nunca viu." — Dan Pink

8. "Falando do nosso crescimento em potencial, por que eu uso o verbo 'envelhecer'? Para mim, envelhecer é uma palavra que remete a processo, um verbo que transmite a mudança e o movimento. Ela não transmite a situação congelada e imutável de um substantivo. Quando chamamos alguém de 'sênior', por exemplo, esse substantivo indica uma condição estática e sem vida. É como se uma situação chamada 'sênior' foi alcançada e todo crescimento orgânico posterior cessou. Mas, quando digo que alguém está 'envelhecendo', o 'endo' da palavra se refere à condição de crescimento e evolução, um processo com inúmeras possibilidades. Envelhecer indica que assumimos uma responsabilidade ativa pelo nosso destino na idade avançada, vivendo pela escolha consciente e não de acordo com as expectativas sociais." — Zalman Schachter-Shalomi e Ronald S. Miller

9. "Um homem não é velho até que os arrependimentos tenham substituído seus sonhos." — John Barrymore

10. "O homem que trabalha e nunca se entedia nunca ficará velho. Trabalhar e interessar-se por coisas que valham a pena é o melhor remédio para a idade." — Pablo Casals, encarado por muitos como o maior violoncelista de todos os tempos, que escreveu uma autobiografia aos 93 anos intitulada *Joys and Sorrows*

Menção honrosa: No início do Capítulo 1, homenageei a citação de Gloria Steinem: "Certo dia, acordei e havia uma mulher de 70 anos na minha cama." E a frase de Bernard Baruch: "Para mim, a idade avançada é sempre 15 anos a mais do que tenho."

LIVROS

Ao longo de minha pesquisa para escrever S@bedoria_no_Trabalho, li cerca de 150 livros, de modo que gostaria que esta lista pudesse ser maior. Os quatro primeiros (1-4) forneceram um forte embasamento intelectual para alguns de meus pensamentos. Os três do meio (5-7) forneceram um salpicado de espiritualidade à premissa do idoso. E os últimos três (8-10) são grandes histórias pessoais que demonstram o valor de um idoso no mundo de hoje.

1. *The 100-Year Life: Living and Working in an Age of Longevity* (Lynda Gratton e Andrew Scott)
2. *The Big Shift: Navigating the New Stage Beyond Midlife* (Marc Freedman)
3. *The Adult Years: Mastering the Art of Self-Renewal* (Frederic M. Hudson)
4. *The Third Chapter: Passion, Risk, and Adventure in the 25 Years After 50* (Sara Lawrence-Lightfoot)
5. *Elder: A Spiritual Alternative to Being Elderly* (Terry Jones)
6. *From Age-ing to Sage-ing: A Revolutionary Approach to Growing Older* (Zalman Schachter-Shalomi e Ronald S. Miller)
7. *Mentoring: The Tao of Giving and Receiving Wisdom* (Chungliang Al Huang e Jerry Lynch)
8. *The Monk and the Riddle: The Education of a Silicon Valley Entrepreneur* (Randy Komisar com Kent Lineback)
9. *Life Reimagined: The Science, Art, and Opportunity of Midlife* (Barbara Bradley Hagerty)
10. *The New Old Me: My Late-Life Reinvention* (Meredith Maran)

ARTIGOS

Quando, um ano depois do meu início na Airbnb, a *Fast Company* escreveu um artigo das crônicas sobre meu papel como mentor de Brian (https://www.fastcompany.com/3027107/punk-meet-rock-airbnb-brian-chesky-chip-conley). Fiquei maravilhado com quantos e-mails eu recebi de *boomers* que também estavam oferecendo sua sabedoria a *millennials*. Um artigo pungente pode ser uma fonte de validação e inspiração. Muitos desses foram mencionados no livro, mas eu gostaria de destacar alguns: o primeiro artigo é a versão completa da *Fast Company* sobre Paul Critchlow, estagiário sênior da Pfizer. Você leu parte da história no Capítulo 4, mas preste atenção ao vídeo curto incluso no meio que nos dá uma pista de por que os estágios seniores podem se tornar mais populares. O segundo artigo é um guia prático para entender as transições mais naturais de uma indústria ou classificação de emprego para outra; e vale a pena ler o terceiro artigo, de Betty Friedan, porque seu livro de 1993, *The Fountain of Age*, foi escrito para ser um grito de guerra para aqueles com mais de 50 anos, assim como *The Feminine Mystique* foi um catalisador literário tão importante para o movimento das mulheres há 30 anos. Esse artigo é sua apaixonada e inteligente sinopse de *The Fountain of Age*, impresso na revista TIME. O quarto artigo é um tesouro valioso de pesquisas e referências sobre diferenças entre gerações no trabalho. O quinto artigo aplica o pensamento do *design* à reinvenção de carreira por meio da história de um advogado que trocou de carreira para tornar-se chef de folhados e depois obteve mestrado em psicologia. A menção honrosa é o artigo da *The New Yorker* sobre Bill Campbell, O Treinador, mencionado no Capítulo 2.

1. "Why a 70-Year-Old Retiree Went Back to Work — As an Intern" *Fast Company*, David Zax (20 de setembro de 2016) https://www.fastcompany.com/3062378/senior-citizen-intern#

2. "Switching Careers Doesn't Have to Be Hard: Charting Jobs That Are Similar to Yours" *New York Times*, Claire Cain Miller e Quoctrung Bui (27 de julho de 2017) https://www.nytimes.com/2017/07/27/upshot/switching-careers-is-hard-it-doesnt-have-to-be.html?_r=0

3. "My Quest for the Fountain of Age" *TIME*, Betty Friedan (6 de setembro de 1993) http://faculty.randolphcollege.edu/bbullock/pdf/friedan.pdf

4. "A Complete Guide to Handshakes, Memeing, and How to Bridge the Generation Gap at Work" *Quartz at Work*, Prudential (6 de outubro de 2017) https://work.qz.com/1095822/a-complete-guide-to-handshakes-memeing-and-how-to-bridge-the-generation-gap-at-work/

5. "I Used Design Thinking to Reinvent My Career—Here's Why It Worked" *Fast Company*, Paula Davis-Laack (16 de outubro de 2017) https://www.fastcompany.com/40481175/i-used-design-thinking-to-reinvent-my-career-heres-why-it-worked

6. "What to Call the Time of Life Between Work and Old Age?" *The Economist* (6 de julho de 2017) https://www.economist.com/news/leaders/21724814-get-most-out-longer-lives-new-age-category-needed-what-call-time-life

7. "You Don't Have to Be College-Bound to Take a Gap Year" *New York Times*, Mark Miller (14 de julho de 2017) https://www.nytimes.com/ 2017/07/14/your-money/you-dont-have-to-be-college-bound-to-take-a-gap-year.html?smid=fb-share

8. "The Brutal Ageism of Tech" *New Republic*, Noam Scheider (23 de março de 2014) https://newrepublic.com/article/117088/silicons-valleys-brutal-ageism

9. "Surviving as an Old in the Tech World" *Wired*, Karen Wickre (2 de agosto de 2017) https://www.wired.com/story/surviving-as-an-old-in-the-tech-world

10. "What Could I Possibly Learn from a Mentor Half My Age? Plenty" *New York Times*, Phyllis Korkki (10 de setembro de 2016) https://www.nytimes.com/2016/09/11/business/what-could-i-possibly-learn-from-a-mentor-half-my-age.html?emc=eta1&_r=2

Menções honrosas: "Postscript: Bill Campbell, 1940–2016" *The New Yorker*, Ken Auletta (19 de abril de 2016) http://www.newyorker.com/business/currency/postscript-bill-campbell-1940-2016 e "Low Unemployment Healing US Job Market's Ugly Secret" Bloomberg, Craig Torres e Catarina Saraiva (14 de novembro de 2017) https://www.bloomberg.com/news/articles/2017-11-15/low-unemployment-healing-u-s-job-market-s-ugly-secret-age-bias

FILMES

Esta é uma lista diversificada, mas — obviamente — *Um Senhor Estagiário* vem em primeiro lugar. Três documentários desta lista falam sobre como os idosos encontram sua paixão mais tarde na vida: Jiro, o *chef* de sushi mais conhecido do mundo; Wendy Whelan, uma ainda famosa bailarina aos 47 anos em *Restless Creature*; e o lendário músico de jazz Clark Terry, que ensinou Quincy Jones e foi o mentor de Miles Davis, tornando-se o mentor de um pianista cego de 23 anos em *Keep On Keepin' On*. Fique de olho na lista anual da AARP de "Filmes para Adultos", o que inclui uma cerimônia de premiação.

1. *Um Senhor Estagiário*
2. *Jiro Dreams of Sushi*
3. *Restless Creature*
4. *Keep On Keepin' On*

5. *Ensina-me a Viver*

6. *O Exótico Hotel Marigold*

7. *O Curioso Caso de Benjamin Button*

8. *As Confissões de Schmidt*

9. *Enquanto Somos Jovens*

10. *Olhares, Lugares*

Menção honrosa: *Duty Free* (documentário mencionado no Capítulo 10)

VÍDEOS/PALESTRAS

Se você quer uma visão curta e hilária da lacuna entre *millennials* e *boomers*, assista ao primeiro vídeo. O segundo vídeo também é curto e convincente ao dissipar o mito de que, quando envelhecemos, ficamos menos inclinados a receber *feedback* e evoluir. Do terceiro ao sétimo vídeo, você encontrará palestras do TED ou TEDx. Preste bastante atenção aos números 3 e 4, onde essas duas mulheres — Ashton Applewhite e Elizabeth White — descrevem os desafios de uma sociedade ageísta com garra e coragem.

1. "A Millennial Boss Interviewing a Boomer Candidate for a Job" (Hilário e curto!) https://www.youtube.com/watch?v=Ed-5Zzdbx0E

2. "How Confidence and Willingness to Change Are Related" (*Harvard Business Review*) https://hbr.org/video/4793534579001/how-confidence-and-willingness-to-change-are-related

3. "Let's End Ageism", Ashton Applewhite (palestra do TED) https://www.ted.com/talks/ashton_applewhite_let_s_end_ageism

4. "Fifty-Five, Unemployed, Faking Normal", Elizabeth White (TEDx VCU) https://www.youtube.com/watch?v=hFpQ5N_ttNQ

5. "Choosing Conscious Elderhood", Larry Gray (TEDx Whitehorse) https://www.youtube.com/watch?v=gDrBtTYJ0G4

6. "Elderhood Rising: The Dawn of a New World Age", Dr. Bill Thomas (TEDx São Francisco) https://www.youtube.com/watch?v=ijbgcX3vIWs/

7. "How I Became an Entrepreneur at Sixty-Six", Paul Tasner (palestra do TED) https://www.ted.com/talks/paul_tasner_how_i_became_an_entrepreneur_at_66?utm_campaign=social&utm_medium=referral&utm_source=facebook.com&utm_content=talk&utm_term=business

8. "How to Design Moments That Help You Live (almost) Forever", John Coyle (palestra do TEDx Naperville) https://www.youtube.com/watch?v=kNhyOYv2ejw

9. "Re-Visioning Retirement", Ken Dychtwald https://www.merrilledge.com/article/video-revisioning-retirement-7-life-priorities

10. "10 Rules of Mentorship" https://www.youtube.com/watch?v=0qAbsgFjRW4

Menção honrosa: Talvez você se lembre da heroica aterrissagem de emergência feita pelo piloto Chesley "Sully" Sullenberger, o herói de *Milagre no Hudson*, em Nova York, de um avião da US Airways levando 155 passageiros em janeiro de 2009. Essa emocionante história com certeza é uma de grande coragem sob pressão. Porém, existe outro atributo menos mencionado que também contribuiu para esse feito. Sua habilidade de considerar tantas coisas diferentes ao mesmo tempo sob condições estressantes pode ser explicada por um fenômeno cerebral conhecido como processamento bi-hemisférico. Eu mencionei isso antes no livro em associação com as descobertas do psiquiatra Gene Cohen de que pessoas mais velhas andam com o cérebro funcionando com "tração nas quatro rodas" por causa de uma ponte de tecidos que se desenvolve por volta dos 50 anos entre os hemisférios esquerdo e direito do nosso cérebro. Nessa entrevista para a TV no programa *60 Minutes* com Katie Couric, Sully disse: "Acho que, de muitas formas, na verdade, toda a minha vida até aquele momento foi uma preparação para lidar com aquele momento específico. Uma maneira de encarar isso seria que durante 42 anos, eu estive fazendo pequenos depósitos regulares nesse banco de experiência, educação e treinamento. E, em 15 de janeiro, o saldo era suficiente para que eu pudesse fazer uma retirada bem grande." Se quiser inspirar-se sobre como sua vida o preparou para o seu futuro, assista a este vídeo: https://www.youtube.com/ watch?v=rZ5HnyEQg7M

SABEDORIA NA INTERNET

Existem tantas referências fascinantes e divertidas na internet, que é difícil escolher apenas dez delas. O Next Avenue é, provavelmente, um dos melhores recursos para artigos interessantes sobre a vida depois dos 50 anos. O Retirement Jobs pode ajudá--lo a encontrar um emprego depois dos 50 anos. E o International Living e o Ageist são ótimos sites que fornecem um colírio para os olhos e belas histórias sobre como a vida melhora depois dos 50 anos.

1. Next Avenue http://www.nextavenue.org/
2. Retirement Jobs http://www.retirementjobs.com/
3. International Living https://internationalliving.com/
4. Ageist http://www.agei.st/
5. Histórias Emocionantes sobre o Envelhecimento da AARP http://www.aarp.org/disrupt-aging/ stories/?intcmp-DISAGING-HDR-STORIES/
6. This Chair Rocks https://thischairrocks.com/
7. "Cartão de Pontuação da Sabedoria" do *New York Times* http://www.nytimes.com/ref/ magazine/20070430_WISDOM.html
8. "Get Old" da Pfizer https://www.getold.com/
9. Gap Year After Sixty http://gapyearaftersixty.com
10. When to Start Receiving Retirement Benefits (Quando Começar a Receber os Benefícios da Aposentadoria) https://www.ssa.gov/ pubs/EN-05-10147.pdf

ESTUDOS ACADÊMICOS E RECURSOS

Eu sou um *nerd* quando estou escrevendo um livro. Assim, li dezenas de estudos acadêmicos que me ajudaram a dar alguma base intelectual para *S@abedoria_no_Trabalho*. A primeira metade desta lista inclui alguns desses estudos, ao passo que a segunda metade inclui algumas das instituições que ajudaram a desenvolver algumas das pesquisas mais avançadas sobre a questão da longevidade e envelhecimento hoje.

1. "Making Fast Strategic Decisions in High-Velocity Environments" (Kathleen M. Eisenhardt, *The Academy of Management Journal*, setembro de 1989) http://www.edtgestion.hec.ulg.ac.be/upload/qualitatif%20-%20eisenhardt-amj-1989-high%20velocity.pdf
2. "Age Stereotypes in the Workplace: Common Stereotypes, Moderators, and Future Research Directions" (Richard A. Posthuma e Michael A. Campion, *Journal of Management*, 26 de outubro de 2007) http://journals.sagepub.com/doi/abs/10.1177/0149206308318617

3. "Reconsidering the Trade-off Between Expertise and Flexibility: A Cognitive Entrenchment Perspective" (Erik Dane, *The Academy of Management Review*, outubro de 2010) http://amr.aom.org/content/35/4/579.short

4. "How BMW Is Planning for an Aging Workforce" (David Champion, 11 de março de 2009) https://hbr.org/2009/03/bmw-and-the-older-worker

5. "The Truth About Ageism in the Tech Industry" (Visier Insights Report) https://www.visier.com/wp-content/uploads/2017/09/Visier-Insights-AgeismInTech-Sept2017.pdf

6. The Conference Board Mature Worker Initiative (muitos estudos) https://www.conference-board.org/matureworker/

7. Stanford Center for Longevity (muitas publicações) http://longevity.stanford.edu/

8. MIT Age Lab (muitas publicações) http://agelab.mit.edu/

9. Milken Institute for the Future of Aging (muitas publicações) http://aging.milkeninstitute.org/

10. Global Institute for Experienced Entrepreneurship (muitas publicações) http://experieneurship.com/

ORGANIZAÇÕES QUE FORNECEM SERVIÇOS

Essas organizações estão realizando um trabalho fenomenal e não recebem atenção suficiente. Uma apreciação especial se deve à Encore, que está construindo um movimento para usar as habilidades e experiência daqueles que estão na meia-idade e além para melhorar as comunidades e o mundo. Marc Freedman, que administra a Encore, foi um de meus maiores apoiadores e guias intelectuais em meu processo de não saber nada sobre o envelhecimento a ser um dos maiores líderes nesse campo. Ele vem sendo meu Idoso Moderno.

1. Encore https://encore.org/

2. Bridgeworks http://www.generations.com/

3. Center for Conscious Eldering www.centerforconscious eldering.com/

4. SCORE (Service Corps of Retired Executives) https://www.score.org/

5. Opportunity@Work http://www.opportunityatwork.org/

6. Instituto para Transições de Carreira http://www.ictransitions.org/
7. Boomer Works http://boomerworks.org/
8. My Next Season https://mynextseason.com/
9. Generations United http://www.gu.org/
10. AARP http://www.aarp.org/

3. OITO PASSOS PARA SE TORNAR UM IDOSO MODERNO

Os movimentos sempre começam com o pessoal. O impulso é obtido quando um grupo de indivíduos isolados compara corações e mentes, e, então, uma conexão social é formada. Dessa conexão social pode surgir uma nova comunidade e um novo idioma, além do poder de nomear essa comunidade. Por fim, essa comunidade luta para satisfazer suas necessidades, o que costuma significar corrigir uma injustiça. Os direitos das mulheres, dos afro-americanos, dos deficientes e do pessoal do LGBTQI+ seguiram esse trajeto. O aumento do valor do Idoso Moderno para a sociedade pode seguir o mesmo caminho.

Estes são oito passos que você pode dar — do pessoal ao orientado ao movimento — para garantir que seu próprio valor aumente:

1. Depois de ler *S@bedoria_no_Trabalho* pela primeira vez, leia-o pela segunda vez usando os exercícios dos Capítulos 4 ao 8 como guia para entender se o Idoso Moderno combina com você.

2. Crie um clube do livro ou reúna um pequeno grupo de amigos que enfrenta alguns dos mesmos desafios que você. Comece lendo e conversando sobre *S@bedoria_no_Trabalho* e sobre outros livros mencionados nele, em especial os listados como meus favoritos no Apêndice.

3. Pesquise e aprofunde-se nos recursos do Apêndice alistados em "Sabedoria na Internet", "Estudos Acadêmicos e Recursos" e "Organizações que Fornecem Serviços". Você também pode usar o "Cartão de Pontuação da Sabedoria" do *New York Times* alistado em "Sabedoria na Internet".

4. Explore a ideia de criar um S@bedoria no ERG (Grupo de Recursos dos Funcionários) em sua empresa. Como mencionado no Capítulo 9, para que tal grupo seja eficaz, ele costuma ter os seguintes atributos: (a) conectar a missão a um desafio do negócio, de modo que o grupo não se sinta frívolo ou irrelevante; (b) oferecer um benefício tangível aos funcionários para atrair e

reter membros; (c) criar alvos e uma definição de sucesso claros; e (d) incluir líderes seniores como patrocinadores para mostrar que a empresa leva seu compromisso a sério. E esse ERG pode fazer com que a empresa seja responsável pelas Dez Melhores Práticas para Se Tornar um Empregador que Lide Bem com a Idade.

5. Passe um tempo revisando o site *Wisdom@Work*, meu blog em www.ChipConley.com e me siga no Twitter para ficar a par de *webinars*, oficinas e eventos para o Idoso Moderno.

6. Pense em fazer uma petição para entrar na Academia do Idoso Moderno e/ou começar seu próprio "ano de folga".

7. Se você comparecer e gostar da Academia, pense em se tornar um Mestre Idoso para que você possa treinar outros. Só aqueles que se formaram na Academia podem se tornar um Mestre Idoso. Você pode saber mais sobre isso no site da Academia do Idoso Moderno.

8. Aproveite-se do crescente movimento antiageísmo. Dê uma olhada nos itens 4, 5 e 6 da seção "Sabedoria na Internet" do Apêndice: Ageist, Histórias Emocionantes sobre o Envelhecimento da AARP e o site "This Chair Rocks" de Ashton Applewhite. Nos próximos anos, embora o movimento possa não ser transmitido pela televisão, você ouvirá falar cada vez mais sobre a sua formação em sites como esses. Nossa força não se baseia apenas no grande número de que é composta a população de Idosos Modernos, mas em nossa determinação, e, sem dúvidas, muitos de nós têm raízes no ativismo político que remete à nossa infância. É hora de tirar o pó de nossos cartazes de protesto e calçar sapatos confortáveis. "Os tempos estão mudando."

Índice

Símbolos
1-Page, 57–60

A
Academia do Idoso Moderno, ix, 21, 177–180
acqui-hire, 107
ageísmo, 44, 54, 56, 65, 187
Aging2.0, vii
Airbedandbreakfast.com, xiii
Airbnb Open, festival, v, 86, 128
Alan Guarino, 57–60
aliança intergeracional, 194
Andrew Scott, 45
angústia dos boomers, 5
ano de folga, 175–180
aproveitar a aventura, xvi
Arnold van Gennep, 51
Arthur Schopenhauer, filósofo, 34
Assessor Estratégico de Hospitalidade e Liderança, v
Automated Trading Desk (ATD), 57

B
baby boomers, 4, 10
basquete ou beisebol, 95
bateria de lítio-íon, 9
Bay Area, 122, 158, 170
Becca Levy, 55
bed-and-breakfast, xiii
Bert Jacobs, 1
Betty Friedan, 158
bibliotecário, 131
Bill Campbell, 30
Bill Clinton, ex-presidente dos EUA, 43
Bill Gates, 42
Bill Plotkin, 212
Bill Thomas, Dr., 209
bis da carreira, 164
Black Cat Communications LLC, 78
Brian Chesky, xiii, 2, 23
Bridget Duffy, Dra., 120
Burning Man, festival de arte, 28, 33, 71

C
CamperForce, 197
capacidade holística, 8
Carl Jung, 213
Carlos Santana, músico, 112
Celebrity Pool Toss, v
Censia, 59
Chefe da Hospitalidade e Estratégia Mundiais, xv
Chip Conley, xiii, xv
círculos de resiliência, 63
Citigroup, 35
confidente, 134
contrato de troca, 120
Couchsurfing, 24, 28
crise do subprime, 35
Crown/Currency, viii
Cruz Vermelha, 152
cultura de questionamento, 99–100

D
Dalai Lama, 210
Debbie e Michael Campbell, 78
Diane Flynn, 171
diretoria pessoal, 36
diversidade etária, 194

DNA emocional, 106
Doug McKinlay, 78
doze anos traiçoeiros, 138

E
economia compartilhada, 70
Edith Wharton, 19
efeito
    de rede mundial, 131
    de rede pessoal, 132
Eli Scheier, 207
empatia, 11
empresa-foguete, 102
Encantadora de Chip, x
entrevista de emprego, 106
envelhecimento/longevidade, vii
equipes intergeração, 113
era
    da inteligência artificial, 11
    digital, 5
    industrial, 6, 183
Erik Erikson, psicólogo, 53
estratégia de longevidade, 202–203
exercício de construção de reputação
    pessoal, 71
expatriado, 169

F
Facebook, 15
Federal Reserve Board, 55
Fest300, v
filmes
    Campos dos Sonhos, 25
    Guerra nas Estrelas, 51
    Keep On Keepin' On, 112–113
    Os Picaretas, 44
    Um Senhor Estagiário, 76, 81
força-tarefa de hospitalidade, 127
Fred Reid, 121
funcionários de conhecimento, 44

G
Gandhi, 27
Gary Wozniak, 167
Gene Cohen, psiquiatra, 17
George Tenet, xiv
geração
    perene, 46
    silenciosa, 9
    X, 10
    Z, 10
gestão de mentalidade, 177
Gina Pell, 46
Google/Alphabet, 15
Graça Machel, 15
Grande Recessão, 2, 39, 69, 167
Gretchen Addi, 190
grupo de afinidade, 191
Grupos de Recursos dos Funcionários
    (ERGs), 190
guru da hospitalidade, ix

H
habilidades interpessoais, 3
Harvard Business Review, 6
Henry David Thoreau, 42
Henry Miller, escritor, 74
Herminia Ibarra, professora, 62
hospitalidade e estratégia mundiais, v

I
Indicador do Tipo Myers-Briggs
    (MBTI), 221
inteligência
    artificial, 3, 11, 57, 210
    digital, 2, 117
    emocional, 3, 5, 11, 17, 29, 47, 53
inteligência digital (ID), 20
inteligência emocional (IE), 20

J
Jalāl ad-Dīn Muhammad Rūmī, 41
James Hillman, 211
Jared Diamond, 209
Jessica Semaan, 127
Jimmy Carter, 15
Joanna Riley, 57
Jo Ann Jenkins, 43
Joe Gebbia, xiii
John O'Donohue, 219
Joie de Vivre Hospitality, v, xv
Jony Ive, xiv
jornada do herói, 51–52
Joseph Campbell, 51

jovem velha, 51
jovens velhos, 49
Julie Ring, 170

K
Karen Wickre, 47, 50
Karl Weick, 94
Korn Ferry, 57
Kumbha Mela, peregrinação hindu, 23

L
Lao-Tzu, filósofo, 84, 141
Lars Tornstam, gerontologista, 80
Laura Carstensen, 44
Laura Hughes, 89
liminalidade, 26
lista anual Glassdoor de Melhor Lugar para Trabalhar, 111
lista de verificação de aceitação da idade da mercer, 189
Live Laugh Love Tours, 67
Longa Ausência de Serviço (LSL), 176
Luis Gonzalez, 152
Luther Kitahata, 135

M
Macworld, 48
Madeleine L'Engle, 205
Malcolm X, 12
Mark Zuckerberg, 15, 31, 42
Martin Buber, filósofo, 37
Maslow, vi
Maya Angelou, 42
Melina Lillios, 67
mentalidade de crescimento, xv, 64
mentário, xi, 19, 26
mente de iniciante, 102
mentoria reversa, 194–195
Mercer, 113–114
Merrill Lynch, 2
Michelangelo, 207
Mike Rielly, 161
millennials, 10, 14
mitos e estereótipos, 184
modelo, 72
mostrar hospitalidade de modo diferente, xv

N
Naguib Mahfouz, escritor, 95
NASDAQ, 28
Nathan Blecharczyk, xiii
Negócio de hospitalidade, 90
Nelson Mandela, 15
neuroplasticidade, 85
Nick D'Aloisio, 217
nômades seniores, 193
Nômades Seniores, 79

O
Oprah Winfrey, 42
Ordem Sufi do Oeste, 66
organizações de marketing de destinos (DMO), 27
orientação reversa, 194
Otto von Bismarck, 43
Outside, 45

P
Pam Sherman, 154
Paul Baltes, 7
Paul Bennett, 46
Paul Critchlow, 76
Paul Saffo, 94
PC World, 48
pensamento holístico, 17
pensar de modo sistemático, 8
pergunta acompanhada de culpa, 96
pesquisa de células-tronco, 157
pesquisas de funcionários, 199
Peter Drucker, 85
Peter Gabriel, músico, 15
Peter Kent, 57
Peter O'Riordan, 164
Pioneer Award, v
Pontuação de Promoção de Rede (NPS), 90
Práticas
    IdoMo, 20
    Modelo, 103
previdência social, 43, 151
processamento bi-hemisférico, 229
produto viável mínimo (MVP), 29
programa de liderança e desenvolvimento (L&D), 115–116
Projeto Aristóteles, 118

Q
Qualquer lugar, xiv
Queer, 12

R
Ralph Waldo Emerson, 42
Randy Komisar, 65
Rebecca Danigelis, 215
ReBoot Accel, 172
RecoveryPark Farms, 167
regra dos 20% do Google, 199
Remote Year, 45
Revolução Industrial, 183
rituais de passagem, 51
Robert Sutton, professor, 8
Rumi, 41

S
sabedoria
  · e genialidade, 38
    no trabalho, viii
Sallie Krawcheck, 35
San Francisco's Hotel Hero Award, vi
Sara Lawrence-Lightfoot, 207
S@bedoria_na_Airbnb, 108, 191
Sêneca, filósofo, 123
senso de liminaridade, 62
Shams-i Tabrizi, 41
Sherry Lansing, 156
Sheryl Sandberg, xiv
Sócrates, 96
S&P 500, 6
Stanford Center on Longevity, 3
Steve Jobs, 30, 42
Sylvia Townsend Warner, 61

T
TechTown, 168
teste pessoal Myers-Briggs, 110
The Bay Lights, 159
The Passion Company, 129
Tim Cook, 210
trabalhadores
    "bumerangue", 173
    da sabedoria, 14
tradutores mestres, 50
Travis Kalanick, 9

U
Uber, 9, 49, 56
Ursula Staudinger, 7

V
Vacation Rentals By Owner (VRBO), 28
Vale do Silício, 2, 19, 29, 42, 93, 173
viagem completa de ponta a ponta, xiv
vida de três etapas, 54, 60
Viktor Frankl, psicólogo, 208

W
Wall Street, 57
Walt Disney, 18
Warren Bennis, 216
Warren Buffett, 42
We Roam, 45
William Gibson, escritor, 25
Wisdom 2.0, vii

Projetos corporativos e edições personalizadas dentro da sua estratégia de negócio. Já pensou nisso?

Coordenação de Eventos
Viviane Paiva
viviane@altabooks.com.br

Assistente Comercial
Fillipe Amorim
vendas.corporativas@altabooks.com.br

A Alta Books tem criado experiências incríveis no meio corporativo. Com a crescente implementação da educação corporativa nas empresas, o livro entra como uma importante fonte de conhecimento. Com atendimento personalizado, conseguimos identificar as principais necessidades, e criar uma seleção de livros que podem ser utilizados de diversas maneiras, como por exemplo, para fortalecer relacionamento com suas equipes/ seus clientes. Você já utilizou o livro para alguma ação estratégica na sua empresa?

Entre em contato com nosso time para entender melhor as possibilidades de personalização e incentivo ao desenvolvimento pessoal e profissional.

PUBLIQUE SEU LIVRO

Publique seu livro com a Alta Books. Para mais informações envie um e-mail para: autoria@altabooks.com.br

/altabooks   /alta-books   /altabooks   /altabooks

CONHEÇA OUTROS LIVROS DA ALTA BOOKS

Todas as imagens são meramente ilustrativas.